中国入境旅游经济发展研究

董亚娟　著

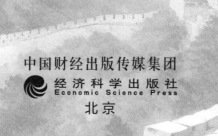

中国财经出版传媒集团

经济科学出版社

Economic Science Press

北京

图书在版编目（CIP）数据

中国入境旅游经济发展研究／董亚娟著. -- 北京 ：
经济科学出版社，2024.11. -- ISBN 978 - 7 - 5218 - 6394
- 9

Ⅰ. F592. 6

中国国家版本馆 CIP 数据核字第 20246D10U4 号

责任编辑：李　　建
责任校对：王苗苗
责任印制：邱　　天

中国入境旅游经济发展研究

ZHONGGUO RUJING LÜYOU JINGJI FAZHAN YANJIU

董亚娟　著

经济科学出版社出版、发行　新华书店经销

社址：北京市海淀区阜成路甲 28 号　邮编：100142

总编部电话：010 - 88191217　发行部电话：010 - 88191522

网址：www. esp. com. cn

电子邮箱：esp@ esp. com. cn

天猫网店：经济科学出版社旗舰店

网址：http://jjkxcbs. tmall. com

固安华明印业有限公司印装

710 × 1000　16 开　15. 25 印张　240000 字

2024 年 11 月第 1 版　2024 年 11 月第 1 次印刷

ISBN 978 - 7 - 5218 - 6394 - 9　定价：68. 00 元

（图书出现印装问题，本社负责调换。电话：010 - 88191545）

（版权所有　侵权必究　打击盗版　举报热线：010 - 88191661

QQ：2242791300　营销中心电话：010 - 88191537

电子邮箱：dbts@ esp. com. cn）

序　言

　　入境旅游是一个国家（地区）旅游业发展的重要组成部分，入境旅游经济的发展和增长程度也是衡量该国（地区）旅游产业结构、旅游经济发达程度的重要标志。随着我国大力推动对外开放，我国经济结构转型迈入新阶段，入境旅游发展成为制约经济发展以及高水平对外开放的一个"关键因子"。推动入境旅游高质量增长、提高入境旅游经济产出绩效，是我国经济可持续发展的关键点之一。中国入境旅游发展过程曲折、特征鲜明；文旅融合成为中国入境旅游发展的时代新背景；入境旅游经济发展环境更加复杂。本书旨在回顾中国入境旅游发展历史，探寻不同区域入境旅游在特定历史阶段所呈现的时空演化特征和规律，深度探讨各个区域的入境旅游发展潜力、动力以及新的环境背景下中国入境旅游的韧性和恢复性增长的问题。在此基础上，结合国内外市场环境提出了中国入境旅游恢复性增长的政策建议和思路。

　　研究发现：（1）中国入境旅游发展可以划分为三个阶段，客源结构呈现"二八"比例，入境旅游市场呈现出近邻效应与距离衰减效应，入境消费结构有待优化。（2）从发展历史来看，中国入境旅游经济联系空间网络趋于紧密。从个体网络结构来看，中国入境旅游经济联系网络三大中心度指标和结构洞水平的空间分化显著。（3）七大地理分区入境旅游经济增长综合潜力呈现增长趋势，但每个区域表现出的潜力特征有所不同。（4）各驱动要素交互影响后的驱动作用强于单个驱动要素的驱动作用，其中交互作用强度较高的要素组合多为主要影响因素。（5）我国入境旅游经济韧性整体呈上升趋势，高韧性区域由东部沿海逐渐向中西部地区扩散。入境旅游经济效率保持低位稳定发展，省际差异明显。入境旅游经济韧性正向影响经济效率，二者对入境旅游经济恢复性增长具有促进作用。（6）后疫情时期的入境旅游经济恢复性增长可以考虑从入境旅游目的地、入境客源市场和入境旅游支持三大系统促进和提升。

本研究基于国家社会科学基金"新形势下中国入境旅游经济增长研究"（项目号：18BJY195）资助。本书可以为文旅融合背景下，尤其是后疫情时期中国入境旅游经济实现恢复性增长、入境旅游实现可持续发展提供理论借鉴和现实指导，亦可作为旅游研究学者的参考读物。鉴于作者水平有限，书中不妥之处，敬请批评指正。

董亚娟
2024 年 1 月于西安

目　　录

第一章　绪　　论

第一节　研究背景及意义

一、研究背景

（一）中国入境旅游发展过程曲折、特征鲜明

旅游经济发展模式又可称为旅游经济发展的总体方式，是指在特定时期一个国家（地区）的旅游业在发展或运行过程中形成的经济形式、经营方式、调节机制、分配形式等的总体理论的抽象或概括，具有鲜明特征及相对稳定性。我国一些学者从几个不同的角度来对旅游经济发展模式进行划分，如从旅游业的形成、发展与国民经济关系出发，将旅游经济发展模式分为超前型发展模式和滞后型发展模式；从旅游业发展的调节机制出发，将旅游经济发展模式分为市场型发展模式和政府主导型发展模式；从旅游类别发展的先后顺序出发，又将旅游经济发展模式分为延伸型和推进型发展模式。中国旅游经济发展选择的是一种非常规的模式，即政府主导下的、超前的、推进型的旅游经济发展模式。

通常认为，中国旅游经济的发展始于 20 世纪 70 年代末 80 年代初。相比国内旅游和出境旅游而言，入境旅游经济的发展过程显得艰难，波动曲折。其发展过程可以大致分为几个阶段：①1978 ~ 2007 年，入境旅游大

发展的时期。按照"大力发展入境旅游、积极发展国内游、适度发展出境旅游"的总体方针发展。②2008～2011年，入境旅游增速相对放缓。2008年9月，美国华尔街次贷危机导致全球经济受挫，中国入境旅游市场受到明显的影响。2008年中国提出"大力发展国内游，积极发展入境游，有序发展出境旅游"。③2012～2014年，中国入境旅游呈现出负增长的态势。UNWTO统计数据显示：2012～2013年中国入境游客人数下降3.5%；2013～2014年下降0.1%。④2015～2019年，中国入境旅游市场缓慢回升，入境旅游人数和旅游外汇收入转变为稳中有升的增长态势。⑤2020～2022年处于相对"停滞"发展阶段。2020年初席卷全球的新冠疫情使得国际旅游市场受到严重冲击，中国入境旅游市场亦是如此。此阶段中国入境旅游处于"停滞"发展阶段。

中国的旅游业在经历改革开放四十多年的发展历程后，其地位和作用已经显著上升，成为国民经济的战略支柱和新的增长极。旅游业发展对其他关联产业产生了重要影响，甚至影响了整个区域经济的运行。中国旅游研究院发布的结果表明：2019年旅游业对GDP的综合贡献为10.94万亿元，占比11.05%，其对于整个国民经济的贡献逐年上升，经济拉动作用逐渐显现。而入境旅游作为评价地区旅游业是否发达的重要标准之一，为中国迈向旅游强国奠定坚实基础。伴随着不断深入的对外开放以及经济结构的进一步转型升级，入境旅游发展为制约经济发展以及高水平对外开放的一个"关键因子"，推动入境旅游高质量增长、提高入境旅游经济产出绩效，是我国经济可持续发展的关键点之一。在推进旅游业供给侧结构性改革的道路上，尊重入境旅游市场特征规律，探究入境旅游经济产出绩效，提高入境旅游产出价值，是新时期入境旅游发展的重要课题。

（二）文旅融合成为中国入境旅游发展的时代新背景

2018年3月，将国家旅游局与文化部的职责整合，设立文化和旅游部，文化与旅游之间的联系越来越紧密。"十四五"规划更是明确提出，要推动建设富有文化底蕴、特色鲜明的旅游目的地，进一步明确了文化和旅游融合发展要求，为"十四五"时期文化和旅游改革发展指明了方向。

入境旅游在新时期想要寻求新突破、新发展，必须深入贯彻落实，与文化深度融合，提供具有文化特色、文化内涵的旅游产品，提升旅游产品竞争力以吸引更多游客，激发新动能，形成新优势。但现实情况却是，在一些有着丰富文化资源的地区，却成为入境旅游低水平发展的区域，这就产生了一个值得探讨的问题：究竟应该如何充分合适地利用文化，使其能够发挥应有的作用，推动入境旅游经济高质量发展。文化是入境旅游资源吸引力的关键构成部分之一。分析文化和旅游的结构性影响，将有助于促进文化资本利用效率的提高，推动入境旅游高质量、高效率、可持续发展，对推动文化和旅游深度融合具有重要的理论意义和现实意义。

（三）新形势更加严峻，入境旅游经济增长环境更加复杂

2019 年，中国入境旅游市场持续保持 2015 年以来的恢复性增长，市场结构持续优化。当年，我国接待入境过夜游客和外国人入境游客人次分别同比增长 4.5% 和 4.4%，且两类市场的市场占比均保持上升态势。2020 年初我国突发新冠疫情，入境旅游被迫中断。根据文化和旅游部发布的统计数据，2020 年，我国共接待入境游客 2747 万人次，同比下降 81%。其中，入境过夜游客 797 万人次，外国游客 412 万人次，外国过夜游客 184 万人次，分别同比下降 88%、87% 和 93%。中国的入境旅游市场经历了过去四十年从未有过的萧条局面。

为了保障国民安全，防止疫情再次对全国经济生活造成巨大冲击，我国不得不与全球各国一样限制国际旅游。疫情期间，我国严格控制入境签证，暂停入境许可及各项优惠签证措施，我国入境旅游的发展从客观上被阻滞。旅游企业在疫情冲击下遭受巨大生存压力，如何自救成为他们面临的最大现实问题。与此同时，新冠疫情给旅游安全带来隐患，加上身体、心理两方面风险因素的影响，潜在入境游客行为会发生改变，原本的潜在入境游客将更偏好短距离出游，我国客源市场和目的地结构也将因此改变。另外，受疫情影响较小的地区整体恢复速度更快，旅游业服务质量与体系能够迅速恢复到之前的水平，潜在游客对这类地区整体印象良好。

二、研究意义

（一）理论意义

本书从理论方面进一步拓宽了中国入境旅游研究的广度和深度。研究重点关注了新形势下中国入境旅游经济空间结构演化及其影响因素；增长的潜力、动力机制以及文旅融合背景下文化资本对入境旅游经济绩效的影响等。本书在前人研究成果基础上进一步丰富了入境旅游经济增长的理论体系，初步构建了入境旅游经济增长的动力系统评价体系、潜力评价模型；从时间、空间维度对入境旅游经济增长的演化态势和规律进行了深入研究，构建了入境旅游经济联系强度模型；初步构建文化资本对入境旅游经济产出规模和产出效率影响的理论机理。这些探索虽然在某种程度上仍然存在很多不足，但是对于入境旅游研究内容的拓展和深入起到了积极的作用，具有一定的理论意义。

（二）实践意义

中国入境旅游经济的发展经历了自改革开放以来四十余年的时间，具有鲜明的中国特色、成长历程曲折。其间经历过几次大的危机事件，涉及经济、政治、疾病流行等方面。中国入境旅游经济增长问题一直以来是旅游研究关注的重要问题之一，截至目前也取得了一定的成果。但是随着国际、国内新的社会政治经济形势的发展，我们面临着很多新的问题。如何揭示其发展规律和特征、总结经验教训、探索中国入境旅游经济增长的潜力和动力测评机制、如何均衡各个区域的发展态势就显得更为重要和具有现实意义。

本书正是要把握新形势，抓住新机遇，探索新形势下中国入境旅游经济增长的潜力与动力及其转换问题，并在此基础上提出中国今后一段时期入境旅游经济增长的政策思考和路径探索。本书研究成果可以为我国各省区市发展入境旅游产业，制定旅游经济政策、优化旅游经济结构、调控旅游经济运行和实现旅游经济可持续发展提供政策建议。

第二节　国内外研究现状

一、入境旅游研究

（一）国外研究现状

国外学者对入境旅游的相关研究始于 20 世纪 50 年代，研究内容主要侧重于入境旅游流、入境旅游客源市场以及入境旅游的影响因素三方面。

1. 入境旅游流

入境旅游流研究成果早期出现在 20 世纪末。米里亚姆（Myriam）分析了欧洲入境旅游流的流动规律，以及客源国和旅游目的地的地理特征[1]；米苏塔克（Misutake）对日本旅游者进入中欧后的流动模式以及趋势进行了研究[2]；克里斯汀和迈克（Christine and Michael）通过移动平均法对澳大利亚的月度入境旅游客流量进行了估测[3]；基姆和莫萨（Kim and Mossa）基于多种预测模型，对澳大利亚的入境旅游流量进行了预测[4]；桑和威特（Song and Witt）基于回归矢量模型对澳门旅游市场主要客源国的客流量进行了预测研究[5]。

2. 入境旅游客源市场

入境旅游客源市场研究成果主要集中于客源市场结构与市场营销方面。埃克纳亚克等（Ekanayake et al.）对 1986~2011 年美国入境主要客源地的市场结构和影响旅游行为的原因进行研究[6]。西摩（Seymur）通过计算旅游客源市场结构指标，研究了 2001~2019 年 37 个客源国的市场结构对土耳其安塔利亚国际旅游需求的影响[7]。阿巴斯等（Abbas et al.）研究了 1991~2014 年 53 个客源市场抵达澳大利亚的游客数量的动态变化[8]。克里斯汀等（Christine et al.）基于时间序列计量模型，探析了入境澳大利亚的韩国游客的时间分布规律及影响因素[9]；莎亚曼等（Saay-man et al.）选取 1993~2004 年南非的国际游客人数，运用多变量协整分析法对其入境旅游市场影响因素进行深入分析，发现出游成本、旅游产品价格、游客的经济收入是关键性因素，气候因素也具有较大的影响[10]。

3. 入境旅游影响因素

影响因素研究也是国外入境旅游研究的一个重要问题。如马丁（Mar-tin）对马来群岛区域内旅游流进行了较为深入全面的实证分析，指出不同因素对于区域内旅游流分布的影响[11]；尼克拉奥斯（Nikolaos）对以希腊为目的地的德英两国旅游者进行分析，发现旅游价格、客源国的经济收入水平、交通成本以及汇率对入境旅游具有显著影响[12]；普里多（Pride-aux）认为外部政治、经济、安全和政府职责等因素与入境旅游流具有密切的联系[13]；胡安等（Juan et al.）依据 1987~2007 年的入境旅游数据，对南蒂罗尔旅游市场中德国游客需求的影响因素进行分析，指出上一期的旅游需求对现期的旅游需求所产生的影响最大[14]。

（二）国内研究现状

国内关于入境旅游的研究始于 20 世纪 90 年代，研究内容主要包括入境旅游流、入境旅游经济、入境旅游市场以及入境旅游影响因素等方面。

1. 入境旅游流

入境旅游流是旅游流的重要组成部分，既可以反映入境旅游者在时间和空间上的流动特征，也能明确入境旅游市场发展的动态变化规律。国内关于入境旅游流的研究成果丰硕，如马耀峰等对中国入境旅游流空间分布特征的研究[15]；张红[16]、王永明[17]等根据问卷调查对北京、上海、桂林等多个热点城市的入境旅游流地理分布特征及动态规律进行了研究；刘法建和张捷等从入境旅游流的内在联系入手，从宏观层面构建入境旅游流网络，运用社会网络分析法探究了入境旅游流的网络结构特征及影响因素并探讨了各旅游地在网络中所充当的角色[18]；李振亭等首次提出入境旅游流流质的概念，通过构建旅游流流质的测度模型，定量分析中国入境旅游流质与流量的时序变化[19]；之后，张岩君等[20]、薛华菊等[21]从微观和中观的层面上探讨了流量与流质的相互关系、时空演变特征及影响因素。刘宏盈等基于系统耦合关系及思想，对入境旅游流与旅游目的地的经济、环境、资源等的耦合关系进行了广泛地探讨研究，应用容量耦合、系统演化模型等研究方法对入境旅游流与旅游目的地之间的关系展开了进一步的探讨，揭示入境旅游市场中的供需状态[22]。

2. 入境旅游经济

入境旅游经济是旅游经济的重要组成部分，为我国的经济发展作出了重大的贡献。关于入境旅游市场与旅游目的地经济发展之间的关系研究，是旅游学界的重点研究问题之一，研究内容集中于以下方面：一是入境旅游与区域经济增长因果关系的研究，如张丽峰通过状态空间模型分析出我国入境旅游的发展与经济增长之间存在参数协整关系，并揭示了入境旅游对经济增长影响的时间规律[23]；黄伟力、安莉通过建立限制性向量自回归模型、向量误差修正模型和变量的弱外生性分析，验证了区域经济增长会促进入境旅游产业发展的假说[24]；二是入境旅游对经济增长的空间效应，陈刚强等运用残差空间自回归模型、地理权重回归模型分析中国入境旅游的区域经济效应及空间格局变化，发现整体上入境旅游发展对经济增长具有促进效应，东部核心区域促进效应显著且不断增强[25]；李秋雨等通过全局空间计量模型对入境旅游的经济效应及空间差异进行了探究，并描述了经济增长效应的时空演化特征[26]。此外，马丽君等以典型城市作为案例地，运用社会网络分析法对城市入境旅游经济增长进行空间关联性分析[27]。

3. 入境旅游市场

入境旅游市场作为我国三大旅游市场之一，是提升我国旅游竞争力的关键点，也是学者们研究入境旅游的重要切入点，研究内容主要集中在入境旅游市场客源结构、入境旅游市场演变特征、入境旅游演化差异几个方面。李景宜等最早构建了旅游客源市场竞争态模型，以此为依据划分中国入境旅游客源市场[28]；马耀峰等将亲景度的概念引入旅游学中，之后汪德根等将市场竞态分析和亲景度两项指标相结合，分别探究了苏州、上海、湖南等热门旅游地点的入境旅游市场结构[29]；刘法建等运用2-模网分析法描述中国入境旅游客源市场[30];罗浩等对中国入境旅游市场进行了收敛性检验,发现我国入境旅游客源市场结构缺少多样化,且发展潜力尚未被完全开发[31];在入境旅游市场结构及其演变研究中,查瑞波和伍世代等以城市型旅游目的地作为研究对象,将中国香港和新加坡的变化进行对比[32],林志慧等对黑龙江省运用了转移—份额分析法分析[33];孙晓禾等基于 X – 12 – ARIMA 模型和 HP 滤波法在季节性、波动周期等方面探索上海入境旅游客源市场的特征及规律,并对市场的发展趋势进行了估测[34];黄福才和王纯阳以 1988~2008 年 11 个客源地为样本,对中国入境旅游需求的影响因素分析及预测进行了研究,认为旅游者忠诚度、旅游价格、经济条件等方面是影响中国入境旅游市场的重要因素[35]。关于入境旅游市场预测的研究方法也呈现多样化,如多元回归、ARIMA 模型、Bernstein Copula 模型、灰色预测模型等多种模型被应用于入境旅游客源市场需求、市场结构及市场人数等方面的研究。

4. 入境旅游影响因素

对入境旅游影响因素的研究包括入境旅游市场、入境旅游经济和入境旅游发展水平三方面。入境旅游市场影响方面的研究如刘长生等通过计量经济学模型测算了中国入境旅游需求市场的影响因素,认为入境旅游者的宣传效应、中国的旅游价格水平、客源地的经济收入水平是影响旅游需求的重要因素[36];罗富民探讨了汇率变动对中国入境旅游市场中日本游客需求的影响[37]。入境旅游经济方面,如陆林等探讨了中国省际入境旅游经济差异的特征及变化态势,并从旅游资源禀赋、基础设施、区位特征和产业结构四个方面分析对入境旅游经济空间差异的影响[38];郭金海等提出入境旅游经济格局的区域差异化主要受两方面因素影响,旅游地自身发展条件和省际的相互作用[39];沈惊宏等基于基尼系数测算了中国入境旅游经济的地区差异以及时空演变,指出提高落后地区的交通水平和开发中高档旅游产品是缩小入境旅游地区差异的关键点[40]。入境旅游发展水平影响因素的研究如周玉翠对中国入境旅游的地带性和省际差异进行了分析,发现对外开放水平程度是影响入境旅游发展最重要的因素[41];宣国富运用聚类分析和判别分析,分析了中国入境旅游规模的分布特征和结构类型，认为入境旅游规模省际差异的影响因素包括城市职能结构、旅游资源、经济发展水平和旅游发展战略等[42]；万绪才论述了中国重点城市入境旅游发展的差异性，采用多元线性回归法对城市入境旅游发展的影响因素进行了研究[43]；刘佳基于 ESDA 和 GWR 模型对中国入境旅游发展水平的空间差异性以及影响机理进行了系统分析[44]；吴良平等通过构建空间计量模型探析酒店供应、旅游资源、交通设施和开放程度对东、中、西部入境旅游发展的影响程度[45]。

二、旅游经济增长及其相关研究

（一）国外研究现状

国外关于旅游经济增长的研究，多从经济学、管理学、社会学视角出发，成果主要集中在旅游经济增长特征及趋势发展、旅游与经济增长的关系研究方面。

1. 旅游经济增长趋势

国外关于旅游经济增长内涵的相关研究主要集中在理论研究和旅游经济增长周期探测。国外学者金等（Kim et al.）[46]提出了衡量区域经济发展和波动的研究方法，为探究影响区域旅游经济发展和波动奠定了基础。爱德华等（Edward et al.）[47]借助旅游生命周期理论，研究分析了加拿大的旅游经济发展轨迹，结果显示加拿大的旅游经济增长在不同的年度内出现了增长期和衰退期。陈（Chen）[48]、尤金－马丁等（Eugenio-Martin et al.）[49]基于不同角度研究了不同国家的旅游经济周期。

2. 旅游与经济增长的关系

旅游业与经济增长的关系是旅游研究领域中的热点问题之一。国外学者伊莎贝尔（Isabel）[50]、胡安（Juan）[51]认为旅游业是长期经济增长的决定因素。沙巴兹等（Shahbaz et al.）[52]采用改进的格兰杰因果检验法，对 1990～2015 年十个国家的旅游业与国家经济数据进行分析，结果发现两者之间存在时变因果关系，且不同国家间的因果关系有强弱之分，国家间规模及发展方向差异越大这种因果关系越强。梅雅里（Menyari）[53]考察了 1983～2018 年国际旅游业和外国直接投资对摩洛哥经济增长的影响，认为长期来看，游客数量与经济增长之间存在正相关关系。恩迪沃（Ndivo）[54]通过问卷访谈形式，探讨了酒店投资对肯尼亚经济发展的影响。楚等（Chor et al.）[55]以摩洛哥和突尼斯为案例地，探讨旅游和经济增长间的因果关系，验证了旅游扩张能够引导经济增长的假设。钟 – 基等（Chung-ki et al.）[56]则提出不同意见，认为在经济发展的早期阶段，休闲旅游对经济增长有贡献，但随着经济的发展，休闲旅游对经济增长的贡献逐渐减弱。哈曼（Harman）提到高速铁路的投入运营为法国各城市带来了更多的商务旅游游客，促进了旅游经济的快速增长。托松等（Tosun et al.）[57]则以土耳其为研究对象，分析旅游经济增长、国家经济发展水平以及区域均衡发展之间的复杂关系。

（二）国内研究现状

国内关于旅游经济增长的研究成果主要集中在旅游经济增长内涵、旅游经济增长影响因素、旅游经济增长动力与路径、旅游与经济增长的关系四个方面。

1. 旅游经济增长内涵

国内学者对旅游经济增长内涵的研究主要集中在旅游经济增长特征、趋势及质量评价方面。李正欢[58]、张信东等[59]分析了中国旅游经济增长特征，认为一些内生经济要素如人力资本、知识、技术进步有助于中国旅游经济增长方式转变。张鹏杨[60]指出粗放式发展是我国旅游经济增长的特点，由此发展将难以高效、持续、稳定地促进旅游经济增长。随建利等[61]、王晶等[62]、林文凯[63]则对旅游经济增长路径进行所处区制的周期划分与未来增长趋势预测。刘佳等[64]、刘英基等[65]通过旅游经济增长质量评价体系，对不同区域旅游经济增长质量的空间分布特征和时空动态演进过程展开分析。

2. 旅游经济增长影响因素

国内对旅游经济增长影响因素的研究大致分为四类：旅游产业结构、

交通基础设施、旅游资源禀赋、创新技术与人才等因素影响。一是旅游产业结构。何勋等[66]、刘春济等[67]提出旅游产业结构合理化是推动旅游经济增长的基础性动力；韩国秀[68]、马国强[69]认为旅游产业集聚存在显著的空间溢出效应，能够带动区域旅游经济的增长。二是交通基础设施。白洋等[70]、侯志强[71]、李宗明等[72]认为不同交通方式均正向影响区域旅游经济的增长，但具有空间差异性。郭伟等[73]则认为对于京津冀区域，高铁开通线路数负向影响城市旅游经济发展。三是旅游资源禀赋。易平等[74]以嵩山世界地质公园为例，测算了2004～2012年旅游经济增长与生态环境压力的脱钩关系和时间演化趋势；陈琳娜[75]提出长周期上旅游经济存在"资源诅咒"效应。四是创新技术[76-77]与人才[78-79]，也在旅游经济增长中起到积极推动作用。

3. 旅游经济增长动力与路径

国内学者李开宇、张艳芳[80]从供给侧出发，认为旅游供给与客源市场的调配是旅游经济增长的最主要动力。杜宇[81]、孙梦阳等[82]则以需求侧的推—拉理论和供给侧的有效营销及管理视角出发，构建分析了旅游内生性增长机制。吕雁琴等[83]提出现阶段我国旅游经济增长进入"新旧动能"转换的重要时期，西北五省恩格尔系数的降低与技术进步对旅游经济增长的作用明显。王冠孝等[84]提出资源型地区的旅游经济增长仍是以需求规模增长和要素投入增长为动力的粗放式扩张，需进一步采取引领旅游需求升级、促进要素配置升级等措施以优化旅游经济增长方式。王京传等[85]提出包容性旅游增长实现机制，认为产业融合、旅游需求、旅游扶贫、利益分配、公共服务均为包容性旅游增长政策的基本要素，并分别从系统内外部角度对体系内涵进行了阐释。

4. 旅游与经济增长的关系

国内学者姬宸宇等[86]以中国主要旅游城市为观测对象，发现民航业促进旅游业，进而促进经济增长，三者间存在相互关联关系。朱海艳[87]强调城市规模在旅游—经济增长间的调节影响，认为旅游经济增长是因城市规模减小而降低，而非旅游发展水平提升而降低。不同规模的城市应根据自身优势特征选择合适的旅游发展方式，促进经济增长。王思秀等[88]、罗丹丹[89]分别采用线性回归模型、脉冲响应函数验证旅游收入与区域经济增长的正向关系。

三、研究述评

国内外学者研究范围比较广泛，也取得了丰富的成果。但是我国旅游经济增长问题仍然面临很多困难，特别是入境旅游方面。入境旅游仍然面临着众多的困难和挑战，新形势下如何挖掘入境旅游经济增长潜力问题，如何实现其增长动力转换问题，如何实现入境旅游经济高质量增长等问题依然亟待解决。国内外学者前期丰富的成果为本书的深入展开奠定了良好的基础，也为本书的研究设计提供了重要的参考。

第三节 研究内容及方法

一、研究内容

笔者在前期资料收集整理的基础上，界定了本书研究的相关概念、厘清了研究所依托的旅游学、经济学与地理学等相关学科的理论基础。本着严谨、务实的科研态度，采用科学合理的研究方法，对中国入境旅游经济增长及其相关问题做了较为系统、全面的研究，得出了一些具有借鉴意义和参考价值的研究结论。主要研究内容包括以下几个方面。

（一）中国入境旅游发展基本情况的梳理与回顾

本书对中国入境旅游发展的时间演变趋势分阶段回顾其发展历程，从入境旅游市场规模、客源市场与入境旅游消费特征及结构等方面梳理总结中国入境旅游发展基本特征与情况。重点运用近二十年中国入境旅游发展的相关数据，分析了中国各区域的入境旅游发展的基本情况与重要特征，具体对各区域在入境旅游市场规模、外汇收入、客源市场与消费特征方面进行对比分析,为后续章节的实证分析做了基础的梳理与解析。

(二) 中国入境旅游经济空间结构演化及其影响因素分析

选取中国 31 个省份(不含港澳台地区)作为单元,将省域和入境旅游经济联系视为构成空间结构的节点和连接轴线两种基本要素,基于网络关系视角研究了 2011～2019 年中国省域入境旅游经济联系网络的空间结构及网络特征演变过程,并探究其网络结构的影响因素。研究发现,中国入境旅游经济联系空间网络趋于紧密;从个体网络结构来看,中国入境旅游经济联系网络三大中心度指标和结构洞水平的空间分化显著;QAP 相关分析结果表明,省域间的交通可达性、地理空间邻近、旅游资源禀赋、经济发展水平、产业结构均与入境旅游经济关联网络显著相关。

(三) 中国入境旅游经济增长潜力分析测度

在综合考虑国内外现有旅游产业发展潜力评价指标以及获取指标的全面性、客观性、代表性和现实性原则基础上,建立了中国入境旅游经济增长潜力评价体系,将入境旅游经济增长潜力分为潜力支持力和潜力保障力两种作用力,具体包括经济发展等 6 类一级指标,人均 GDP 等 22 个二级指标。运用 MATLAB 软件和 ARCGIS 空间分析工具,分阶段对中国七大地理区域入境旅游经济增长潜力的空间演变和指标维度进行了分析。研究发现,七大地理分区入境旅游经济增长综合潜力呈现增长趋势。在对全国七大区域 2019 年入境旅游经济增长的综合潜力分析中,西北地区的潜力已经上升至全国七大区域的首位,西南地区潜力排名也上升至第二位。

(四) 新形势下中国入境旅游经济增长动力分析

入境旅游经济的增长动力问题研究聚焦于其增长的驱动机制。研究发现各驱动要素的交互后的驱动作用强于单个驱动要素的驱动作用,其中交互作用强度较高的要素组合多为主要影响因素。且随着年份的变化,各要素及交互后的要素组合对入境旅游经济增长的影响程度也随之发生变化，即入境旅游经济增长驱动机制转变。

（五）文旅融合背景下文化资本对入境旅游经济产出绩效的影响分析

入境旅游经济发展水平是国家综合实力的体现，文化与旅游的融合发展又是中国现阶段和未来很长时期的发展趋势。近年来文化资本对经济发展的作用受到越来越多的关注，在文旅不断融合发展的时代背景下将文化资本及其影响引入入境旅游经济增长之中，研究文化资本与入境旅游经济绩效的空间效应有一定的现实意义。本书内容涉及文化资本对入境旅游经济产出绩效的作用机制；文化资本的体系构建与测评；文化资本对入境旅游经济产出规模的影响；文化资本对入境旅游经济产出效率的影响等方面。

（六）中国现阶段入境旅游经济恢复性增长的政策建议

在上述研究结果和现阶段国内外经济、政治等和后疫情时期的具体形势分析的基础上，笔者基于需求和供给侧视角，分别从制度层面、产业层面、企业层面和旅游需求层面提出了促进中国入境旅游经济恢复性增长的政策建议，以期为中国旅游业特别是入境旅游的可持续、高质量发展提供理论借鉴。

二、研究方法

（一）文献分析法

通过大量文献阅读，奠定理论基础，构建理论研究体系，获取有效分析信息。具体包括国内外文献分析、各类统计公报和统计年鉴的相关数据收集。研究前期建立了近20年中国31个省（区市）的入境旅游经济指标数据库，为后续研究奠定了基础。

（二） 实地调查法

通过实地调研区域内经济、文化、环境等与旅游相关的实际情况，建立相应的数据库。研究过程中克服困难，尤其是疫情带来的不利影响，实地考察部分区域，并收集整理了全国各区域影响入境旅游经济增长的相关经济、文化、环境等方面的数据资料、建立数据库。

（三） 数理模型法

本书涉及入境旅游经济的空间演化及其特征、增长潜力和动力机制、文旅融合背景下文化资本对于入境旅游产出绩效的影响等。涉及的数理模型较多，如点度中心度模型、集对分析法、地理探测器分析法以及空间计量模型等。

（四） 归纳演绎法

本书所关注的我国入境旅游经济增长空间结构、潜力与动力问题本身就是对现实中客观问题的抽象和归纳；同时研究成果又必须回归每个不同地域进行应用和检验，这是一个演绎过程。

第四节 创 新 之 处

研究视角上，定位于新形势下我国入境旅游经济增长空间结构演化及其潜力、动力等现实问题。选择我国七大地理分区为主要研究区域，并进行关联和对比研究。从宏观和中微观层面对中国入境旅游经济的增长和发展进行深入剖析，并贯彻理论研究和实证研究结合，解释性研究和本体研究结合的研究思路。

研究内容和特色上，以我国七大地理分区入境旅游经济增长空间结构及其演化为基础，以潜力与动力作为研究对象，构建在新形势背景下区域入境旅游经济增长潜力测评模型与动力系统结构模型，揭示其对于入境旅游经济增长的作用机理;并在新形势下引入文化资本对入境旅游经济的产出绩效进行探究,为我国各地理分区旅游经济恢复性增长路径提供理论思考和现实借鉴。

研究方法上,采取质性研究、数理分析的多元融合;研究学科背景方面采用了跨旅游学、地理学、经济学等学科领域的多学科融合,体现了入境旅游经济增长研究方法的多元化和集成性。

第二章　相关概念与理论基础

第一节　相关概念界定

一、入境旅游经济

　　入境旅游是指人们离开常年居住的国家（地区）到其他国家（地区）进行观光、度假、探亲访友、就医疗养、购物、参加会议或从事经济、文化、体育、宗教活动，且连续停留时间不超过一年的行为，但不包括在其他国家（地区）从事能够获取报酬的活动。但由于中国特殊的历史原因与政治背景，我国将入境旅游界定为外国居民、港澳两个特别行政区和台湾地区的同胞，到中国进行不以获取经济利益为目的的活动且连续停留时间不超过一年的行为。

　　旅游经济是以旅游活动为前提，以商品经济为基础，在旅游活动过程中旅游者和旅游企业以及旅游企业相互之间发生的各种经济活动和经济关系的总和。旅游经济中最主要的矛盾关系就是供需矛盾，旅游经济的内涵和旅游产业经济的内涵具有一致性，主要是指旅游企业包括旅行社、旅游饭店和旅游交通等在内的六要素的经济组织之间发生的同行业竞争与合作、跨行业分工与竞争等一系列关系的综合。总体而言，旅游经济是国民经济的重要组成部分，合理的旅游经济关系既可以促进地区经济的发展，缩小地区差异，又可以增加国家外汇收入，平衡国际收支，对我国经济的发展和产业结构的平衡具有重要作用；同时，旅游经济也是旅游产业经济的一种体现，其本身也是单独的系统过程，它以旅游者出游行为为起点，以旅游企业为主要构成主体，具有系统性和综合性的特点。

本书认为，入境旅游经济是指在入境旅游活动过程中，入境旅游者和旅游市场以及旅游市场各构成要素之间发生的一切经济活动和经济关系。

二、入境旅游经济增长潜力

潜力是潜在的尚未发挥出来的能力或力量。经济增长潜力是经济发展的可能性，且这种可能性可以通过资本、创新等外部要素的投入孕育发展成为一种现实的能力，是中长期经济发展的后续能力的体现。旅游经济增长潜力是评价旅游业未来发展状况和配套服务设施等接待能力的一种衡量指标[90]。然而，旅游业由许多要素联结而成，因此，旅游经济增长潜力也受到多方面因素共同影响，具有复杂性。对外开放程度、产业结构等经济因素影响了旅游潜力发展的社会经济背景环境，科教创新因素从旅游人才储备、旅游创新投入等方面影响了旅游经济潜力增长动力来源，生态环境因素和基础设施因素也为旅游经济潜力的稳定发展提供了保障。这些因素分布于旅游经济潜力的各层面，因素之间互相作用，共同影响旅游经济增长潜力的发展。其次，影响旅游经济增长潜力的因素并不都是一成不变的，很多因素会随着时间、环境的变化而变化。如旅游市场需求、旅游产品创新、科技水平等都会随时间、环境或其他因素的改变发生变化。旅游经济增长潜力体现的是一段时期内各因素的累积效果，因为各个因素在不同时期对潜力的作用程度不同，因此，要从动态发展、不断积累的角度对旅游经济增长潜力进行评价[91]。

关于旅游经济增长潜力的概念界定，国内学者主要分为两种观点：一种是以马勇、董观志为代表的"差距说"，认为区域旅游经济增长潜力是由区域环境条件限制、社会经济条件支撑、旅游吸引物供给所能达到的极限总和[92]；另一种是以杨敏为代表的"支持保障说"，认为旅游经济增长潜力在正常水平下并不会表现，在外界环境刺激下才会被激发出来[93]。于秋阳认为旅游经济增长潜力指现有的产业资源在各种因素影响下形成了一种潜力，能对经济起促进作用，对产业未来发展提供支持和保障，并在一定条件下转化为竞争实力和发展力。同时强调旅游经济增长潜力隐藏在产业内部，处于前期积累阶段，能优化旅游产业内部各资源配置，使旅游产业经营效率达到最大化，获取参与旅游市场竞争的最大优势[94]。丁建军等则提出两种看法各有侧重，相互补充，并将其结合定义旅游产业潜力为区域旅游产业改善自身现有生产要素非正常使用，以及刺激区域内与旅游产业相关的其他要素转化、促进和支撑旅游产业可持续发展的能力[95]。宋咏梅认为旅游经济增长潜力并非某一时间点上的表现，而是某一时间段内的表现[96]。

本书认为入境旅游经济增长潜力受多种复合因素影响，是现有资源在一定时期内的积累，并使得入境旅游产业内部资源和各种相关要素综合作用的结果，是未来能转化为现实生产力的一种隐性能力。

三、入境旅游经济增长动力

动力是推动人或事物向前发展的力量。经济增长动力是指在一段时期内，为国家或地区经济起到带动作用的因素，这种动力受经济发展阶段、发展方式、体制安排等方面影响，会发生变化。一般而言，分析经济增长动力有供需两种视角，从需求侧观察，经济增长通常是由投资、消费和净出口带动的。当旅游市场消费需求旺盛时市场总需求量大于总产出量，实际的旅游经济将被拉升；反之，当旅游市场消费需求不足时，市场低迷导致旅游总产出减少，就业者在大环境影响下人数减少，使实际的旅游经济增长率下降。因此，旅游经济会随着旅游消费者需求的变化而变化，可通过刺激消费者需求实现旅游经济持续稳定的增长。从供给侧观察，经济增长来自由劳动、资本、资源、技术等要素配置形成的产业产出。旅游经济增长过程即各种旅游生产要素有效组合和利用的过程。当各种旅游生产要素供给充足，并能以合理组合的形式被最佳利用时，旅游经济就会保持快速增长；反之，当各种旅游生产要素供给不足，或组合与利用不当时，旅游经济增长就减缓，甚至出现下降趋势。因此，旅游要素资源适当供给亦是旅游经济保持平稳增长的重要影响因素。

旅游经济增长是指一个国家或地区在一定时期内，旅游经济收入在数量上的增加和旅游规模上的扩大，是旅游经济总量的变化状况。而为旅游业经济增长起主导作用的因素，就是旅游经济增长的动力来源。传统观点认为，旅游地的发展只需要注重旅游资源这一种吸引物，就可增加旅游者数量，促进产业发展和经济增长。资源禀赋情况是发展旅游业的先决条件，充沛的旅游资源能够开发出优质的旅游产品，吸引众多国内外游客，促进旅游经济增长。但现代旅游观认为，旅游地发展不仅仅只依托于当地的旅游资源，只有在旅游资源被科学开发和有效利用的条件下，丰富旅游资源才能带来经济增长。同时因为旅游产业是一个完整的综合性系统，其经济增长受到了多种多样因素的驱动，在不同的区域、不同时期的旅游产业所拥有的动力因素也有所差异。因此我们认为，旅游经济增长动力机制是一个以多种力量相互协作和互动的循环系统。如果想要保持旅游系统持续健康发展、旅游经济稳定增长，就必须尽可能多维度出发，考虑更多动力影响因素。

关于旅游经济增长动力的概念内涵，学者们提出了不同的看法。利珀认为早期的旅游经济增长动力主要由旅游吸引要素、人的需要以及相关的信息推介构成，其中，需求占据较大的比例[97]；冈恩（Gunn）提到欧美学者在旅游产业发展研究中开始多维度考量驱动旅游经济发展的要素构成，关注除旅游资源以外的因素，如政府制度、文化环境、金融投资等[98]；彭华站在现代旅游供求关系的视角，重新审视了关于旅游经济发展的动力问题，构建了不同类型区域的动力模型并提出了旅游发展动力系统，找出了推动旅游经济发展的主动因素和辅助因素[99]；张广海等并重需求与供给，构建了旅游经济增长动力系统，认为创新驱动是实现旅游经济的持续健康发展的重中之重[100]；缪莹莹认为，旅游经济增长潜力可以从体制、产业、供给方面转化成旅游经济增长动力[101]；李莉等从系统理论思想出发，认为资本、劳动力、消费、投资、出口等子因素从供给侧和需求侧，均影响着旅游经济增长动力的发展[102]。

本书认为入境旅游经济增长动力是指入境旅游细分系统中促进或影响旅游经济持续发展和增长的动力源，受资源、资本、技术、制度和结构五个驱动因素的影响，具有动态性和复杂性，是推动和影响旅游产业价值创造的决策变量。

第二节　理　论　基　础

一、旅游系统理论

系统是由互相关联、互相作用的许多要素结合而成的具有一定特定功能的统一体。系统论认为，系统各要素之间以及系统与环境之间发生着广泛的物质、能量和信息的交换[103]。系统的重点在于全方位整体把握。正是基于此，国内外学者将系统理论带入旅游研究中。从系统理论角度提出旅游活动实际上就是一个系统。

旅游系统理论的研究最早可追溯至 20 世纪 20 年代，研究内容集中在旅游系统的概念界定、构成要素方面，随后还逐渐建立各种旅游系统模型，从不同学科角度归类为以下三种：以冈恩（Gunn）为代表的旅游功能系统模型、以利珀（Leiper）为代表的旅游地理系统模型、以麦基谢尔（Mckercher）为代表的旅游复杂系统模型。20 世纪 70 年代，学者库尔沃（Cuervo）、冈恩（Gunn）在其早期的旅游研究中提出的旅游功能系统模型（见图 2.1），体现了系统论的思想和观点。1979 年澳大利亚学者利珀（Leiper）构建了旅游客源地、旅游地、旅游通道组成的基本旅游系统模型[104]。此后，冈恩（Gunn）在 1980 年对利珀的旅游系统模型进行修正的基础上，提出旅游资源在整个旅游系统中的重要性。马西森和沃尔（Mathieson and Wall）于 1982 年将旅游系统的构成要素分为静态、动态和因果性三个类型[105]。1985 年，米尔和莫里森（Mill and Morrison）在《旅

游系统绪论》一书中首次运用系统模型（见图2.2）对旅游业进行了全面
地描述，指出旅游系统由四个子系统构成：市场、营销、旅游目的地和旅
行[106]。在系统结构上，与冈恩1972年的模型有很多相同之处。冈恩模型
包含了旅游者、服务、吸引物、交通和信息促销这五项，重点强调服务这
一环节。而米尔和莫里森的模型将吸引物和服务合二为一，用旅游目的地
进行概括。

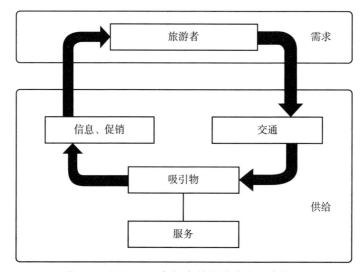

图2.1　冈恩1972年提出的旅游功能系统模型

资料来源：Gunn，C A. Turgut Var. Tourism Planning：Basics，Concepts，Cases（4th Ed）
[M]. New York：Routledge，2002.

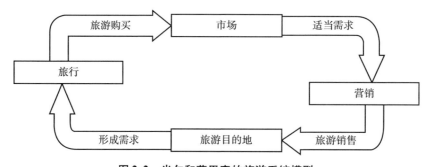

图2.2　米尔和莫里森的旅游系统模型

　　盖茨（Gets，1986）回顾总结了旅游研究中的150多种模型，并进行比较和分类，最后在系统理论的基础上将其应用于旅游规划研究领域[107]。塞萨（Sessa，1988）以系统理论为基础，通过定量和定性方法分析了系统内部各组成要素之间的关系，并建立了具有动态性，可修正的、可发展的区域旅游系统模型[108]。冈恩（2002）从结构和功能的角度对旅游系统进行分析，通过不断完善，在前期研究基础上提出了一个修正后的旅游功能系统模型（见图2.3），认为供给和需求之间的相互匹配构成旅游系统的基本结构[109]。

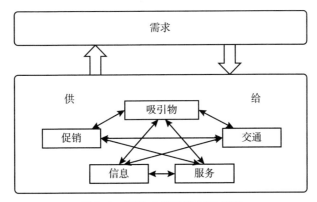

图2.3　旅游功能系统修正模型

　　1998年，国内学者杨新军和吴必虎在此基础上给予一定的完善，提出了符合我国国情的旅游系统模型（见图2.4）[110-111]。他先是将促销和交通合并成了一个出行子系统，并且考虑到政府主导在我国旅游业发展中起着重要作用，添加了由政策法规、环境保证和人力资源教育构成的支持子系统。

　　利珀（Leiper，1979）从空间结构的角度出发，先提出了旅游地理系统模型，并在此后进行了修正。修正后的模型包括旅游业、旅游者、目的地、客源地和旅游通道五大要素，并从结构功能和空间功能两个层面进行分析，还探讨了系统空间结构维度（见图2.5）[112]。国内学者刘峰从规划的角度也对此模型进行了明确的空间划分[113]。旅游地理系统模型又被称为 O – D 对（Origin-Destination Pairs）模型。

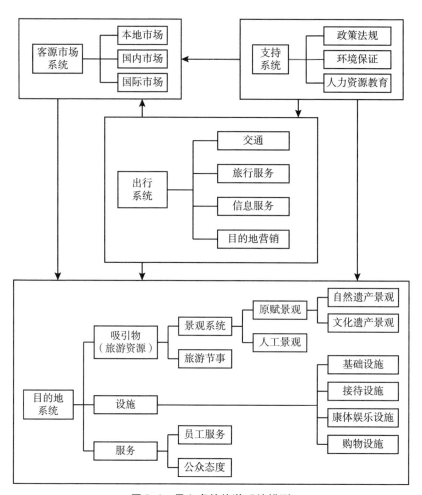

图 2.4 吴必虎的旅游系统模型

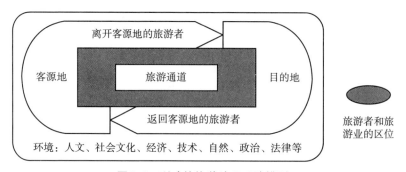

图 2.5 利珀的旅游地理系统模型

从复杂性理论角度看，任何系统都是一个复杂系统，福克纳和罗塞尔（Faulkner and Russell，1997）最早对旅游系统进行探讨，认为其存在混沌和复杂性。直到麦克彻（Mckercher，1999）正式把复杂系统理论引入旅游系统分析中，提出了一个基于混沌理论和复杂性理论的概念性的旅游复杂系统模型（见图2.6）。他认为旅游系统就是一个非线性运行、具有混沌特点的复杂系统，包含了九大要素，它们之间的互动复杂，具有不可预测性和不可控制性。国内王家骏（1999）、王迪云（2006）之后也对此模型的构成要素从环境和耗散结构等角度进行了更加深入的分析[114-115]。

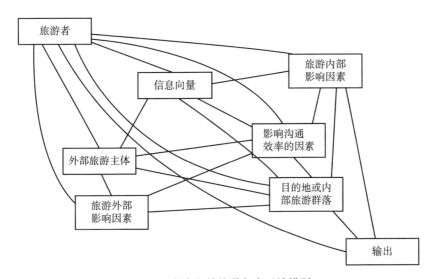

图2.6　麦克彻的旅游复杂系统模型

概括来说，现如今旅游系统理论就是指人类各种旅游活动与各种旅游资源，通过一定的媒介或方式，在一定的地域范围上的有机结合，旅游客源地与目的地也通过媒介作用，是一个开放的社会地理系统。旅游系统可分为供给和需求两部分，供给包含以吸引物为核心的五个子系统，需求是内在推力，促进潜在游客产生旅游行为。现有理论模型主要包括三类：旅游功能系统模型、旅游混沌模型、旅游地理系统模型[116]。

二、旅游供需理论

旅游经济活动是在旅游活动商品化的基础上形成的各种经济现象和关系的总和，其中旅游供给与旅游需求是开展旅游经济活动的两大主要方面，二者的矛盾及其运行规律是旅游经济学的研究主线与主要内容[117]。

（一）旅游供给理论

伴随旅游业的发展，旅游供给侧结构性改革的深入进行，单单追求旅游供给数量并不能满足旅游者的需求，旅游者在考虑旅游价格与数量关系时，开始注重考虑旅游供给的质量，注重旅游供给的有效性。旅游供给在经济学意义上的供给是指企业（生产者）在某一特定时期内，在每一价格水平上愿意而且能够出售的商品量。作为供给，一是必须有出售的愿望，二是必须有供应的能力，两者缺一不可。经济学中，单个厂商的供给函数一般形式为：

$$S_x = f(p_x, p_1, \ldots, p_n, p_e, c, \rho) \qquad (2.1)$$

其中，S_x 为厂商对 x 产品的供给；p_x 为 x 产品的价格；$p_1, \ldots, p_n$ 为其他 n 种产品的价格；c、ρ 分别为生产要素的成本和厂商的技术状况。从旅游经济的角度看，一般认为旅游供给是指在一定时期和一定价格水平下，旅游经营者愿意并且能够向旅游市场提供的旅游产品数量。所谓旅游供给能力，就是在一定的时间和空间条件下，旅游经营者能提供的最大数量的供给。

1. 旅游供给及其内容

旅游由于自身产品特性导致旅游供给具有不可累加性、相对稳定性和持续性、非储存性、产地消费性。旅游供给只能间接地用旅游者数量表达且供给量短时间内不会改变，也无法像一般的消费品通过库存的调节来缓解供需的矛盾。并且旅游目的地在哪里，消费者需要前往当地才能进行旅游消费。

就旅游供给的内容而言，传统的旅游"六要素说"认为旅游供给主要包括提供旅游活动的"行、游、住、食、购、娱"等，与之相对应形成了交通、旅游景区（点）、旅游住宿设施、餐饮、旅游购物店和娱乐场所等部门。这些旅游供给的合理组合就构成了旅游地区完整的旅游供给体系。世界旅游组织在其旅游卫星账户中根据旅游产品的性质将旅游产业划分为旅游特征产品（tourism characteristic products）、旅游相关产品（tourism connected products）和代表两者总和的旅游整体产品（tourism specific products）。其中，旅游特征产品是指在大多数国家中，若没有旅游活动则其消费量会大幅度下降甚至为零的产品，这些产品的相关数据能被统计收集到，如长途交通、餐饮服务等。相关产品是那些参与旅游消费，并在旅游者的消费中所占比例较大的，未包括在特征产品中的部分。我国于2004年7月正式出台了研究报告，将旅游业分为旅游核心产业、特征产业和旅游经济部门[118]。由此我们可映射出不同机构对旅游供给内容的界定，提供以上特性产品的部门共同构成了旅游供给的内容。

　　鉴于旅游业构成在认识上一直存在分歧[119]，因此旅游供给的内容也存在不够统一的现象。本书在研究中特将旅游供给界定为直接旅游供给、间接旅游供给和相关旅游供给三部分（见表2.1）。直接旅游供给是指吸引旅游者进行旅游活动的最直接的供给部分；间接旅游供给是指为旅游者实现旅游活动而提供辅助帮助的供给部分；而相关旅游供给则是指为旅游者的旅行活动提供基础保障的部分。

表2.1　　　　　　　　　　　　　旅游供给构成

供给分类	项目	构成部分
直接旅游供给	旅游资源、旅游专用设施	景区（点），饭店及各类住宿设施，旅游餐饮，旅游购物店，旅游娱乐场所等
间接旅游供给	旅游中介服务	旅行社，旅游公司，旅游车船公司，导游服务公司等
相关旅游供给	旅游基础设施、公共设施、服务	目的地基础设施（道路、桥梁、机场、码头、供水电、供暖、排污、消防等），金融，通信，卫生，安全服务等

资料来源：笔者自行整理。

2. 旅游供给规律及其影响因素

旅游供给量是一个国家或者地区在一定时期内向旅游市场提供的旅游产品的数量。旅游供给量与旅游产品价格之间存在正相关关系，即二者同向变动。旅游供给规律就是在其他情况不变的条件下，一个国家或地区在一定时期内愿意并且有能力向旅游市场提供的旅游产品的数量将随着市场价格的涨落而增减，即旅游产品的供给量同旅游市场上旅游产品的价格呈正比例变化。

从旅游供给规律可以看出，旅游价格是影响旅游供给量的最直接的因素。除此之外，还有很多因素也会影响旅游供给。

（1）旅游资源及环境容量。

旅游供给来源于旅游资源，一个地区所具有的山川风光、人文历史组成的旅游资源才是吸引游客前来的关键点，但吸引力强弱也与资源的优质程度和丰富程度息息相关。不同的旅游资源能被开发出不同特色也使得旅游供给内容不会千篇一律。环境容量包括自然环境容量和社会环境容量，它决定着旅游目的地的最大载客量也决定着旅游市场的最大供给量，且合理的环境容量有助于旅游生态保护，旅游业保持可持续发展。

（2）社会经济发展水平。

一个国家或地区的市场需求增加时，其供给能否及时补充关键在于资金是否充足，发达国家经济实力雄厚，因此能够在需求暴涨时迅速扩大生产力抢占市场从而形成规模优势，相对成本小且效益高。发展中国家或地区则与之相反，由于资金不富裕在市场中落后于其他供给者。衡量一个目的地经济发展的指标主要包括国民生产总值（GNP）和国内生产总值（GDP）。二者的区别在于生产总值的定义范围不同，国内生产总值包括了外国居民在本国范围内生产的产品和劳务，因此更能反映一个国家的生产能力[120]。

（3）科学技术发展水平。

科学技术是推动社会经济发展的强大动力，同样也是促进旅游业发展、影响旅游供给的重要因素之一。科技的进步对旅游供给有直接的影响，现代旅游业的发展已经广泛应用了新技术。计算机预订系统、旅游管理信息系统、现代化的交通工具都在很大程度上提高了旅游业的供给能力。衡量一个地区科学技术发展水平的最直接的指标包括经济增长、科技贡献、科技成果、技术创新、结构优化和效益提高等很多方面[121]。

（4）目的地国家或地区的旅游政策。

国家政策往往对产业发展有指向作用，因此国家或地区的旅游相关战略与政策会影响该地区的旅游供给。这些政策主要包括税收政策、投资政策等。对任何企业而言，税率的高低不仅会影响旅游产品价格，而且也影响其利润的大小和进行再生产的能力。减税政策能够提高企业利润从而促进旅游供给量增加，反之减少。投资政策包括对旅游业的建设投资实行财政补贴或者低息贷款等，都会相应地刺激旅游供给的积极性。

3. 旅游供给弹性

旅游供给弹性就是旅游供给价格弹性，是旅游的供给量关于旅游的产品价格的变化范围。由于旅游供给量与旅游产品价格呈同方向变化，因而旅游供给价格弹性系数一般为正值。当旅游供给弹性系数大于 1 时，则表明旅游产品供给量变化比率大于旅游产品价格变动比率，也就是说旅游供给是富有价格弹性的。供给弹性是指商品供给量的相对变动对引起它变动的相关因素相对变动的敏感程度。它可以分为供给价格弹性、交叉弹性和成本弹性等。旅游供给价格弹性是旅游产品供给量的相对变动与旅游产品价格相对变动的比值，用来测度旅游产品的供给量对于自身价格变动的敏感程度。旅游供给交叉弹性是指一种旅游产品供给量的相对变动与另一种旅游产品价格相对变动的比值。旅游成本弹性则是反映一种旅游产品的供给量与该种产品成本相对变动的敏感程度的指标。

（二）旅游需求理论

关于旅游需求理论，其在研究旅游需求特征时起到了重要作用。研究旅游者流动行为的理论基础是构成旅游需求经济学中的需求理论。需求理论主要包括需求内涵、需求函数、需求规律、需求弹性和效用最大化理论。客观上，旅游需求是社会生产力水平不断提高、科学技术和社会经济不断发展的必然产物。旅游动机、闲暇时间和支付能力构成旅游需求。旅游消费需求是人类生活方式在消费领域的变革，人们可自由支配收入、余暇时间的增多和现代交通的出现是旅游需求产生的基本条件。旅游者需求同其他消费者需求一样受到需求规律和需求弹性，包括需求价格弹性、需求收入弹性和需求交叉弹性的影响，并表现出一定规律。旅游消费者会坚持效用最大化原则，在既定条件约束下，追求最大消费者剩余。

1. 旅游需求及其内涵

经济学中用需求的概念来说明消费者在给定价格下选择购买的一种商品或者服务的数量。旅游需求及其内涵是建立在经济学的需求基础之上的。一般认为，旅游需求指旅游者在价格既定条件下，具有一定支付能力和余暇时间并且愿意购买的旅游产品的数量。旅游需求主要包括了指向性、整体性、敏感性和多样性这四个主要特征。旅游需求的产生受到客观、主观条件的影响：客观条件包括可自由支配收入、余暇时间和现代化的交通工具。主观条件涉及旅游者的需要、动机和选择。学者谢彦君把非旅游产品价格纳入旅游者需求函数的表达：

$$D_t = f(p_t,\ p_1,\ \dots,\ p_n,\ Y,\ T,\ L) \tag{2.2}$$

其中，D_t 代表一定时期的旅游需求，p_t 代表该时期旅游产品 t 的价格。$p_1,\ \dots,\ p_n$ 代表其他物品的价格，Y 代表个人收入，T 代表个人偏好，L 为余暇时间[122]。

英国旅游学家布尔（Bull）也构建了如下函数来表达旅游需求以及限制条件：

$$MaxU_i = U_i(Z_j)$$
$$Z = g(X_k)$$
$$Y \geq PX;\ V \geq TX;\ X \geq 0,\ Z \geq 0 \tag{2.3}$$

其中，U_i 代表 i 旅游者的效用；Z_j（j = 1, …, m）代表旅游活动特征的数量；X_k（k = 1, …, n）代表引起旅游活动特征的属性因素；Y 代表可自由支配收入；V 代表余暇时间；T 代表旅游所需要的时间[123]。旅游需求规律就是指在其他因素不变的情况下，旅游需求与人们的可自由支配收入和余暇时间呈同方向变化，而与旅游产品的价格呈反方向变化。这一需求规律之所以成立，主要有两方面的原因：首先，旅游产品和其他类型产品和服务之间存在替代关系；其次，旅游者的收入预算对旅游需求的制约性存在。

2. 旅游需求弹性

旅游需求弹性是指旅游需求对影响因素变化的敏感性，也就是旅游需求量随其影响因素的变化而相应变化的状况。由于旅游产品的价格和人们可支配收入是影响旅游需求的最基本因素，因此旅游需求弹性可具体划分为旅游需求价格弹性和旅游需求收入弹性。在经济学中，弹性代表两个经济变量之间的关系。弹性作为因变量的经济变量 Y 的相对变化与作为自变量的经济变量 X 的相对变化的反应程度。

用公式表示为：

$$E = \frac{Y_2 - Y_1}{Y_1} \div \frac{X_2 - X_1}{X_1} \qquad (2.4)$$

其中，E 代表弹性；Y_1、Y_2 代表变化前后的因变量；X_1、X_2 代表变化前后的自变量。影响旅游需求的因素主要为价格和收入，旅游需求弹性主要为旅游需求价格弹性和旅游需求收入弹性。旅游需求价格弹性反映了旅游需求对于旅游产品价格变化的敏感程度，常用弹性系数 Ep 来表示。根据旅游需求规律，旅游需求价格弹性系数始终是负值，通常会取其绝对值来说明问题。

点弹性：
$$Ep = \frac{Q_2 - Q_1}{Q_1} \div \frac{P_2 - P_1}{P_1} \qquad (2.5)$$

或者弧弹性：
$$Ep = \frac{Q_2 - Q_1}{(Q_2 + Q_1)/2} \div \frac{P_2 - P_1}{(P_2 + P_1)/2} \qquad (2.6)$$

其中，Ep 代表旅游需求价格弹性；Q_1、Q_2 代表变化前后的旅游需求量；P_1、P_2 代表变化前后的旅游产品价格。旅游需求收入弹性是指旅游需求量与人们可支配收入之间的反应及变化关系，而旅游需求收入弹性系数，则是指人们可支配收入变化的百分比与旅游需求量变化百分比的比值。测量这种弹性大小同样可以用旅游需求收入弹性系数来表示：

$$Ei = \frac{Q_2 - Q_1}{Q_1} \div \frac{I_2 - I_1}{I_1} \qquad (2.7)$$

其中，Ei 代表旅游需求收入弹性系数；Q_1、Q_2 代表变化前后的旅游需求量；I_1、I_2 代表变化前后的可自由支配收入。旅游需求收入弹性一般都比较大。据有关组织研究表明：旅游需求收入弹性系数一般都在 1.3 ~ 2.5，有的国家甚至高达 3.0 以上[124]。

3. 旅游消费者需求的效用最大化

消费者在特定条件下（如喜好、商品价格和收入既定等），把有限的货币收入分配到各商品的购买中，以达到总效用最大。在这种情形下，消费者货币分配比例达到最佳，即分配比例的任何变动都会使总效用减少，因此，消费者不再改变其各种商品的消费数量，这被称为消费者均衡。消费者有限的收入与个人喜好会产生部分冲突，如何在有限收入的情况下获得更能满足自己喜好的产品从而让自己获得更多愉悦感就是消费者的决策过程，愉悦感的多少可以用效用值来表达。英国的威廉·杰文斯、奥地利的卡尔·门格尔和法国的里昂·瓦尔拉斯等这些 19 世纪的经济学家们认为，效用可以用基数来衡量，这意味着两种不同的计量结果有它的数量意义。与此相反，E. 斯罗茨基、V. 希克斯等 20 世纪的多数经济学家则认为，效用可以用序数来度量，就是说一个消费者只能按照他所得到的满足程度的高低来排列各种不同的产品组合。显然，以序数度量效用要比基数度量效用的假定受到的限制少。经济学家对消费偏好或选择有三个基本假设：一是假设效用可以比较；二是假设效用可以传递；三是假设消费者始终认为多比少好，即假定消费者总是愿意多要而不是少要某种物品。经济学认为人们面临多种可能的选择时，他们将选择产生最大效用的一种。并且用无差异曲线和预算约束线来表示效用最大化的过程，这个原理同样适用于旅游需求。

4. 兰卡斯特需求理论

兰卡斯特在 1966 年的一篇论文里，提出了一个关于消费者需求的新理论（即兰卡斯特需求理论，Lancastrian demand theory）。他将标准的（或者说新古典的）消费者选择模型进行了改动。兰卡斯特认为，不同于标准理论所描绘得那样，消费者在选择商品束时注重并且消费的其实是商品体现出来的客观特征而不是商品本身。而这一点正是标准理论所忽视的[125]。兰卡斯特关于商品特征、消费者选择和消费者需求三者的关系理论后来被后凯恩斯主义经济学所吸收。在消费者选择理论领域，后凯恩斯主义经济学家通常会运用兰卡斯特的一些基本主张和数理框架来对抗新古典经济学的消费者选择理论。

通过借鉴兰卡斯特思想以及后凯恩斯主义消费者选择与消费者需求理论，将马克思主义经济学中的使用价值概念、商品特征、消费者需求以及价值实现四个概念相联系，从而构建起更加系统完善的价值实现机制理论。与传统的需求理论不同，经济学家兰卡斯特（Lancaster）提出了产品属性理论，认为消费者的效用就是起源于产品的属性，每个产品都有自己的属性特征。兰卡斯特理论应用于旅游是指旅游者对不同属性（吸引物、设施和旅行距离等）的旅游目的地的选择，旅游者选择某一地点去游览与否取决于他们感受的效用。近年来该理论被逐渐应用于旅游学研究，现在常见的旅游目的地选择理论是兰卡斯特理论在旅游研究中的拓展。兰卡斯特产品属性理论充实了消费者需求理论的内容，其核心强调旅游者属性和旅游目的地属性对旅游者选择的重要性。

现阶段，国内外学者对旅游需求的研究主要集中于三个方面：第一是对旅游需求概念及其模型的构建；第二是对影响旅游需求的因素进行分析和归纳；第三则是注重旅游需求的预测研究。从研究内容来看，我国对旅游需求的研究主要集中于旅游需求影响因素和调查方面，并对旅游需求预测方法多有创新。相比较而言，国外研究更注重对旅游需求预测及其模型的探讨与应用。从研究方法来看，国外偏重定量研究方法的使用和探索，同时注重定量与定性方法相结合。国内也已开始注重旅游需求的定量分析，经验性的研究正在逐渐减少。从研究视角来看，国内外学者都主要从经济学的角度对旅游需求进行研究，其他视角很少见，比如从地理空间、伦理学的角度。从研究结果来看，国内侧重于某一消费群体或者区域的典型研究，其研究成果缺乏普适性。国外研究则出现由单一向综合性转化的趋势，更注重研究成果的实际应用价值[126]。

三、旅游经济增长理论

（一）经济增长理论的内涵及其演化

经济增长理论是研究和解释经济增长规律和影响制约因素的理论。其总的特征是以均衡思想为核心，在此基础上建立各种经济模型，考察在长期的经济增长的动态过程中，假如要实现稳定状态的均衡增长所需具备的均衡条件。经济增长最常见的有两种相互联系的定义。一种认为，经济增长是指一个经济所生产的物质产品和劳务在一个相当长的时期内的持续增长，也即实际总产出的持续增长。另一种则认为，经济增长是指按人口平均计算的实际产出，即人均实际产出的持续增加。经济增长理论历经两百余年的发展历史，可以将其演变历程划分为以下几个阶段。

1. 古典增长理论

亚当·斯密的主要著作《国民财富的性质和原因的研究》（以下简称《国富论》）被公认为古典经济增长理论的起源[127]。《国富论》以国民财富增长为中心和主线，以"富国裕民"、寻求财富增值的方法为目的，基于"利己心"的经济自由主义，使每个人都能自由地追求个人利益，以发展资本主义生产，增进财富积累[128]。他提出了促进人均国民收入增长的两个基本因素：其一为增进受雇劳动者的生产力；其二为增加生产性劳动者在总人口中所占的比重[129]。要增加生产性劳动者在总人口所占的比重，首先要增加资本，增加维持生产性劳动者的基金；要增加同数量生产性劳动者的生产力，可通过改良劳动工具和提高劳动力素质来达到，但两者本质上都是提高资本[130]。在充分肯定劳动分工和资本积累对经济增长作用的同时，亚当·斯密还把社会的政治制度和经济政策列为重要的因素，把自由竞争看作提高劳动生产率，促进国民财富迅速增长的重要社会因素。

2. 新古典增长理论

通常认为，现代经济增长理论的起点是哈罗德—多马模型的出现。如果从研究的内容上看，哈罗德—多马模型确实可以作为现代经济增长理论的起点。该模型是将凯恩斯的思想动态化，并在凯恩斯短期分析中整合经济增长要素，强调资本累计在经济增长中的重要性。

如果从方法上具备了研究动态问题的角度来说，现代经济增长理论的真正起点开始于 1928 年英国经济学家弗兰克·拉姆齐在《经济学期刊》上发表的一篇题为《储蓄的一个数理理论》的经典论文，建立了拉姆齐模型（Ramsey Model）。由于拉姆齐模型没有引起研究者的关注，很长一段时间没有融入经济增长理论的模型之中。直到 20 世纪 60 年代，卡斯[131]（Cass）和库普曼斯[132]（Koopmans）沿袭拉姆齐的思想对索洛模型进行了新古典式的改造，将消费最优化理论引入新古典经济增长模型中，弥补了新古典经济增长模型的部分不足，才使得拉姆齐模型在宏观经济领域中被广泛引用，人们将其称为拉姆齐—卡斯—库普曼斯模型（Ramsey-Cass-Koopmans model），简称拉姆齐模型。

拉姆齐模型在关注宏观总产出、人口增长率、折旧率等因素的同时，将微观家庭效应对经济增长的影响进行了分析。最终拉姆齐模型与索洛模型相结合形成了较为完整的新古典经济增长模型。

3. 新经济增长理论

1962 年，阿罗[133]（Kenneth J. Arrow）发表了《边干边学的经济学含义》一文，提出了"干中学"的观念，把从事生产的人获得知识的过程内生于模型，对技术进步成为增长模式的内生因素进行了初探，成为内生增长理论的思想源头。阿罗模式运用了较为复杂的数学工具，1967 年谢辛斯基[134]（E. Sheshinki）在《具有边干边学的最优积累》中，对阿罗模式结构进行了简化和拓展，提出了一个简化的阿罗模式，合称为阿罗—谢辛斯基模式。

接着著名的罗默模型诞生，罗默（Romer）继承了阿罗"边干边学"的思想，指出了阿罗模式的局限性[135]。在 1986 年发表的《收益递增与长期增长》中，罗默[136]构建了一个具有内生技术变化的长期增长模型，认为特殊的知识和专业化的人力资本不仅能产生效益，并且影响资本和劳动，从而实现整体经济规模效益。考虑到知识具有非竞争性和部分排他性，借鉴其他经济增长率理论，罗默在垄断竞争的假设下研究了经济增长问题。在 1990 年发表的《内生技术进步》[137]一文中，罗默将经济分为三个部门：研究、中间和最终部门；四种投入要素：有形资本、非熟练劳动力、人力资本和技术水平。

卢卡斯[138]（Lucas）在《论经济发展的机制》中突破新古典增长方式的模型，引入舒尔茨和贝克尔提出的人力资本理论，运用宇泽弘文

（Uzawa）的分析框架及类似罗默的处理技术，引入专业化人力资本生产的教育部门，将人力资本效应分为内部和外部，指出人力资本的外在效应具有递增收益，而正是这种源于人力资本外在效应的递增收益使人力资本成为"增长的发动机"，成为经济增长的源泉。

（二）旅游经济增长的影响因素

经济增长的原因是复杂多样的，一般认为经济增长的直接原因是作为生产要素的劳动和资本以及技术水平；经济增长的根本原因则是解释在国家或地区都通过劳动、资本、技术水平来提升经济增长的情形下，出现经济增长的差异的原因，其包括制度、文化、地理三大因素。根本因素影响直接因素中资本、劳动的最大供给量以及技术的最高发展水平，从而影响国家或地区总产出，其变化率影响经济增长率。旅游经济增长则是指在一定的时期内，某个国家（地区）的旅游经济在数量上的增加和规模上的扩张，可以表现为旅游经济总产出在数量和规模上的增加与扩大，能够比较客观地反映该国家（地区）旅游经济总量的变化状况。一般情况下，影响旅游经济增长的因素主要包括以下几个方面。

1. 旅游资源及其开发

旅游资源是旅游经济发展的核心竞争力所在，是否存在旅游资源禀赋限制地区能否发展旅游业，资源数量越多、开发利用程度更高，越能吸引潜在游客前往消费，从而促进该国家或地区的经济增长。

2. 旅游投资及其效率

旅游投资是指投入各种旅游相关生产要素，如人力（劳动）、财力（资本）、知识技术等。旅游资源在要素驱动下转化为旅游产品被售卖后创造收入、形成经济增长。而旅游投资效率则是用来衡量旅游投入与产出之间比例关系的指标。通常投资增长率、投资效率与经济增长率同向变化。

3. 旅游从业人员的数量与质量

在很大程度上，旅游业是劳动密集型产业，但从业人员数量并非越多越好。在旅游相关设备未完全利用条件下，人员增加使得资源利用率增加，从而带来更高效的经济增长。而旅游相关设备在完全利用条件下再继续增加人员供给则会造成消极怠工现象，经济增长效率反而下降。且旅游业作为第三产业，人员质量也影响产出效率，优秀员工更能促进经济增长。

4. 科学技术水平

旅游经济的增长离不开现代科学技术的支撑。科技水平直接影响旅游资源利用率，高效的技术水平能够在资源不变的情况下获得更高的产出，从而促进经济增长。

5. 旅游业对外开放程度

我国对外开放政策的实施带来了入境旅游的繁荣发展，获取的外汇收入帮助旅游业及其他产业获得更多资本，国外游客进入我国旅游市场后需求增加，在我国的各种旅游消费也促进了经济增长。

四、空间结构演化理论

（一）社会网络理论

社会网络理论（Social Network Theory）的基本观点是社会情境下的人由于彼此间的关系纽带而以相似的方式思考和行事。社会网络理论研究既定的社会行动者（包括社会中的个体、群体和组织）所形成的一系列关系和纽带，将社会网络系统作为一个整体来解释社会行为。社会网络既会连接起没有纽带关系的行动者，也会将行动者划分为不同的关系网络。理论本身源自社会学，由英国学者布朗于 20 世纪 30 年代提出，其主要观点是人与人之间所存在的实际关系网络构成了社会网络。19 世纪 70 年代，以怀特（White）为主要代表的学者将社会网络分析应用于研究工作中，促使社会网络分析成为经典的结构分析方法。1973 年，马克·格兰诺维特（Mark Granovetter）提出"关系强度"这一概念，将网络中的关系分为强关系和弱关系，强关系联结团体内部之间的关系，弱联系联结各个团体之间的关系，从而构成整个社会系统。而后，罗纳德·伯特（Ronald Burt）结合格兰诺维特的"弱关系优势理论"构建"结构洞理论"，将网络中未产生联系的个体视为结构洞，认为结构洞具备为其所在的组织或个人提供资源或者信息的优势。1988年，威尔曼（Wellman）对布朗提出的概念进行了补充和深化，他认为社会中存在的多个个体之间的关系构建了稳定的社会网络结构。20世纪50年代至70年代，社会网络理论逐渐发展为一套较为成熟的理论与研究方法，不再局限于人际关系研究，而是被广泛应用于管理学、心理学、经济学、地理学等不同学科领域中。20世纪90年代，社会网络分析被应用于旅游领域的研究中，一些学者将其视为研究旅游系统的绝佳范式。

（二）空间相互作用理论

空间相互作用理论就是研究区域之间发生的商品、人口与劳动力、资金、技术、信息等的相互传输过程的理论。该理论是研究区域、城市、交通网规划的重要理论基础，对区域之间经济关系的建立和变化产生很大影响。理论为保障人们经济、社会、文化等活动的正常开展与运行，区域内部的物质、资源、人员和信息等进行不断地交换，以此产生区域间的经济联系，这种时间和空间上的相互传输过程被称为空间相互作用[139]。美国地理学家乌尔曼（E. L. Ullman）在1957年总结伯林（Bohlin）、泰勒（P. J. Tarlor）和斯托夫（S. Stouffer）等国外学者的观点和吸纳经济学、统计学等学科的基础上，提出了区域空间相互作用理论。区域间产生空间相互作用基于以下几个缺一不可的前提：一是互补性，即区域内部一个城市对另一个城市的物品、劳务、信息等方面存在需求，为满足双方的供需关系而进行运输的现象被称为互补性，特殊的互补性是区域间产生相互作用的基础。二是可运输性，区域间供求关系的满足离不开交通运输。空间距离、运输时间、运输工具等因素都影响着区域间的可运输性，进而影响经济联系和空间相互作用力。三是干扰机会，两个地方之间发生相互作用时，其他地方以更具优势的条件介入两者之间，作为第三方进行干扰。干扰机会通常会产生降低运输费用和影响交通运输两种作用。根据空间相互作用的表现形式，海格特（P. Haggett）于1972年提出一种分类，他借用物理学中热传递的三种方式，把空间相互作用的形式分为对流、传导和辐射三种类型。在对区域空间相互作用力的测度研究中，引力模型及其衍生模型、城市流模型、地缘经济关系模型等实证模型被用于深入探究区域间的相互关系和相互作用力。

（三）空间结构理论

1. 中心地理论

中心地理论是由德国城市地理学家克里斯塔勒（W. Christaller）和德国经济学家廖什（A. Lösch）提出的。该理论认为中心地包括中心性高的城镇和具有中心职能的村庄，它们为居住在周围区域的人们提供商品和服务。中心性指中心地发挥中心职能的大小，是衡量中心地等级的重要指标。

国内学者在中心地理论的基础上延伸出旅游中心地，在对已有旅游中心地理论探究的基础上，对旅游中心地的概念进行了界定，认为旅游中心地是指具有较强的旅游中心性，能够为客源市场提供旅游资源与旅游基础服务设施的中心城镇。旅游中心地不仅拥有对客源市场较强的旅游吸引力，还必须具备为游客提供旅游交通、接待服务、旅游信息等方面的服务功能。根据旅游服务功能的强弱、辐射作用和集散能力的大小，旅游中心地被划分不同等级和规模。通常，等级越高的旅游中心地具有越强的旅游吸引力和集散能力，能为游客提供更加完善的旅游服务功能，对周边区域旅游业发展的辐射作用越大。

2. 点—轴理论

点—轴理论最早于1984年由波兰经济学家萨伦巴和马利士提出，而后我国地理学家陆大道在此基础上进行了完善，提出点—轴理论模型，他认为在一定空间范围内，社会经济客体会产生相互作用，从而呈现集聚和扩散趋势。该理论认为，社会经济客体在区域或空间的范畴总是处于相互作用之中，在国家和区域发展过程中，大部分社会经济要素在"点"上集聚，并由线状基础设施联系在一起而形成"轴"。"点"是指各级居民点和中心城市，是人口和各种职能集中的地方，"轴"指由交通、通信干线和能源、水源通道连接起来的"基础设施束"，轴线上集中的社会经济设施通过产品、信息、技术、人员、金融等，对附近区域有扩散作用，陆大道先生称之为"点—轴"渐进式扩散。"点—轴"理论对我国现阶段及未来的规划布局起到关键支撑，是进行空间结构分析和空间规划的重要理论基础。

"点—轴"理论作为指导我国区域实践开发的基础理论，同样适用于旅游开发领域。旅游中心、城镇或者旅游景区（点）在空间上可视作"点—轴"结构中的"点"，连接各旅游城镇或者景区（点）的旅游交通可视作"轴"。旅游系统的空间结构演进是按照由"点"到"轴"，再到"网"的演化过程（见图2.7）。

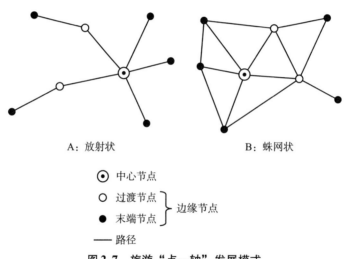

图 2.7　旅游"点—轴"发展模式

在区域经济发展的过程中，"点"是指经济实力和发展水平较高，资源禀赋较强的中心城市，处于区域经济发展中的核心位置；"轴"一般是指节点通过交通线路连接形成的发展轴，以强大的凝聚力吸引轴线附近的经济实力。当新的经济增长点发展到一定规模时，社会经济设施会通过不同要素的扩散继续辐射周围区域的经济发展，从而推动区域经济的整体发展。

旅游空间结构作为区域经济结构的重要组成部分，同样适用于点—轴理论，"点"包括区域内的旅游城市或者旅游景区等旅游吸引物，"轴"

是指区域内连接各节点的旅游交通线，包括航空运输、高速铁路、高速公路、城市公交等，轴线通过联结吸引旅游节点附近的旅游经济实体，促使旅游产业密集带的形成，实现以点带动轴线、以轴线带面的区域旅游协同发展。在入境旅游空间结构中，可将每一个省份或城市视为"点"，以航空通道作为依托，完成"轴"的连接，促进入境旅游者以及旅游要素的流动，以带动区域旅游经济的共同发展。

3. 核心—边缘理论

核心—边缘理论又被称为"中心外围"理论。1966 年美国地理学家J. 弗里德曼基于自己的研究，在总结缪尔达尔（G. Myrdal）和赫尔希曼（Hirschman）有关区域经济增长和相互传递理论的基础上正式提出了核心—边缘这一概念。其理论精髓是空间极化，由于区域内部各地区发展的不平衡性，每个空间经济系统都能被分解为不同属性的核心区和外围区，核心区一般是经济发达、人口密集、技术先进、资本集中的区域，边缘区是一个相对概念，相对于核心区，边缘区一般是经济技术落后的区域，根据其未来的发展趋势及与核心区联系的紧密程度，边缘区又可以分为过渡区域和资源前沿区域[140]。在区域经济增长过程中，核心区与边缘区的发展并不均衡，核心区居于主导统治地位，边缘区在发展上处于依附奴化地位。核心区和边缘区的空间结构模式并非一成不变，而是随着核心区与边缘区的相对差异而不断演化[141]。

核心边缘理论为区域旅游流空间结构形态及其演变提供了理论依据。它认为任何一个地区都是分为核心区域和边缘区域。一般来说，旅游资源品质高、人口密集、经济发达、基础设施完善的地区旅游发展迅速，成为旅游"核心区"，而经济欠发达、旅游资源条件一般、基础设施落后的区域往往发展成为旅游"边缘区"。二者地位处于非平衡的状态，核心区以其自身的优势居于主导地位，边缘区处于被支配的地位。同时，核心区与边缘区又保持相互依赖的关系，核心区对边缘区进行辐射与带动的过程中，边缘区的社会经济要素向核心区产生流动和转移，核心区不断吸纳壮大，其辐射和扩散作用增强，进而带动周围边缘区形成次核心区域，以此拉动更边缘化的区域。

4. 增长极理论

该理论最初是由法国经济学家弗朗索瓦·佩鲁在 20 世纪 50 年代初提出，他认为地区经济的进步通常是首先汇集在某个条件比较好、进步空间比较大的小部分地区或是领域的"增长中心"，该"增长中心"通过本身持续汇集从而形成规模效应，再借由多种方式或途径向周围的区域、领域日渐分散，最终引发整个地区的经济提升及进步[142]。每个区域的经济增长并不是以相同的速度发展，而是具有创新能力的部门和行业最先出现经济增长，这些行业部门在空间上通常向最佳区位靠拢和聚集，由此形成经济增长极。后来法国经济学家布代维尔（Jacques Raoul Boudeville）将增长极理论引入区域经济理论中，将增长极理论中的"经济空间"延伸至"地理空间"，认为经济空间包含经济变量的地理空间关系[143]。之后多位学者从不同角度进一步丰富和发展了这一理论，使区域增长极理论成为区域开发工作中的流行观点。

将增长极理论应用到发展旅游资源当中去，就必须首先挑选小部分地域条件良好、自身资源充沛的地区以及运营有着某种规模的旅游主体发展成为经济增长极；然后增强增长极的极化以及扩散效果，从而引发周围旅游运营主体以及其他有关领域进步。增长极理论主张区域经济发展存在非均衡性，以及增长极的潜力具有差异性，这对发展相对落后的地区具有指导意义。在我国入境旅游经济发展过程中，存在着中西部发展相对滞后的现象，增长极理论能够为改善入境旅游经济的非均衡发展提供理论依据和指导作用。入境旅游产业发展较好的区域优先形成增长极，发展到一定规模时，对欠发达地区发挥辐射和带动作用，通过扩散效应拉动更大范围的区域实现入境旅游经济增长。

五、可持续发展理论

可持续发展理论源于人类自古以来对传统发展观的反思。工业革命、区域烟雾中毒、河流污染、大量世界性恶劣环境事件的发生、能源危机和环境灾害频发，可持续发展思想逐渐萌芽。美国科普作家蕾切尔·卡逊在

1962 年出版了《寂静的春天》，谈到了美国农药泛滥对当地生态环境的恶劣影响，是可持续发展思想的初期阶段。接着，美国经济学家鲍尔丁提出的"宇宙飞船经济观"和罗马俱乐部的《增长的极限》也引起了世界范围的波动与沉思。1972 年，联合国召开了"世界人类环境大会"，有关环境的问题第一次纳入世界范围的事务议程当中。1987 年，世界环境与发展委员会发布了历时三年的《我们共同的未来》这份报告，正式提出可持续发展的概念以及内涵的阐述。从此之后，联合国又相继推出《人类环境宣言》《21 世纪议程》《约翰内斯堡可持续发展宣言》《我们希望的未来》等文件，使得可持续发展理论慢慢步入了成熟期。

联合国对可持续发展的定义为当代人与后代人的关系处理应当和谐适当[144]。首先是经济与发展之间的关系。人类在追求经济增长速度时应当考虑经济增长的质量，转变经济的高能耗、高排放增长模式，把环境质量的改善考虑到经济增长的因素中来。其次是环境与发展之间的关系。人类要始终把保护生态系统的功能和生产力作为重要任务，协调自然环境与经济社会发展之间的关系，实现和谐、可持续发展。最后是社会与发展之间的关系。人类在满足本代人发展需要的情况下，要保证人类资源在各代人之间均衡分配。

结合旅游产业，可持续发展模式应该就要在持续、需求、公开等原则的约束下，以对未来各要素发展无害为原则来满足旅游产业发展的需求，保持正常的旅游环境。可持续发展首先是要去满足目的地人民当前及未来的生产和生活需要，其次才去考虑旅游者消费需求，用旅游产业带动目的地经济的发展、推动社会进步、保护自然环境、丰富文化生活。通过对经济、资源环境和目的地社会发展这三方面的可持续旅游，对旅游领域影响展开分析。三个要素相互关联，形成了旅游领域不断进步的整体。旅游相关产业必须合理开发旅游资源，在旅游服务能够得到保证的前提下，尽力协调旅游产业经济与其他行业的发展，维护好旅游领域经济的不间断性，使得旅游领域在进步的同时而取得经济收益最大化。

从理论框架上说，可持续发展理论研究涵盖了经济学、环境科学、生态学、系统科学等领域。研究的主要内容涉及资源和环境、生态、经济发展、空间结构、社会学等可持续发展的多个方面。旅游业的发展是一把"双刃剑"，一方面，旅游业的发展可以促进资源的开发与保护，并为经济发展作出贡献；另一方面，旅游业的发展可能会激化矛盾，使得各种问题日益突出。

六、推拉理论

推拉理论最早起源于 19 世纪，英国地理学家雷文斯坦（E. Ravens-tien）在 1885 年发表了一篇题为《人口迁移之规律》的论文，对人口迁移做了相关的研究，提出受到歧视和压迫、负担重、生活环境恶劣等因素会促使人口发生转移，并在论文中总结了迁移的七条规律。

20 世纪 60 年代，美国学者李（E. S. Lee）提出了较为系统的人口迁移理论—推拉理论。他首次提出了影响迁移因素的划分，并把它分为"推力"和"拉力"两个方面。他认为，"推力"是一些使居民离开原居住地的消极因素，"拉力"是一些使居民被吸引前往新居住地的积极因素。推拉理论首先是人口学领域出现的理论，该理论用来解释劳动力的迁移，认为劳动力之所以发生迁移，是因为迁入地的拉力（好的工作、好的工作环境、高的收入等）和迁出地的推力（环境恶化、收入低下等）共同作用而导致的。而我国农民工大规模地从农村地区转移到城市地区工作生活，事实上也是一种劳动力的迁移过程。国外学者托尔曼（Tolman）将驱力理论和期待价值理论结合起来，将动机分为内在动机（推的因素）和外在动机（拉的因素）两个方面。

1977 年，美国学者丹恩（Dann）[145]将托尔曼的观点应用到旅游领域产生了旅游动机的推—拉理论（push-pull theory）。丹恩所提出的旅游动机推拉理论认为，旅游行为受到两个基本因素的影响，即推动因素和拉动因素。推动因素是指促进潜在旅游者产生旅游想法的内在因素，拉动因素是指影响潜在旅游者前往哪个目的地的因素。美国学者克朗普顿（Cromp-ton）[146]支持丹恩的推拉理论，提出了旅游活动的"推—拉"动机模型，该模型主要用于解释游客动机的形成和旅游地选择的重要影响因素，他确定了 7 种推动型动机和两种拉动型动机。

　　"推—拉"动机模型被提出之后，其他学者对"推—拉"动机模型的内涵又进行了丰富和发展。如穆扎菲·乌萨尔（Muzaffer Uysal）[147-148]在其论文中对推力和拉力赋予了明确的含义，即：推力因素是指游客内心深处无形的、内在的旅游需求，如逃避和摆脱、休息和放松、冒险、健康和声望；拉力因素是指某一特定旅游目的地或有形的吸引物，如阳光、海滩、放松的生活节奏等，对游客的吸引，促使其离开居住地到目的地旅游的拉动力。阿索－阿洛哈（ISO－Ahola）[149]将构成推力和拉力表达成追求和逃避两种力量。胡德曼（Hudman）[150]断言推拉因素有助于解释世界范围内当地、国家或跨国的旅游方式。应用"推—拉"动机模型中的推力因素可以解释人们为什么要出游，拉力因素则可以解释人们为什么选择某个旅游地。

第三章 中国入境旅游经济发展基本情况

本章主要从中国入境旅游发展的时间演变趋势分阶段回顾其发展历程，从入境旅游市场规模、客源市场与入境旅游消费特征及结构等方面研究中国入境旅游发展基本特征与情况。数据主要来源于 2001～2018 年的《中国旅游统计年鉴》，2019～2022 年的《中国文化和旅游统计年鉴》和《旅游抽样调查资料》等。

第一节　中国入境旅游发展回顾

入境旅游作为旅游业的重要组成部分，是衡量一个国家或地区旅游经济发展的重要指标和依据，也是度量该国或地区旅游产业国际化水平和产业成熟度的重要标志。入境旅游在为本国家及地区创收外汇的同时，也在拉动相关产业的发展与升级、带动就业，对国家经济发展、社会进步、对外交往、人气聚集、声望影响以及文化交流都具有重要作用。

从旅游经济发展模式来看，中国旅游业选择的是适度超前、政府主导下的推进型发展模式。适度超前就是旅游经济发展适度超过一个国家（地区）的国民经济总体发展阶段；政府主导则相对于市场主导而言，就是政府通过制定阶段性的旅游产业规划及其政策来引导旅游产业的发展；推进型就是通过优先发展入境旅游进而推动国内旅游，最终促进出境旅游发展的模式。

中国广袤的疆域与丰富的旅游资源为入境旅游提供了良好的发展条

件，特别是改革开放以来，入境旅游得到了长足的发展。从 1978 年到 2019 年的统计数据可知，中国入境旅游外汇收入从 2.63 亿美元增长到 1312.54 亿美元，四十多年增长了 499 倍，接待入境游客数从 180.92 万人次增长到 2019 年的 14530.78 万人次，增长了 79 倍，通过多年的发展，中国入境旅游发展规模成效显现，成为世界重要的旅游目的地和客源国。鉴于新冠疫情影响的实际情况，本书选取了 1978~2019 年统计数据（见图 3.1），回顾四十多年来中国入境旅游发展历程，其发展主要呈现三个阶段。

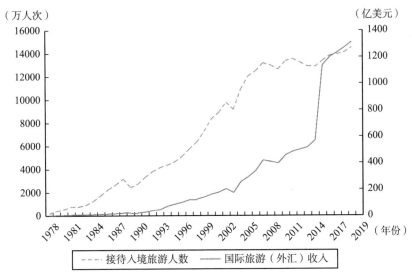

图 3.1　1978~2019 年中国入境旅游接待游客数量及外汇收入情况

一、稳步增长阶段（1978~2007 年）

从 1978 年改革开放之后，旅游逐渐发展成为一项产业，发展速度明显加快。起初旅游产业总体规模较小，结构单一，但随着中国对外开放的进程加快，旅游业发展升级由旅游接待转向旅游经营。期间入境旅游接待设施不断完善、能力不断提升。在此阶段，中国旅游业发展的总体方针为"大力发展入境旅游，积极发展国内游，适度发展出境游"[151]。特别是"十一五"规划以来，将旅游业确立为支柱或先导产业，长期坚持和落实

"大力发展入境旅游政策"的指导，发展旅游业成为国家战略，中国入境旅游持续平稳增长，助力国内旅游市场和入境旅游市场协同发展，不断提高国家的软实力。

由图3.1可知，该阶段接待入境游客人数与外汇收入整体呈现线性增长趋势，在1989年与2003年出现明显较大的波动，在1989年出现一个低谷，分别下跌了22.70%和17.22%，随后波动上升，在2003年受到非典疫情重创后，入境旅游一度处于低迷时期，疫情过后逐渐恢复生机并反弹增长，在2007年出现小波峰，在此阶段，中国入境旅游发展持续稳步增长，配套设施逐渐完善，奠定了良好的基础。

二、徘徊增长阶段 (2008～2019年)

2008年9月全球次贷经济危机爆发，中国入境旅游外汇收入与接待入境游客人数从2008年起连续两年下跌，在2009年出现小低谷，呈现波动增长趋势，2008年起我国提出"大力发展国内旅游，积极发展入境旅游，有序规范发展出境旅游"的总体方针，随后自2010年开始波动上升，接待入境游客人数于2011年出现一个小高峰，由于受到人民币升值、金融危机、欧债危机以及入境旅游市场竞争激烈等因素影响[152]，在2012年起连续三年有所回落，但外汇收入在2015年较前一年实现增长近两倍，随后增长率保持在3%～6%波动增长（见图3.1）。

旅游产业在经历改革开放四十多年的发展历程后，我国已经成为世界上最大的国内旅游、最大的出境旅游国家，全球第四大入境旅游国家，其地位和作用已经显著上升，成为国民经济的战略支柱和新的增长极。旅游业发展对其他关联产业产生了重要影响，甚至影响了整个区域经济的运行。2019年旅游业对GDP的综合贡献为10.94万亿元，占比11.05%，达到2014年以来的历史新高，旅游业综合贡献占GDP总量稳步上升。其对于整个国民经济的贡献逐年上升，经济拉动作用逐渐显现。

我国的旅游业各类产业不断创新升级，综合实力增强使得服务品质上升，在签证便利化、中外系列旅游年活动等措施拉动下，我国入境旅游市场目前逐步进入平稳发展阶段，且总体优势明显，连续多年始终保持全球第四大入境旅游接待国的地位。据《中国入境旅游发展年度报告2020》显示，2019 年入境旅游人数已达到 1.45 亿人次，同比增长2.9%，我国入境过夜市场和外国人入境旅游市场的占比分别为 45.2% 和21.9%，均比上年有所增加。值得一提的是，在"一带一路"倡议影响下，沿线国家游客入境旅游人数增加，外国游客人数保持着平稳增长的良好态势[153]。

三、停滞徘徊阶段（2020～2022 年）

2020 年，中国入境旅游按照"十三五"时期逐年上升的趋势，本应继续保持低速增长，但突发的新冠疫情对入境旅游造成了暂停式的强烈冲击。旅游业的综合性引发其敏感性、波动性，使得其易受积极或消极事件的影响而产生短期暴增或急速冷却。

由于新冠疫情的反复，各行各业经常性地不得不停工停产，加上中美贸易摩擦的影响，我国国民经济和社会发展遭遇阻碍，旅游经济发展呈现下滑态势。全国开展疫情防控行动后，交通及旅游企业进入"寒冬"，航空铁路运输量骤减，旅行社、酒店一度经营困难。入境旅游市场也由于各种管控措施而停滞，根据中国旅游研究院公布的最新数据，我国 2020 年接待入境游客 2747 万人次，同比下降 81%。其中，入境过夜游客 797 万人次，外国游客 412 万人次，外国过夜游客 184 万人次，分别同比下降88%、87% 和 93%。鉴于新冠疫情后中国的入境签证政策等原因，2021～2022 年入境旅游发展相对"停滞"。

新冠疫情防控时期的入境旅游市场恢复困难重重，旅游业遭受的系统性创伤使得市场被迫停下前进的脚步。但从积极的角度考虑，利用这段停滞时期反思、改善，有助于优化入境旅游市场环境，以更好的姿态迎接入境市场恢复性增长的到来。

第二节　中国入境旅游经济发展基本特征

本节主要从接待入境旅游人数与入境游客平均停留时间两方面分析入境旅游市场规模，从入境旅游客源类型与客源地角度分析客源市场，以及入境旅游消费特征及结构等方面研究中国入境旅游发展基本特征与情况。

一、入境旅游市场规模

入境旅游市场规模是研究入境旅游市场开发利用以及发展的基础，科学地比较并分析各区域入境旅游市场规模分布特征，对于入境旅游经济增长的研究具有非常重要的意义。

（一）接待入境旅游人数

接待入境旅游人数不仅可以反映本地旅游业的发展态势，还可以间接反映旅游目的地在游客心中的认可程度以及了解程度等方面。

从时间角度来看，如图 3.2 所示，近二十年来，排除旅游危机事件一定程度的影响，全国接待入境旅游人数的绝对量总体呈稳步增长态势，且增幅较大。2000 年中国入境旅游人数排世界第五名，2004 年接待入境旅游者人数首次突破 100 百万人次，并跃居世界排名第四位，直到 2008 年、2013 年接待量有所回落。全国接待入境旅游人数在 2003 年和 2013 年出现了两次较为严重的降幅，2003 年之前接待入境旅游人数每年都有一定的增长且增幅较为稳定。2003 年的非典疫情严重影响了入境旅游游客数量的增长，出现了非常严重的降幅。2003 年以后由于突发事件或经济因素的影响，接待入境旅游人数出现了波动性增长，在消除了由于非典疫情出现的负面效应后，入境旅游人数开始反弹且增幅相对较大。2008 年中国举办奥运会，政府对国际入境旅游者采取了限制性措施，再加上国际金融危机的影响，全国的入境旅游市场增长缓慢，同时受全球经济持续低迷和雾霾气候等因素的影响，2013 年我国接待入境旅游人数出现明显的下降趋势，2013 年之后入境旅游人数出现回暖但增长缓慢，直到 2018 年才恢复到 2012 年的入境人数水平。从相对量来看，比上一年增长率在 2000～2005 年波动大，2003 年呈现出断崖式下跌，从 10% 跌至 −5%，随后一年反弹式增长 20%，说明了入境旅游市场对于宏观环境的敏感性和易波动性，2005 年后增长率保持在 ±5% 之间波动，处于相对缓慢波动上升趋势。但总体来说，2013～2019 年一直呈现缓慢增长趋势，这表明入境旅游市场进入相对成熟稳定的发展阶段，入境旅游也由高速发展转为高质量发展。

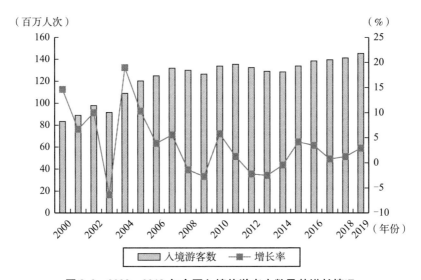

图 3.2　2000～2019 年全国入境旅游者人数及其增长情况

　　从空间角度来看，通过图 3.3 对比七大地理分区的接待入境游客人数，在 2000～2019 年期间，接待入境游客人数最多的区域是华南地区。2000 年华南地区的接待入境游客人数为 13.71 百万人次，就已经远超其他区域，在之后的近二十年，该区域的入境游客人数规模始终保持七区之首，归因于该区域优越的自然、社会经济条件，开放包容的文化风气以及良好的旅游供给条件。紧随其后的是华东地区，华东拥有优越的自然环境和物产资源，是中国综合技术水平最高的经济区。近年来欧美地区进入西南地区的游客数量有所上升，呈现出了比较良好的增长态势。其余四个区域的入境旅游人数较少且增长缓慢，其中华北地区在 2013 年入境旅游人数下降后，一直没有恢复到 2012 年的入境人数规模，到 2019 年都始终呈现不增不减的迹象。华中地区和西北地区近二十年来整体呈现增长态势，但华中地区的入境旅游人数增长速率相对于西北地区较快，接待入境游客人数最少的为西北地区。

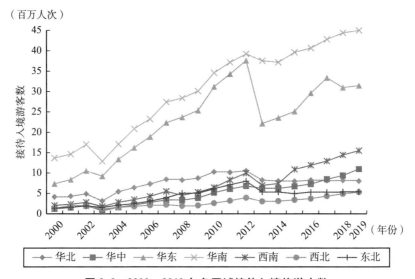

图 3.3 2000~2019 年各区域接待入境旅游人数

华南区域对全国接待入境旅游人数贡献量最大，且该区域在二十年间每年的总体入境游客接待量都远高于位居第二的华东区域。从 2000~2019 年，华南区域各省接待入境旅游者人数总体上呈平稳增长，从 13.71 百万人次增至 44.99 百万人次，增长了 2.28 倍，年均增长率为 6.46%。2003 年由于非典疫情的影响使入境旅游人数大幅度降低，2013 年和 2014 年连续两年都出现了入境旅游人数下降的现象，引发此现象的原因可能是经济危机的负面效应、雾霾天气频发等因素。

位居第二的华东区域在七个地理分区中对全国接待入境旅游人数的贡献量也较大。该区域的入境旅游人数从 2000 年的 7.36 百万人次增至 2019

年的 31.48 百万人次，增长了 3.28 倍。二十年间，华东地区的入境游客接待人次呈现出波动增长趋势：在 2003 年和 2013 年有两次大幅度的下跌。另外，该区域在 2018 年出现了较小程度的降幅。

华北区域接待入境旅游人数 2014 年以前排第三位，由于全球经济疲软和雾霾气候的影响，华北地区的入境旅游人数 2013 年开始出现明显的降幅，此后呈现持续小幅度的下跌态势，到 2014 年依次被西南和华中超越，入境旅游人数规模较小、增速缓慢且增长不稳定。总体上华北地区以 2012 年为分水岭，2012 年以前一直呈增长态势，2012 年以后有所下滑且一直处于低迷状态。

华中区域在 2000～2019 年的二十年间接待入境旅游者人数总体上平稳增长，从 1.23 百万人次增至 10.97 百万人次，增长了 7.92 倍，年均增长率为 12.29%。同样，在 2003 年和 2013 年出现了两次较大程度的降幅，与华北区域类似，在 2008 年入境旅游人数也出现了小程度的下跌现象，是我国入境旅游的待开发市场区域，具有相对较大的增长潜力。

西南区域在全国接待入境旅游人数的贡献中占比较小，其主要原因是西南地区山岳众多、地质环境复杂、施工难度及耗费资金较大，但在国家提出西部大开发战略后，交通条件大幅度好转。旅游目的地的可进入性明显增强，这是入境旅游人数呈增长趋势的一个重要因素。同时，星级饭店、旅行社和旅游景区等旅游专用设施数量也得到了大幅度的增加。这些硬件条件使得西南区域的旅游业发展有所进步，表现在接待入境旅游人数上就是从 2000 年的 2.06 百万人次增至 2019 年的 15.52 百万人次，增长了 6.53 倍，年均增长率为 11.78%。该区域入境旅游人数分别在 2003 年、2008 年和 2013 年出现了不同幅度的下跌，总体呈波动式增长。

西北区域从总体上看，增长比较缓慢且对全国的入境旅游接待量贡献最小，但整体仍呈现递增趋势。很大程度在于西北地区气候条件不佳，降水稀少生态脆弱，长久以来经济发展相对落后。近年来，西部大开发战略及构建"丝绸之路经济带"等政策带动了我国西北地区经济的较快发展。入境人数从 2000 年的 1.31 百万人次增至 2019 年的 5.32 百万人次，增长了 3.06 倍。

东北区域在经济方面经历了波折的发展，虽起步较早，但后来由于老工业制度与结构的不匹配导致经济落后，直到国务院实施相关战略后，东北区域的经济才逐渐进步，由图 3.3 可知，东北区域增长缓慢且对全国接待入境旅游人数的贡献率很低。从 2000 年的 1.38 百万人次到 2019 年的 5.42 百万人次，增长了 2.93 倍。

（二）入境游客平均停留天数

入境游客停留天数是研究本地旅游业发展的一个重要因素，既可以反映出该旅游目的地对入境游客的吸引力强弱，又与该地区经济状况、教育程度、年龄特征、旅游客源地与旅游目的地之间的距离、游客到该旅游目的地的次数等多种因素都有着不同程度的关系，同时会考虑到旅游目的地承载力的问题，也会涉及生态旅游和可持续旅游方面。入境游客停留天数不仅对本地的旅游企业和旅游管理决策者增加旅游收入有重要的参考作用，而且对旅游目的地承载力所涉及的可持续发展更具有重要的意义。本节数据从历年统计年鉴与公报等官方统计数据中整理并计算出 2000～2019 年各区域的入境游客平均停留天数。

全国入境游客平均停留天数总体来说呈现出增长趋势，由 2000 年的 2.50 天增长为 2019 年的 3.13 天，增长了 25.2%。入境游客的平均停留天数在波动中有小幅度增长。2001～2011 年平均停留天数没有相对较大的波动，均在 2.5～2.6 天上下浮动，其中每一年同比上年的增长幅度都不超过 2.15%，在 2012 年和 2016 年出现了两次相对较大的增幅，其中 2012 年同比上年增长了 8.82%。

从各区域角度来看，如图 3.4 所示，华北地区入境游客的平均停留时间稳居各区域之首，入境游客停留时间最长，二十年间保持在 3.5～5.5 天，从 2000 年的 3.73 天攀升至 2014 年的 5.31 天，随后有所回落，但增长了 41.3%，十八年间增长幅度相对较大，呈现上升态势。在 2010 年之前入境游客平均停留天数一直处在上下波动幅度较小的状态，2010～2014 年呈现出较快的增长速度，五年间从 3.44 天增长到了 5.31 天。

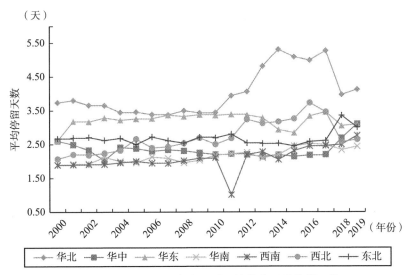

图 3.4　2000～2019 年各区域入境游客平均停留天数

华中地区入境游客平均停留天数从 2000 年的 2.6 天减少至 2017 年的 2.2 天，减少了 15.38%，总体呈现下降态势。从 2000～2003 年一直处于下降状态，并在 2003 年出现研究期间入境游客平均停留天数最低的现象，非典疫情之后，在 2004 年出现了反弹，之后至 2017 年总体出现了波动下降的态势。华中地区 2018 年前入境游客平均停留天数水平处于全国末位，存在竞争力不强、旅游产品结构不优等问题，华中入境旅游待开发潜力巨大。

华东地区入境游客平均停留天数总体呈上升态势，一直保持接近 3.5 天的状态，在 2015 年与 2018 年波动下降，其整体水平处于上游。从 2000 年的 2.61 天攀升至 2017 年的 3.46 天，增长了 32.57%。在 2001～2013 年，该区域的入境游客平均停留天数波动很小，从 3.18 天涨到 3.29 天，只增长了 3.46%；有两次较大的增幅分别是 2001 年增长了 21.84% 和 2016 年增长了 17.61%。

华南地区的入境旅游接待人数在全国位居第一，但停留时间较短，近二十年呈现稳定的水平增长趋势，一直保持在 1.5～2.5 天，从 1.9 天攀升至 2.49 天，增长了 31.05%，起伏波动平缓。华南地区旅游资源富裕，尤其是独具地方特色民族文化使其拥有差异化竞争力，与其他区域相比，华南旅游资源和产品线路颇具优势，侨乡文化与东南亚毗邻的优势明显。

西南地区入境游客平均停留天数从总体来看是呈上升趋势但增长缓慢。从 2000 年的 1.89 天攀升至 2017 年的 2.46 天，增长了 30.16%。只有在 2011 年出现大幅度的降低，又在 2012 年恢复之前的水平。西南地区在全国的入境游客平均停留天数也处于较低水平，仅次于华中与华南地区，面临游客停留时间短的问题，需要利用好入境旅游人数多这一优势来思考如何使游客在旅游目的地进行较长时间地停留。

西北地区的平均停留时间整体呈逐年递增趋势，前十年停留时间一直处在落后，但 2011 年开始增长较快，在 2016 年一度跃居第二名。从 2000 年的 2.07 天涨至 3.46 天，增长了 67.15%，增长幅度较大，说明近几年西北地区各省旅游业取得了较好的进步与发展，预测之后的发展会继续呈现较好的增长态势。在西部大开发战略的支撑下，游客在西北地区的平均停留时间增加。

东北地区总体上在 2000～2017 年出现了小幅度的下降，入境游客平均停留天数从 2.67 天减少到了 2.61 天，最高点出现在 2011 年的 2.8 天，其余年份水平均大致维持在 2.6 天，入境游客平均停留天数水平在全国范围内位于华东地区和西北地区之后。东北地区旅游资源类型丰度逐渐提升，旅游产品体系逐步完善，对游客更具旅游吸引力，使入境游客停留时间实现新的突破。

从七大地理分区在入境游客平均停留天数方面的分析比较可知，各区域在入境游客平均停留天数方面呈现出的不平衡性是值得注意的问题，如何吸引游客进行深度旅游成为部分区域旅游发展需要考虑的问题，发展较慢的华南与西北区域应充分利用自身条件，合理配置和利用丰富的旅游资源，以文化内涵作为自己的核心竞争力吸引游客，同时加强服务质量，管理体系建设，提升游客满意度来达到延长游客停留时间的目的，带动旅游目的地经济的发展。

二、入境旅游外汇收入

入境旅游外汇收入是外国游客在旅游目的地所支付的费用，既是国家收入的一个重要部分，同时也赋予了旅游目的地国家和地区一种新的价值。将入境旅游外汇收入作为研究各区域入境旅游发展情况的另一重要指标具有积极的现实意义。

从时间角度来看，如图3.1所示，中国入境旅游外汇总收入二十年间总体上呈现增长态势，2000年中国国际旅游收入排世界第七名，2006年跃升两个名次，2015年稳居世界排名第二位，并保持至今。总体上看，2000~2012年处于入境旅游外汇收入高速增长阶段，2014~2019年全国入境旅游外汇收入进入缓慢增长时期，这也表明我国入境旅游迈入了高质量发展阶段。近二十年来入境旅游外汇收入出现过三次下跌。2003年非典疫情给旅游业带来了比较严重的消极效应，降低了外国游客入境旅游的积极性，使得入境旅游外汇收入出现了第一次降低，但在非典疫情之后，全国的入境旅游外汇收入迎来了较快速度的增长，第二次和第三次下跌分别出现在经济处于疲软状态的2013年和2014年，2014年后外汇收入再次回暖表现出上升态势，但相比2013年之前，增长速度有所放缓。

2000~2002年七大地理区域都统一呈现出增长趋势，2003年由于非典疫情，全国七大地理区域的入境旅游均受到影响，在外汇收入方面呈现出不同程度的下降迹象，2004~2012年，七个区域的入境旅游外汇收入整体都呈现增长态势且增长速度较快，华东、华南和华北地区在这个阶段的入境旅游外汇收入增长尤为明显，与其他四个区域拉开了较大差距，西北和西南区域在2008年受到国际性金融危机的影响出现了一定程度的降幅。2013~2019年七个地区的入境旅游外汇收入基本呈增长趋势，其中华中和华东地区受到2013年经济疲软和雾霾气候的影响外汇收入出现了不同程度的下滑，华北地区在这一阶段呈现波动式增长，且在近年出现了外汇收入的明显滑坡，东北地区在2014年也出现了下滑迹象，且自2014年以后入境旅游外汇收入一直处于低迷状态。

从空间角度分析，七个地理分区在入境旅游外汇收入方面存在较大差异。由图3.5可以看出，华东地区对全国入境旅游外汇收入的贡献量最大，且与全国入境旅游总外汇收入的变化趋势相似，华东地区的入境旅游外汇收入位居各区域之首，华东地区的接待入境游客人数和停留天数均排在靠前位置，且该地区的国际旅游外汇收入变化与入境游客人次数据趋势有些类似。华东地区从2000年的4208百万美元增至2019年的26601百万美元，增长了5.32倍。期间两次下跌分别出现在2003年和2013年。

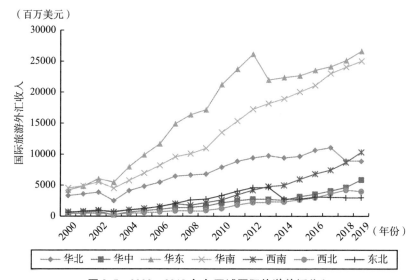

图3.5 2000～2019年各区域国际旅游外汇收入

华南地区的入境旅游外汇收入紧跟华东地区，位居第二，这与华南地区的产业结构高速优化有着密切的联系，华南区域社会经济持续稳定发展，同时提升了旅游业基础设施的建设，为入境旅游快速发展创造了更加优越开放的经济环境，华南地区的入境旅游平均停留天数虽时间不长，但该地区的入境旅游人数在七个地理分区中占据很大优势，使得华南地区在外汇收入上排名靠前，仅次于华东地区。华南区域国际旅游收入在数量上总体保持平稳增长的态势，从 2000 年的 4528 百万美元上涨到了 2019 年的 25004.96 百万美元，增长了 4.52 倍。华南地区二十年间只在 2003 年由于非典疫情出现过一次收入降低的现象，2008 年华南区域国际旅游收入首次突破 100 亿美元，2015 年突破 200 亿美元，赢得入境旅游发展阶段性突破。华南是中国对外开放政策最早的实施地，经济基础优越，人均地区生产总值居于全国上游水平。

华北地区外汇收入贡献量在全国位居第三，相比于华东和华南地区，国际旅游外汇收入增长速度较慢。值得注意的是，该区域在近几年还出现了下跌，其下降原因很大程度上是由于天津在 2018 年入境旅游外汇收入出现骤降，华北地区从 2000 年的 3318.02 百万美元涨到了 2019 年的 8865.28 百万美元，增长了 1.67 倍，年均增长率为 5.03%。表明华北地区稳步推进结构调整，转型升级步伐不断加快，合理配置利用现有资源并建立更加完善的旅游设施体系。

西南地区的入境旅游外汇收入保持平稳增长的态势，与全国入境旅游的发展趋势相似，且近几年表现出良好的增长趋势，西部大开发近二十年的长足发展，西南入境旅游外汇收入均值由 2000 年的 721.47 百万美元上升到 2019 年的 10320.08 百万美元，增长了 13.30 倍，年均增长率为 16.01%。该区域在 2003 年跌到了 650.81 百万美元，下降了 32.84%，但在疫情之后出现了快速增长，2004 年增长率高达 58.45%，另外，受 2008 年国际金融危机的影响，西南地区的入境旅游外汇收入有所下降。

华中地区居于华东、华南、华北之后，位列全国七大区域第四名，说明华中地区仍然需要优化产业结构，大力推动旅游业的长期可持续发展。华中区域国际旅游外汇收入在数量上总体保持平稳增长的态势，从 491 百万美元增至 5851.99 百万美元，增长了 10.92 倍。2003 年受到非典疫情的影响，国际旅游收入同比下降 66.89%，疫情过后恢复生机，境外游客前往我国旅游的意愿增强，随后在 2013 年和 2014 年有小幅度的下降，但之后出现反弹获得较快速度的增长，2019 年的增长速度最快，同比上年增长了 26.58%。

西北地区的入境旅游外汇收入从 2000 年的 439.74 百万美元涨到了 2019 年的 3983.38 百万美元，增长了 8.06 倍。该区域分别在 2003 年、2008 年和 2019 年出现了三次下跌，但总体呈现增长态势，这得益于丰富的旅游资源、发展迅猛的交通基础设施和旅游专用设施。

东北地区的入境旅游外汇收入总体呈增长态势，从 629.74 百万美元增至 2999.92 百万美元，增长了 3.76 倍。2003 年出现回落，从 933 百万美元降到了 764.13 百万美元，降低了 18.10%，2003～2013 年这近十年间一直保持平稳增长。

纵观各区域入境旅游市场规模和外汇收入，华东地区因在入境游客人数和平均停留天数两方面占据较大优势，入境旅游外汇收入位居全国之首。华南地区的外国游客平均停留天数较短，但该地区的外汇收入排全国第二，这得益于该地区大规模的入境游客人数。华北地区接待入境旅游人数在全国范围内并不占优势，但其平均停留天数较长，使得外汇收入排名靠前处于第三位，其余华中、西南、西北和东北地区无论是在接待入境旅游人数上还是在外国游客平均停留天数上都处于较低水平。华南地区在样本期间虽拥有大规模的外国客源，但外国游客的平均停留天数较短，如何吸引外国游客进行深度旅游成了应该关注的重要话题。

三、入境旅游客源市场

（一）入境旅游客源类型分析

从客源结构看，近年来中国入境旅游市场的客源结构呈现"二八"比例，中国接待的入境游客中，80% 来自港澳台地区，是我国入境旅游的主力军，外国游客占比约 20%，比例逐年缓慢上升。全国入境旅游市场所呈现的"二八"结构可以理解为，中国在吸引外国人入境游客方面存在不足，仅以港澳台同胞游客为主要客源市场，其发展空间由此可见待开发的潜力巨大。2000～2019 年，我国入境旅游市场快速发展，2019 年全国接待入境游客数量为 2000 年的 1.74 倍，其中外国游客市场呈现大幅度上升，2019 年外国入境游客数量为 2000 年数量的 3.13 倍，港澳同胞游客市场及台湾同胞游客市场发展则相对缓慢，分别为 2000 年数量的 1.53 倍和 1.97 倍。由图 3.6 可以看出，外国游客与台湾同胞游客增长率趋势较相似，在 2003 年大幅下降至 −25% ～ −15%，随后反弹式回升，2008 ～ 2009 年受到奥运会政策限制再次下滑，其后外国人入境人数近年来增长率保持在 5% 左右，港澳同胞游客波动起伏较平稳，基本保持在 0～2%。随着社会经济的发展，外国人游客在客源市场中的占比差距明显增加，这也从某种程度上说明了我国对外开放取得的重大进步，越来越多外国人了解到我国社会文化，从而更倾向于选择到我国入境旅游。

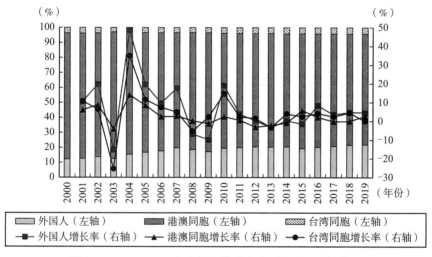

图 3.6　2000 ～ 2019 年中国入境游客类型比重及增长情况

　　总体来看，如表 3.1 所示，2000 ～ 2019 年全国入境旅游市场在扩大，各类型游客数量均上升，华南地区主要客源类型为港澳台同胞游客，其余六大区域的主要客源类型均为外国游客，且每个区域历年游客数量变化趋势也与全国变化趋势趋同。七大区域中，东北地区、华北地区入境游客类型分布最为相似，两地区的外国游客平均占比均超过 85%，相比其他区域，这两个区域对于外国游客市场的依赖性更强。华南地区入境游客类型最为特殊，港澳台同胞游客占比极高，与其地缘环境息息相关。不过与

2000 年的数据相比，华南地区的外国游客类型占比有所增加，说明华南地区丰富的旅游资源吸引了越来越多外国游客。

华北地区在统计区间内接待入境游客的主要来源是外国游客，占比均在 80% 以上。2003 ~ 2008 年，外国游客占比不断上升，最高达 88.18%，从 2013 年开始呈缓慢下降的趋势，但外国游客依然是华北最大的入境旅游客源市场，港澳台同胞游客变化幅度不大，同期占比平均为 14.03%，从整体看，港澳台同胞游客占比呈曲折缓慢增长的趋势，幅度较小。总的来说，华北地区在国外的影响力和知名度一直较高，能够保持较高的外国游客市场份额，然而港澳台市场却一直处于疲软状态，有待进一步的刺激和营销。

华中地区入境游接待人数 2017 年比 2000 年增加了 723.33 万人次，增长 5.88 倍。入境游外国人增长了 463.38 万人次，增长 6.64 倍，占比始终超五成，最高达到 73.76%，外国游客是华中地区入境游客的主要组成部分。其中，2008 ~ 2013 年，受国际金融危机的持续影响，旅游意愿减弱，华中地区入境外国人人数占比总体上保持下降态势。港澳同胞游客占比总体上呈现出先下降、后上升的趋势。随着华中地区入境旅游发展，市场结构日趋多元化，台湾同胞游客占比降至不足两成。

华东地区入境游接待游客群体中仍是外国游客占比最高，长期占比维持在 60% ~ 70%，国外入境游市场总体上比较稳定，并没有被其他区域市场挤占太多。2013 ~ 2017 年可以明显观察到，接待外国游客的比例在小幅度下降，反观港澳台地区入境游客数量则呈现稳中有升的发展趋势。

华南区域地处珠三角、闽南三角、毗邻港澳，使得在入境游客构成中，港澳同胞游客是华南地区接待入境游客的主要组成部分。外国游客占比总体上呈上升态势，从 2000 年的 19.92% 上涨至 2017 年的 28.02%。其中，2008 年和 2009 年，受美国次贷危机影响，全球经济下滑，华南入境外国人人数持续下降，2010 年虽小有回升，但 2011 ~ 2013 年，外国人占比仍有所下降，人民币升值和雾霾天气也对入境旅游造成一定消极影响。

表 3.1　　　　　　2000～2017 年中国各区域入境游客类型占比情况　　　　单位：%

年份	比重	华北	华中	华东	华南	西南	西北	东北
2000	外国人比重	85.91	56.71	64.29	19.92	61.33	78.28	86.33
	港澳同胞比重	8.35	18.63	12.71	63.53	26.69	7.66	6.33
	台湾同胞比重	5.74	24.67	22.99	16.55	11.98	14.05	7.34
2005	外国人比重	87.47	73.76	69.39	28.36	65.99	77.24	87.40
	港澳同胞比重	7.58	14.29	14.61	57.67	19.30	12.66	6.10
	台湾同胞比重	4.95	11.95	16.00	13.97	14.71	10.10	6.50
2010	外国人比重	85.89	65.18	66.18	26.67	69.91	76.05	88.28
	港澳同胞比重	8.35	19.19	15.19	62.28	13.98	13.24	6.73
	台湾同胞比重	5.76	15.63	18.63	11.05	16.11	10.72	4.99
2015	外国人比重	85.24	65.72	65.82	26.72	68.09	68.97	83.24
	港澳同胞比重	8.71	20.12	15.23	63.55	15.09	17.39	8.83
	台湾同胞比重	6.05	14.16	18.96	9.73	16.82	13.63	7.93
2017	外国人比重	84.72	62.99	63.92	28.02	70.59	70.96	83.57
	港澳同胞比重	9.11	21.21	15.52	62.37	13.46	15.67	8.63
	台湾同胞比重	6.17	15.33	20.56	9.61	15.95	13.37	7.81

注：由于 2018 年及之后的《中国文化和旅游统计年鉴》统计口径调整，全国各省区市接待的入境游客相关数据不在统计范围内，故该表数据截止到 2017 年。本表数据为截取的节点数据。

西南地区接待入境外国游客占比在 60% 以上。2001～2008 年，外国游客占比不断上升，最高达 69.60%，2008 年起，呈缓慢曲线波动的趋势。港澳台同胞游客变化幅度不大，同期占比平均为 33.52%，其中澳门同胞游客占比最少，占比均值为 2.66%，呈缓慢上升的趋势，台湾同胞游客呈下降趋势，从 2000 年的 26.69% 下降到 2016 年的 13.99%，香港同胞游客占比变化很小，占比平均为 13.20%。外国游客的占比与增长率都明显高于港澳台同胞游客。西南地区虽然在国外的影响力和知名度有所提升，但相比较华东、华南地区接待的外国游客数量，仍存在较大的差距。

西北地区外国人游客占比均在 70% 以上。2010 年以后其占比有所下降，2015 年跌至 68.97%。港澳同胞游客的比重呈上涨趋势，从 2000 年的 7.66% 上升至 2017 年的 15.67%。台湾同胞游客的变化幅度不大，2009 年受金融危机影响，降至最低，而后逐步回升，至 2017 年基本与 2000 年的比重持平。

东北地区入境游客中外国人占比基本维持在 85% 左右，2012 年以后有所下降，2013 年跌至 79.93%。港澳台同胞游客的占比在逐渐增加，2013 年港澳同胞及台湾同胞游客的占比分别为 11.66% 和 2.32%，比其他年份高出一半。但从整体看，港澳台同胞游客的占比与增长率都远低于外国游客，2017 年台湾同胞游客仅占 1.61%，说明东北地区对外国游客的吸引力更高，而对港澳台同胞的影响力较小，有待进一步刺激和营销。

总体来说，全国入境旅游客源结构较稳定，以外国人游客为主。从每个区域看，虽然每年不同类型游客类型占比有所波动，但华北、华中、华东、西南、西北、东北以外国人游客为主，华南以港澳台同胞游客为主的市场分布格局并未有太大变动。

(二) 入境旅游客源地分析

中国入境旅游客源地呈现出近邻效应与距离衰减效应，近邻国家仍是我国的主体旅游客源国市场，我国入境旅游的主要客源国为日本、韩国、马来西亚、菲律宾、新加坡、泰国、美国、加拿大、英国、法国、德国、俄罗斯、澳大利亚 13 个国家。因入境旅游客源地涉及的国家、地区较多，本节以入境人数占比较大的中国港澳台地区和入境人数靠前的 13 个主要客源地为研究对象。

通过表 3.2 发现除了日本在西北和华北地区游客数量出现明显下降，其余入境旅游客源地的游客在全国范围均呈现上升趋势，各区域的主要客源地增长速度存在较大差距，也反映出不同客源地游客对中国七大地理分区的偏好差异。华北地区的入境旅游客源地年均增长率最低，在 2000 ~ 2017 年华北入境旅游发展缓慢，各客源地增长率基本保持在 10% 以下，而华中、华南和西南地区的各客源地年均增长率都较高，个别客源地增长率高达 25% 左右，表明各区域对不同客源地游客的吸引力程度差异较大，在所有入境旅游主要客源地中以俄罗斯增速最快。

表 3.2　　　　2000～2017 年各区域主要入境游客源地年均增长率　　　单位：%

客源地区域	西北	东北	华北	西南	华东	华南	华中
日本	-2.78	5.47	-1.45	2.01	5.37	5.45	10.76
韩国	10.21	9.84	3.35	18.10	11.68	9.37	21.91
马来西亚	15.61	8.46	-0.59	9.13	8.03	11.70	17.21
菲律宾	7.31	13.67	4.91	8.60	10.40	11.53	11.05
新加坡	8.42	10.53	3.42	9.49	9.73	10.87	13.27
泰国	13.75	7.85	3.02	11.86	8.54	13.92	17.37
美国	7.75	9.25	5.00	9.03	10.40	9.12	8.87
加拿大	13.15	11.62	6.78	16.15	12.85	12.47	13.28
英国	7.69	11.69	3.50	14.01	12.47	9.66	11.19
法国	6.27	11.47	2.79	11.35	8.31	7.39	14.53
德国	5.24	15.71	3.56	9.43	9.75	7.21	7.45
俄罗斯	4.98	6.43	9.96	23.32	14.70	24.90	20.44
澳大利亚	14.54	15.52	7.37	15.40	11.71	11.99	15.49
中国港澳地区	13.07	10.21	4.59	12.60	10.60	6.81	10.76
中国台湾地区	8.10	8.61	4.49	6.68	8.71	3.56	8.92

注：由于 2018 年及之后的《中国文化和旅游统计年鉴》统计口径调整，全国各省区市接待的入境游客相关数据不在统计范围内，故该表数据截止到 2017 年。

从入境主要客源地增长速度来看，华中地区位居七大区域之首，其中韩国入境游客增长最快，从 24574 万人次增长到 712892 万人次，年均增长率为 21.91%，占据榜首位置，成为华中地区入境旅游的第一大客源地。紧随其后的是俄罗斯、泰国、马来西亚、澳大利亚、法国和加拿大，年均增长率为 20.44%、17.37%、17.21%、15.49%、14.53% 和 13.28%，超过了华中接待入境游客的年均增长率 12.71%。韩国客源年均增长率位列第一，对华中地区入境旅游贡献巨大。中国港澳市场和中国台湾市场的增速较低，但市场基数大，2017 年华中地区接待港澳同胞游客 179.5 万人次，台湾同胞 129.71 万人次，分别位列华中接待入境旅游客源地接待人数的第一名和第二名。

西南地区入境旅游客源年均增长率紧随华中，位列第二。其中增长率最快的是俄罗斯入境游客，从1979人次增长到86147人次，虽然增长率大但它的游客基数并不多。西南地区入境旅游的第一大客源地是增长率11.86%的泰国，2017年西南地区接待泰国游客达到79.7万人次，紧跟其后的是美国游客达78.86万人次。韩国市场和新加坡市场的增长速度不大但市场基数较大，2017年西南地区接待韩国的游客为54.86万人次，新加坡为53.06万人次，分别位列西南地区接待入境游客数量的第三名和第四名。日本增长最为缓慢，只有2.01%，从2000年的24.93万人次下降到2017年的35.65万人次。东南亚国家与西南地区毗邻，距离短、进入方便使得西南地区作为旅游目的地成了东南亚国家游客较好的选择。从市场占有率看，中国港澳地区、韩国、泰国、加拿大、英国、法国、俄罗斯、澳大利亚的市场份额有所上升。其余的地区都出现了不同程度的市场份额衰退，中国台湾地区市场和日本市场下降最为明显。

华东地区主要客源地的入境旅游年平均增长率保持在5%~15%，处于稳中有升的状态，其中俄罗斯、加拿大、英国和韩国增长较快，对比各客源地市场份额占比发现日本、马来西亚、泰国、法国、中国台湾地区市场份额均下降，其中日本下降幅度最大，达到9.1%，韩国、菲律宾、新加坡、美国、加拿大、英国、德国、俄罗斯、澳大利亚、中国港澳地区市场份额有所上升，韩国市场份额增加最多，达到3.5%。

华南地区俄罗斯入境游客增长最快，从9729万人次增长到426141万人次，年均增长率为24.9%，占据榜首位置，成为华南地区入境旅游的第一大客源地。紧随其后的是泰国、加拿大、澳大利亚等国，均超过了华南接待入境游客的年均增长率9.09%。中国港澳地区市场和中国台湾地区市场的增速处于中等水平，但市场基数大，2017年华南地区接待港澳同胞游客2668.88万人次、台湾同胞411.11万人次，分别位列华南接待入境旅游客源地的第一名和第二名。在欧美日等发达国家赴华人数大多呈低迷状态之际，新加坡、马来西亚、菲律宾等国入境旅游人数增加速度显示出较为强劲的势头，新兴市场国家正成为华南地区入境旅游增长的新动力。

西北地区的大多入境客源地均呈增长趋势，发展趋势良好。韩国游客数量增长最快，从 6.19 万人次增长到 32.3 万人次，年均增长率达到 10.21%，成为西北地区入境旅游的第一大客源地。紧随其后的是菲律宾、英国、马来西亚、澳大利亚，年均增长率分别是 7.31%、7.69%、15.61%、14.54%。中国港澳地区、中国台湾地区和日本市场的增长速度较慢，连续几年出现负增长，日本市场下降尤其明显，游客减少超过三分之一。从市场占有率看，亚洲市场中，仅日本的市场份额在下降，缩减了 25%。泰国、新加坡、菲律宾和马来西亚这些东南亚国家所占的市场份额较小。欧洲市场的各国家和地区都出现了不同程度的市场份额衰退。北美地区、澳大利亚和中国港澳地区的市场份额呈上升趋势，中国港澳市场上升最明显。

东北地区的德国和澳大利亚游客数量增长最快，2017 年游客数量分别为 14.58 万和 5.49 万人次，年均增长率达到 15% 以上，但德国入境游客的市场份额却有所减少。菲律宾、英国、加拿大、法国的年均增长率也相对较高，超过了 11%，泰国、俄罗斯、日本的年均增长率相对较低，低于东北地区接待入境游客的年均增长率 8.25%，且相较于 2000 年，这三个客源地的市场份额也在减少，日本和俄罗斯的变化最大，分别减少了 6.9% 和 8.39%。但俄罗斯和日本市场基数大，仍位居东北地区入境旅游客源地的第二名和第三名。韩国的年均增长率虽仅为 9.84%，但市场份额在增加，2017 年市场份额达 29.7%，上升了 6.65 个百分点，反超俄罗斯成为东北的第一大客源地。泰国、新加坡、菲律宾和马来西亚这些东南亚国家在空间距离上虽不占优势，但是东北的冰雪旅游产品对这些国家极具吸引力，可作为东北入境旅游重点开发的境外市场。

华北地区的增长速度最低，主要入境旅游客源地中俄罗斯游客数量增长最快，从 18.58 万人次增长到 93.31 万人次，年均增长率达到 9.96%，成为华北地区入境旅游的第一大客源地。紧随其后的是中国澳门、澳大利亚、加拿大，均超过了华北地区接待入境游客的年均增长率 3.75%。韩国市场和德国市场的增长速度不快，但市场基数大。而日本和马来西亚市场出现了负增长，分别为 −1.45%、−0.59%，日本下降尤其明显，到华北地区旅游人数下降超过 22%。从市场占有率看，中国港澳台地区、菲律宾、美国、加拿大、俄罗斯、澳大利亚的市场份额有所上升。

四、入境旅游消费特征

(一) 入境旅游消费水平

在入境旅游消费水平方面，人均天花费直观反映入境旅游者的消费能力，也可以从侧面反映出城市旅游供给的情况。从图3.7可以看出，全国各个区域的人均旅游天消费水平保持在120～260美元，2000～2016年增长幅度不大，随后增长较快。

华北地区入境旅游人均消费水平处于全国领先地位，总体上呈现上升趋势，从2000年的213.15美元/人·天上涨到2019年的261.55美元/人·天，2000～2016年起伏波动，增速放缓。华东与华北发展趋势较相似，二者齐头并进，互有追赶之势，差距逐渐缩小，分别在2014年和2019年处汇合。华中区域入境旅游人均天消费水平与全国相比较低。2000～2006年，华中入境游客人均天消费水平高于全国平均水平，呈现稳步增长的趋势，此后一直落后于全国入境游客人均天消费水平，且2013年后差距明显加大。

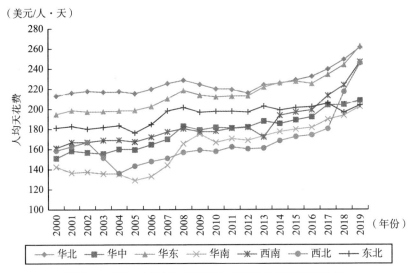

（美元/人·天）

图 3.7　2000～2019 年各区域入境旅游人均天消费水平

华东地区入境旅游人均消费水平在全国排第二位,从2000年人均消费204.75美元/人·天上升至2019年262.92美元/人·天。华东地区人均消费水平整体上处于平稳上升的状态,仅次于华北地区。受2008年金融危机的影响,全国人均消费水平略降,华北地区下降幅度大于华东地区,在随后的恢复期中,与华东地区人均消费水平持平。华南入境旅游人均消费水平总体上处于全国末位,2006年以前缓慢下降,2007年开始呈现上升趋势,与全国水平相比较低。这与华南优越的区位优势、丰富的旅游资源及良好的旅游政策是不符的,表明华南区域入境游客人均消费水平低,产业链条短,且多年无较大改善提升,华南区域港澳同胞入境游客占比大,但消费水平较低,消费能力可提升空间大,应给予更多关注。西南地区入境旅游人均消费水平处于中游,总体呈现上涨趋势,与全国入境旅游人均消费水平相比,2000~2006年,西南地区消费水平高于全国,2007年开始全国人均消费反超西南地区,且差距越来越大。西北地区入境旅游人均消费处于末位,2016年以前增长缓慢,2017~2019年直线拔高式上涨,追赶到第四名,与西南地区持平。东北地区处于入境旅游人均消费的中游,二十年来整体呈现缓慢增长趋势,在2016年以后逐渐被赶超甩至末位。总体来看,各区域的入境旅游人均消费水平都在上升,外界因素虽然会对其产生影响,但呈现出恢复力强,波动幅度不大,能在较短时间内回升至之前的消费水平,一定程度反映了我国入境旅游的吸引力强。

(二)入境旅游消费结构

入境旅游消费结构反映的是游客在游览过程中所消费的各种类型的消费资料的比例关系。旅游消费是综合性的消费,从其对旅游活动的重要性出发可以分为基本旅游消费和非基本旅游消费。所谓基本旅游消费(Basic Tourism Consumption,BTC)也可以称为刚性旅游消费,就是指在旅游活动过程中旅游者所必须支付的又相对稳定的消费;非基本旅游消费(Unbasic Tourism Consumption,UTC)是指旅游者在旅游活动过程中非必需的、弹性较大的消费部分,有时候可以被称为弹性旅游消费。

根据国家旅游局的统计口径,旅游外汇收入按照长途交通、游览、住宿、餐饮、娱乐、购物、邮电通信、市内交通及其他信息、咨询、旅行社综合服务及保险等部分进行统计。鉴于此，本节将交通（包括长途交通和市内交通两部分）、游览、住宿、餐饮作为 BTC 项，娱乐、购物、邮电通信及其他列为 UTC 项。UTC 支出水平是反映一个地区旅游消费结构是否合理的显性指标，国际上规定其最低警戒线为 30%，一些旅游发达国家已高达 60% 以上。通过收集整理 2000~2019 年的数据，中国入境旅游消费结构如表 3.3 所示，数据显示全国的入境旅游消费都处于 BTC 水平高于UTC 水平的状态，这说明我国的入境旅游与发达国家相比仍存在差距。2000~2019 年全国各区域 UTC 呈现起伏波动略微上升趋势，保持在 28%~55%，大多占比在 40% 左右。全国基本旅游消费结构中以长途交通费用占比最高，住宿费用其次。UTC 中以购物、娱乐消费占比较高。

表 3.3 　　　　　　　　　　2000~2019 年各区域入境旅游消费结构 　　　　　　单位: %

区域	消费结构	2000 年	2005 年	2010 年	2015 年	2019 年
华北	BTC	59.16	62.52	58.26	58.78	65.22
	UTC	40.84	37.48	41.74	41.22	34.78
华中	BTC	64.50	65.30	61.80	51.70	45.17
	UTC	35.50	34.70	38.20	48.30	54.83
华南	BTC	70.00	64.00	65.40	65.00	60.20
	UTC	30.00	36.00	34.60	35.10	39.80
西南	BTC	63.74	63.54	60.78	58.08	56.02
	UTC	36.30	36.50	39.20	41.90	44.00
华东	BTC	60.70	59.50	62.10	63.90	64.49
	UTC	39.40	39.50	37.90	36.10	35.50
西北	BTC	57.24	60.58	65.74	60.66	60.50
	UTC	42.76	39.42	34.26	39.44	39.50
东北	BTC	54.50	63.73	57.93	56.97	56.00
	UTC	45.50	36.27	42.07	43.00	43.90

注: 本表数据为截取的节点数据。

华中地区入境游客的消费结构是七个区域中趋势最向好的，非基本旅游消费比重自 2008 年起不断攀升，在 2018 年超过基本旅游消费占比，是全国唯一的非基本旅游消费占主导的地区。2019 年，华北地区基本消费与非基本消费的差距最大，基本旅游消费为总消费的 60% 左右，非基本旅游消费占总消费的比重则呈现曲折浮动趋势。在基本旅游消费中，交通费用所占比重最大，平均为 30%，其次为住宿，但住宿所占比例总体呈曲折下降趋势，2016 年回到了 2006 年的水平。根据历年均值来看，购物消费支出所占比重最大，占入境游客总消费的 24.01%，用于娱乐消费的比例仅为 5.22%。总体来说，虽然目前我国入境旅游消费结构与发达国家存在差距，一定程度反映出各区域在入境旅游者参与、互动旅游产品设计开发方面存在不足，经过多年发展，基本消费占比在逐渐下降，未来非基本消费的占比逐渐升高趋势向好。

第三节　本 章 小 结

本章基于中国入境旅游发展的相关数据，分析了各区域入境旅游发展的市场规模、外汇收入、客源市场与消费特征等，为后续章节的实证分析做了基础的梳理与解析。

中国入境旅游发展可以划分为三个阶段，即稳步增长阶段（1978～2007 年）、徘徊增长阶段（2008～2019 年）和停滞解冻阶段（2020～2022 年）。虽然期间存在各类危机事件的影响，2020 年之前全国接待入境旅游市场规模总体呈不断增长态势，且增幅较大。自 1978 年起接待入境游客数年均增速约为 2%，到 2019 年翻了六番以上，2019 年中国旅游外汇收入是改革开放初期的 499 倍，入境游客平均停留天数 2019 年较 2000 年增长约 25%，可见中国入境旅游发展规模成效显现，成为世界重要的旅游目的地。

中国入境旅游客源结构呈现"二八"比例，以港澳台同胞游客为入境旅游的主力军，外国游客占比为 20% 左右。研究发现除华南地区以外其他区域呈现"倒二八"结构，这意味着港澳台同胞入境游客主要集聚于华南地区，外散效应不明显。中国入境旅游客源地则呈现出近邻效应与距离衰减效应，主要客源地主要分布在东南亚邻国和一些经济发达国家，如美国、加拿大、英国、法国、德国、俄罗斯、澳大利亚等。全国入境游客人均天消费水平保持在 120~260 美元，且呈稳定增长趋势，而入境旅游消费结构中娱乐、购物等非基本旅游消费比重偏低，交通、游览、住宿等基本消费占比高。同时，各区域入境旅游发展水平不均衡的问题突出，西北与东北区域入境旅游发展水平远低于华南和华东区域，且差距逐渐增大。

第四章 中国入境旅游经济空间结构
演化及其影响因素分析[*]

第一节 入境旅游经济空间结构演化

  根据指标选取和计算标准，运用 Ucinet6.0 构建中国省域间的入境旅游经济联系网络，对此进行相应的数据处理，进而在此基础上测评中心度、结构洞、网络密度、核心—边缘结构、凝聚子群等指标。

  测算空间相互作用力的修正引力模型来源于牛顿的万有引力公式，最早被引入经济学领域的研究，而后应用范围拓展到国际贸易学、地理学等研究中。因此借鉴以往修正引力模型构建原则和入境旅游业的适用性，以入境旅游接待人数、旅游外汇收入和空间距离作为模型构建的基本变量。其公式为：

$$R_{ij} = \frac{\sqrt{P_i V_i}\,\sqrt{P_j V_j}}{D_{ij}^2} \tag{4.1}$$

其中，R_{ij} 为省域 i 和省域 j 之间的入境旅游经济联系强度，P_i、P_j 分别表示省域 i 和 j 的接待入境旅游人数；V_i、V_j 分别表示省域 i 和 j 的旅游外汇收入；D_{ij} 表示省域 i 和 j 的省会城市之间的空间距离。

---

  * 本章数据来源：2012～2020 年《中国旅游统计年鉴》，缺失数据从各城市的统计年鉴及社会统计公报中获取；城市间的高铁运行时间数据来源于中铁 12306 官方网站（https://www.12306.cn）；航空交通时间数据来源于携程旅行官方网站（http://m.ctrip.com）。结合研究的实际，考虑数据的简洁、直观性，本章所有数据仅列示 2011 年、2015 年和 2019 年。

测算出省域间入境旅游经济联系度和联系量如表 4.1 所示。

表 4.1　　　　　　　2011～2019 年中国省域入境旅游经济联系量

节点	2011 年			2015 年			2019 年		
	排序	总量	占比（%）	排序	总量	占比（%）	排序	总量	占比（%）
北京	5	8433	7.95	4	8514	8.06	6	6795	4.98
天津	6	5323	5.02	6	6437	6.09	14	3430	2.51
河北	16	1129	1.06	15	1620	1.53	18	2249	1.65
山西	18	1024	0.97	23	502	0.48	23	783	0.57
内蒙古	21	731	0.69	21	832	0.79	21	1261	0.92
辽宁	12	1597	1.51	20	1031	0.98	22	1207	0.88
吉林	25	509	0.48	22	571	0.54	24	596	0.44
黑龙江	23	563	0.53	26	251	0.24	26	384	0.28
上海	1	22627	21.33	1	20047	18.97	1	21216	15.56
江苏	3	12016	11.33	5	6635	6.28	4	10580	7.76
浙江	2	20003	18.86	2	18574	17.58	3	14864	10.90
安徽	7	4069	3.84	7	5024	4.75	5	8341	6.12
福建	8	3716	3.50	8	4193	3.97	9	5094	3.73
江西	15	1195	1.13	16	1601	1.51	17	2760	2.02
山东	9	2926	2.76	10	2501	2.37	12	3562	2.61
河南	17	1034	0.97	19	1068	1.01	19	1940	1.42
湖北	10	2101	1.98	9	3416	3.23	7	6716	4.92
湖南	11	1939	1.83	12	2006	1.90	8	5706	4.18
广东	4	9204	8.68	3	11415	10.80	2	17716	12.99
广西	14	1287	1.21	11	2411	2.28	10	4945	3.63
海南	24	561	0.53	24	468	0.44	20	1744	1.28
重庆	19	928	0.87	17	1285	1.22	15	3334	2.44
四川	22	567	0.53	18	1179	1.12	16	2772	2.03
贵州	26	228	0.22	25	390	0.37	25	558	0.41
云南	20	901	0.85	14	1698	1.61	13	3554	2.61
西藏	28	26	0.02	28	38	0.04	27	88	0.06
陕西	13	1376	1.30	13	1888	1.79	11	4015	2.94

续表

节点	2011 年			2015 年			2019 年		
	排序	总量	占比（%）	排序	总量	占比（%）	排序	总量	占比（%）
甘肃	29	15	0.01	31	12	0.01	28	63	0.05
青海	30	11	0.01	29	16	0.02	31	22	0.02
宁夏	31	5	0.00	30	12	0.01	29	55	0.04
新疆	27	39	0.04	27	44	0.04	30	41	0.03
合计		106083	100		105680	100		136391	100

　　2011 年，整体网络中有 93 对省域不存在空间相互作用力，实际产生入境旅游经济联系的省域共 373 对。其中，入境旅游经济联系强度最大的城市对是上海—浙江，联系度值为 14540；其次是上海—江苏、北京—天津，联系度值均在 4000 以上；有 12 对省域间的入境旅游经济联系强度层级达到 3 级，主要是经济发达的上海、浙江、江苏和广东之间产生较高的联系度，或与邻近的省域产生相对紧密的短距离联系；第四层级联系轴线共有 23 条，包括 13 条东部省域间的联系轴线，6 条东部与中部省域的联系轴线，4 条东部与西部省域的联系轴线。2011 年的中国入境旅游经济联系网络密度较低，联系量排名靠前的省域依次是上海、浙江、江苏、广东和北京，在总体联系量的占比中高达 68.2%，强联系主要是基于这 5 个核心省域产生；联系量最小的 5 个省份分别是新疆、西藏、青海、甘肃、宁夏，其联系总量占比仅为 0.08%。按区域划分来看，东部省域之间的入境旅游经济联系相对紧密，东部与中西部的联系较为松散，仅有广东、北京与少数西部省域之间产生 4 级联系强度；中部省域内部、西部省域内部以及中西部之间的联系强度都处于较低的水平，且中西部省域的联系量在总体排名中相对靠后。相较于 2011 年，2015 年未产生入境旅游经济联系的省域减少了 5 对，一、二层级轴线未发生变化，三、四层级轴线各增加 4 条。其中，入境旅游经济联系强度排名前三的依然是上海—浙江、上海—江苏、北京—天津，仅北京—天津之间的联系度小幅提升，上海与浙江、江苏的联系度均有所下降；第三层级的联系轴线发生微小变动，减少了江

苏—安徽这条轴线，除此之外在原来的基础增加了广东与安徽、江西、云南、湖北，以及北京—河北这 5 条轴线，这一层级中仍然以广东、上海、浙江和江苏为主要核心节点。其中，广东位于绝对核心位置，与中西部省域产生了较强的长距离经济联系。在第四层级轴线中，增添了 4 条中西部联系轴线，包括安徽—湖北、湖南—湖北、云南—广西、四川—重庆，但中西部省域之间还未产生较强的入境旅游经济联系。从入境旅游经济联系量看，总体联系量稍有下降，排名前五的省域未发生变化，但其联系总量占比下降至 61.3%；排名末五的省域同样未发生变化，其联系总量占比提高至 0.12%。整体来看，2015 年省域之间的联系强度稍有提升，东部的广东与中西部省域开始产生较强的相互作用力，但入境旅游经济联系网络仍然呈现较低的水平。2019 年，省域间未产生联系强度的对数减少了 53.4%，二、三、四、五层级的联系轴线分别增加了 4、5、9、29 条。其中，第二层级联系轴线增加了江苏—安徽、广东与福建、湖南、广西，以广东为核心节点产生的入境旅游经济联系强度呈现出明显的地理邻近性特征；3 级联系轴线在 2011 年的基础上增加了四川—重庆、广西—云南、广东与海南、重庆、云南、陕西，可以看出广东对西部省域的辐射效应逐渐增强；第四层级的联系轴线结构发生较大的变化，不再以东部省域间的联系为主体，该层级包含东中部省域间的轴线共 12 条，东西部省域间的轴线 5 条，中西部省域间的轴线 3 条以及中西部内部省域间的轴线 7 条。从联系量来看，联系总量增长 22.5%，排名前五的省域联系总量增长 11.6%，占比降至 53.3%，说明入境旅游经济联系网络分布的集中性降低，趋于均衡化发展；排名末五的省域联系总量增长 104%，占比提高至 0.2%。相较于 2011 年和 2015 年，2019 年排名前十的成员发生变动，中西部的广西、湖南进入前十，东部的山东和天津分别滑落至第 12 名、第 14 名。2019 年入境旅游经济联系涨幅显著，东部与中西部之间产生长距离的强联系，中西部部分省域间的联系度也由弱变强，四川、重庆、云南、广西成为西部入境旅游发展的重要省域。

基于 2011 年、2015 年和 2019 年中国省域间入境旅游经济联系空间演化过程，2011 年入境旅游经济联系强度集中在东部省域之间，尤其是东南区域，以上海、浙江、江苏、广东为核心节点，与周边省域产生联系，联系度随地理距离增加而减少。与东部发展相比，中西部省域的入境旅游经济联系度相差较远，绝大部分处于最低层级的联系强度，甚至未产生相互作用力。可以看出，2011年中国省域入境旅游经济联系的网络分布具有显著的地域特征，区域壁垒尚未打破，东部与中西部间入境旅游经济发展的互动效应较弱。相比2011年，2015年的入境旅游经济联系网络分布并未发生太大变化，东部入境旅游经济联系强度依然远大于中西部，三个区域仍呈现出两极化发展态势。但从另一方面看，经历前三年的低谷期，2015年已恢复到2011年水平。2019年，整体入境旅游经济联系强度显著提升，中西部的湖北、湖南、安徽、陕西、四川、广西、云南、重庆等节点成为"后起之秀"，建立了与东部省域间的入境旅游经济联系，区域壁垒的打破也缓解了中西部处于边缘化的状态，促使入境旅游经济整体向均衡化方向发展。

一、入境旅游经济个体网络形态演化

基于2011年、2015年和2019年中国省域入境旅游经济联系网络的二分矩阵，通过UCINET/Network/Centrality测算得出各节点的点度中心度、中间中心度及接近中心度（见表4.2）。在入境旅游经济联系网络结构演化的过程中，网络中个体网络指标空间分异现象显著，中心度指标的分布形态相差较大。

表4.2　　　　　2011～2019年中国省域入境旅游经济中心度数值

节点	点度（辐射节点）			接近（通达节点）			中间（枢纽节点）		
	2011年	2015年	2019年	2011年	2015年	2019年	2011年	2015年	2019年
北京	33.33	30.00	40.00	11.86	10.56	13.51	27.93	19.00	27.82
天津	6.67	10.00	3.33	10.95	9.93	12.25	0.00	0.15	0.00
河北	3.33	6.67	6.67	10.91	9.87	12.30	0.00	0.00	0.00

续表

节点	点度（辐射节点）			接近（通达节点）			中间（枢纽节点）		
	2011 年	2015 年	2019 年	2011 年	2015 年	2019 年	2011 年	2015 年	2019 年
山西	3.33	0.00	6.67	10.91	0.00	12.30	0.00	0.00	0.00
内蒙古	3.33	3.33	3.33	10.91	9.84	12.25	0.00	0.00	0.00
辽宁	10.00	6.67	6.67	11.07	9.90	12.35	9.89	4.83	5.29
吉林	3.33	3.33	3.33	10.24	9.26	11.28	0.00	0.00	0.00
黑龙江	3.33	0.00	0.00	10.24	0.00	0.00	0.00	0.00	0.00
上海	26.67	26.67	36.67	11.67	10.53	13.39	1.67	1.38	1.53
江苏	33.33	26.67	36.67	11.77	10.53	13.39	8.10	1.38	1.53
浙江	26.67	30.00	26.67	11.67	10.56	12.88	1.67	2.49	0.11
安徽	16.67	23.33	36.67	11.24	10.35	13.39	0.00	0.22	1.94
福建	13.33	20.00	26.67	11.19	10.27	12.88	0.00	0.00	0.06
江西	3.33	10.00	23.33	11.03	10.17	12.82	0.00	0.00	0.03
山东	20.00	23.33	26.67	11.58	10.45	13.22	1.72	2.25	0.30
河南	3.33	3.33	13.33	10.83	9.68	12.66	0.00	0.00	0.00
湖北	20.00	30.00	43.33	11.28	10.38	13.51	0.23	5.82	3.52
湖南	10.00	6.67	36.67	11.15	10.14	13.04	0.00	0.00	1.75
广东	50.00	53.33	60.00	12.00	10.83	13.83	29.94	29.84	20.28
广西	3.33	6.67	16.67	11.03	10.10	12.71	0.00	0.00	0.35
海南	3.33	3.33	6.67	11.03	10.07	12.55	0.00	0.00	0.00
重庆	3.33	6.67	23.33	11.03	10.10	12.82	0.00	0.00	0.40
四川	0.00	6.67	13.33	0.00	10.10	12.66	0.00	0.00	0.00
贵州	0.00	0.00	3.33	0.00	0.00	12.50	0.00	0.00	0.00
云南	3.33	6.67	20.00	11.03	10.10	12.77	0.00	0.00	0.19
西藏	0.00	0.00	0.00	0.00	0.00	0.00	0.00	0.00	0.00
陕西	3.33	3.33	40.00	11.03	10.07	13.45	0.00	0.00	4.80
甘肃	0.00	0.00	0.00	0.00	0.00	0.00	0.00	0.00	0.00
青海	0.00	0.00	0.00	0.00	0.00	0.00	0.00	0.00	0.00
宁夏	0.00	0.00	0.00	0.00	0.00	0.00	0.00	0.00	0.00
新疆	0.00	0.00	0.00	0.00	0.00	0.00	0.00	0.00	0.00

(一) 点度中心度

点度中心度表示与该点直接相连的点的个数，无向图为（n−1），有向图为（入度，出度），可分为绝对和相对。结合表 4.2 可看出，2011 年节点的点度中心度总体偏低，平均值仅为 9.89，且空间分异显著。点度中心度高值区主要分布在东部区域，低值区主要分布在中西部区域。东部区域有 8 个省域的点度中心度值大于均值，其中，最高值为广东 50，北京、江苏次之，上海、浙江位居第三，位于核心节点省域周边的山东、福建和辽宁的值分别为 20、13.33、10。除此之外，天津、河北、海南三个东部省域的点度中心性较弱，原因在于核心节点北京的辐射效应有限和缺乏地理区位优势；中部区域仅有湖北、安徽、湖南 3 个省域的值超过均值，其他节点均为 3.33；西部区域中 42% 节点的点度中心度仅为 3.33，而四川、贵州、西藏、新疆、宁夏、甘肃、青海的点度中心值均为 0。表明 2011 年东部核心节点的中心性低，无法带动距离较远的中西部区域入境旅游经济发展，导致不同省域在网络中的地位相差较大，两极分化态势严峻。2015年，大部分省域的点度中心度有小幅提升，均值提高至 11.18。东部区域除北京、辽宁、江苏的点度中心度出现小幅下降和上海、海南保持数值不变以外，其他节点的中心度值有不同幅度的增长。其中，广东的中心度值仍保持最高，达 53.33。中部区域除山西和黑龙江的中心度值下降以外，湖北中心度增至 30，成为中部区域的最高值，与北京、浙江共同成为网络中第二层级的核心节点；江西增幅同样较大，居于该区域的第二；安徽中心度有涨幅，但未超过均值。西部区域仍有 50% 节点的点度中心度值为 0，30% 节点的中心度值尽管有提升，但仍旧处于低水平发展。总体来看，网络中点度中心度高值区、低值区及两极化现象没有明显改变，核心节点对邻近节点的辐射作用增强。2019 年，省域点度中心度值整体上有较大幅度的增长，均值提高至 18.06。东部区域的节点增幅最为明显，最高值仍为广东 60，北京经小幅滑落后继而增至 40，值得注意的是，尽管北京的点度中心性较高，但北京周边的天津、河北、辽宁中心度值一直处于低水平，说明北京对周边省域并没有起到带动作用。中部区域 50% 节点的点度中心度值超过了平均值，其中湖北高达43.33，在整个网络中仅次于广东；在湖北的辐射作用下，湖南新晋为网络核心节点；安徽位于长三角区域，受江浙沪的影响，其中心度值增幅较大；江西被东部和中部的核心节点环绕，同样发展为核心节点，以上几个省域与东部核心节点形成新的高值区域，打破了东部区域的"高值"垄断局面。西部区域中，陕西一跃而进，成为西部和整体网络的核心节点，同时，广西、四川、重庆、云南的点度中心度也显著上升，在一定程度上西部区域"边缘化"状态得到缓解。此外，网络中依旧有19%节点的中心度值为0，且主要分布在西部区域。

整体来看，2011～2019年大部分省域的点度中心度值有明显的提升，以广东为代表的东部核心节点对中西部省域的带动作用不断强化，中心度高值区域范围向中西方向逐渐扩散和转移，区域入境旅游经济发展呈现均衡化的趋势。网络中个别地区的入境旅游经济发展受阻，如西藏、新疆、黑龙江等，因此两极分化的现象依然存在，这也在一定程度上限制了区域入境旅游协调发展。

（二）接近中心度

接近中心度表示一种对不受他人控制的测度。通俗讲就是一个点和所有其他点的接近性程度，分为绝对和相对。计算方法是该点与其他所有点的测地线距离之和。2011年，四川、贵州、西藏、新疆、宁夏、甘肃、青海的接近中心度数值为0，说明这7个西部省域在网络中处于边缘地带，与其他省域间的入境旅游经济联系不通畅。这与点度中心度的空间分布格局一致，但两项指标的高值区域数值差异稍有不同，点度中心度值的分布呈现出明显的梯形特征，而接近中心度高值区的差异相对微小。其中，接近中心度值排名前五的是广东（12）、北京（11.86）、江苏（11.77）、上海（11.67）、浙江（11.67），以上5个省域均属于东部地区，说明东部地区的节点彼此之间能够较快地产生入境旅游经济联系，东部整体的通达度远高于西部地区。2015年接近中心度值整体呈现小幅度下滑趋势，最大值为10.83，排名前五的成员未发生变化，数值为0的区域增添了山西、黑龙江两个节点，四川接近中心度值由0提升至10.1，接近网络的中心位置。2019 年接近中心度值排名前五的成员结构变动较大，数值最大的依然是广东（13.83），北京（13.51）、湖北（13.51）并列第二，紧随其后为陕西（13.45），上海、江苏和安徽（13.39）并列第四，山东（13.22）排名第五，湖北、安徽、陕西是中西部区域入境旅游经济畅通性较高，不易受控制的代表性节点。此外，中西部区域的贵州和山西摆脱低值区，成为网络中的中心行动者。而黑龙江、西藏、新疆、宁夏、甘肃和青海仍旧处于低值区，与其他省域节点进行入境旅游经济关联时必须依赖高值节点，其边缘化的角色一时之间难以转变。

经对比可发现，2011～2019 年接近中心度与点度中心度的分布格局基本保持一致，处于边缘区域的省域接近中心度值相差不大，说明大部分省域在整体入境旅游经济联系网络中保持相对独立的状态，既能较快地与其他节点产生关联，同时又具有不同程度的自立性，不易被其他省域节点所控制和支配。基于三个时间节点进行纵向对比，接近中心度的平均值由8.63%上升至10.34%，网络节点之间入境旅游经济联系的通达性有所提升，其中广东的接近中心度值始终最大，说明广东是网络中的绝对中心行动者，与其他节点之间的入境旅游经济联系最为畅通。总体来看，低值节点主要集中在西部地区的省份，东部和中部区域省份的整体接近中心度高于西部区域省份。

（三）中间中心度

中间中心度表示该点的"中间人"程度，即媒介程度，分为相对和绝对。计算方法为其他任何两点的测地线，以及过该点的测地线数目之比。也就是说，测地线表示两点之间的最短距离。2011 年中间中心度值主要分布在东部地区的省域，均值为2.62%，中间中心度值为0的节点在整体网络中占到74%，主要分布于中西部节点，说明中国省域中间中心度的分布呈现出极化特征。东部地区存在中间中心度的节点之间相差悬殊，其中广东的值最大为29.94，北京为27.93，说明这两个节点对其他省域具有极高的控制能力。而后依次是辽宁（9.89）、江苏（8.1）、山东（1.72）、上海（1.67）、浙江（1.67），辽宁是东北三省中入境旅游经济发展最强的省域，在黑龙江和吉林入境旅游经济联系中充当着重要的"媒介"角色；江苏位于长三角区域，对区域内其他节点的控制程度较高；山东、上海、浙江的中间中心度值低于均值，说明这三个省域对其他节点的控制能力较弱。中西部区域仅湖北存在极小的中间中心度，其他节点均为0，说明中西部节点在网络权力格局中不充当任何中介角色，处于被动和从属的地位。2015年广东、北京仍为中间中心度高值区，分别为29.84、19，说明北京对网络中资源的控制程度弱化。紧随其后的是湖北（5.82）、辽宁（4.83）、山东（2.25）、浙江（2.49）的中间中心度值均高于平均值（2.17），其中湖北的中间中心度值明显提升，在网络中开始承担起桥梁的作用；尽管辽宁的中间中心度值降低，但仍是东北地区重要的中介角色。其次，江苏、上海、天津均低于平均值，尽管它们在网络中属于核心节点，但其所发挥的中介作用并不强。同时，中间中心度值为0的节点在网络中所占比例下降至67%，中西部节点在网络结构中仍表现出消极的状态。2019年中间中心度高值区的成员结构有微小变动，其排序改为北京（27.81）、广东（20.28）、辽宁（5.29）、陕西（4.8）、湖北（3.52），其中陕西自身具备良好的发展条件，加之受北京、广东入境旅游市场的带动作用，在网络中的支配地位和掌控能力有较大提升。网络中低于均值（2.25）的节点数量增加2.67倍，主要分布于东部与中部地区，表明该区域大部分节点摆脱了中间中心度数值为0的困局，有小幅的提高。中间中心度值为0的节点在网络中所占比例减少至48%，表明此期间入境旅游经济联系网络的两极化态势有所缓和，而数值始终为0的省域受旅游资源、交通通达度、经济发展等因素影响，其入境旅游经济发展的自立性较差，很大程度上只能依附于核心节点，从而影响整体网络的衔接性和流畅度。

基于2011~2019年中间中心度的演化过程可以看出，北京和广东始终处于绝对中心地位，在整体网络中呈现出明显的"双核"形态结构，控制着整体网络中其他省域之间入境旅游经济联系的主要通道，尽管上海、江苏、浙江在网络结构中的点度中心度和接近中心度指标都排名前列，但其中间中心性远不如北京和广东，这意味着核心地位高的省域并不代表其中介作用就一定会高。超过均值的高值区逐步向中西部扩散，湖北、陕西、辽宁分别在中部地区、西部地区以及东北地区发挥着重要的中心连接作用，在一定程度上改善了北京、广东"双核"垄断网络主要路径的局面。此外，越来越多的核心节点作用于其他省域间入境旅游经济联系的主要通道上，处于被动和消极状态的节点逐渐减少，入境旅游经济联系网络趋于优化发展。

（四）结构洞

结构洞指数是基于节点间的依赖性对中间中心度指标的进一步解释，因此，结构洞指数的分布及演化过程与中间中心度的大体一致。2011年，广东、北京、江苏、上海、浙江、山东、湖北的有效规模和效率性排名靠前，约束性排名靠后，说明这类省域节点的结构洞水平较高，更容易接触到更多彼此之间没有进行直接连接的省域，具有获取异质性、非冗余信息资源和控制的优势。但另一方面，这类拥有高水平结构洞的节点同时可能会导致入境旅游经济联系出现过于集中化的现象；天津、湖南、福建、安徽的约束性较高，说明这类省域节点对结构洞水平高的省域依赖性较强，缺乏入境旅游竞争优势；河北、山西、内蒙古、吉林、黑龙江、江西、河南、广西、海南、重庆、云南、陕西的三项指标均为1，说明这类省域节点只有一条有效连接，对其他节点产生的依赖性和受到的约束性是相同的；四川、贵州、西藏、宁夏、青海、甘肃、新疆的三项指标均为0，说明这类省域节点在整体网络中并未占据结构洞，属于孤立节点。整体来看，2011年拥有高水平结构洞的节点集中在东部区域，有待挖掘发展潜力和提高竞争优势的节点分布在中部区域，孤立型节点集中于西部区域。2015年在网络结构中占据高水平结构洞的省域节点数量没有变化，但位序发生些许变动，湖北从第7名上升至第3名，表明湖北对其他省域节点的依赖度弱化，增强了其在网络中的竞争优势地位；山西、黑龙江成为网络中的孤立节点，在网络中运用结构洞的能力和发展程度最低。2019年，占有结构洞的节点数量增加，其中安徽、江西、湖南、重庆、云南、陕西的有效规模增幅较大，约束性呈下降趋势，结构洞特征显著，表明中西部这

6个省域节点与其他省域之间的入境旅游经济关联中存在较高的非冗余性，中西部区域局部节点的结构洞优势相比之前有所提升。相反，浙江、山东和广东的有效规模和效率性下降，约束性提高，说明这三个省域节点的结构洞优势有微小的弱化，获取多样化信息资源和控制其他省域之间信息资源传递的优势减弱，但暂未影响它们在网络中的中心地位。

2011～2019年，网络中绝大部分省域节点的有效规模和效率性提高，约束性减小，表明入境旅游经济联系网络结构洞水平总体有所提高，更多中西部的省域不断强化节点功能和竞争优势，提高自身的中心地位，从而在网络结构中获取入境旅游经济发展的机会（见表4.3）。

表4.3　　　　　2011～2019年中国省域入境旅游结构洞数值

节点	旅游规模			效率			约束性		
	2011年	2015年	2019年	2011年	2015年	2019年	2011年	2015年	2019年
北京	7.80	6.33	8.33	0.78	0.70	0.69	0.23	0.29	0.22
天津	1.00	1.67	1.00	0.50	0.56	1.00	1.13	0.84	1.00
河北	1.00	1.00	1.00	1.00	0.50	0.50	1.00	1.13	1.13
山西	1.00	0.00	1.00	1.00	0.00	0.50	1.00	0.00	1.13
内蒙古	1.00	1.00	1.00	1.00	1.00	1.00	1.00	1.00	1.00
辽宁	3.00	2.00	2.00	1.00	1.00	1.00	0.33	0.50	0.50
吉林	1.00	1.00	1.00	1.00	1.00	1.00	1.00	1.00	1.00
黑龙江	1.00	0.00	0.00	1.00	0.00	0.00	1.00	0.00	0.00
上海	3.00	2.25	3.18	0.38	0.28	0.29	0.43	0.43	0.33
江苏	5.60	2.25	3.18	0.56	0.28	0.29	0.32	0.43	0.33
浙江	3.00	3.44	1.75	0.38	0.39	0.22	0.43	0.38	0.44
安徽	1.00	1.57	3.91	0.20	0.22	0.36	0.65	0.49	0.33
福建	1.00	1.00	1.50	0.25	0.17	0.19	0.77	0.56	0.44
江西	1.00	1.00	1.29	1.00	0.33	0.18	1.00	0.93	0.49
山东	2.33	2.71	1.50	0.39	0.39	0.19	0.53	0.47	0.44
河南	1.00	1.00	1.00	1.00	1.00	0.25	1.00	1.00	0.77
湖北	2.00	5.00	5.46	0.33	0.56	0.42	0.55	0.34	0.28
湖南	1.00	1.00	5.00	0.33	0.50	0.46	0.93	1.13	0.32

节点	旅游规模			效率			约束性		
	2011 年	2015 年	2019 年	2011 年	2015 年	2019 年	2011 年	2015 年	2019 年
广东	12.07	12.50	11.44	0.80	0.78	0.64	0.17	0.18	0.19
广西	1.00	1.00	2.20	1.00	0.50	0.44	1.00	1.16	0.61
海南	1.00	1.00	1.00	1.00	1.00	0.50	1.00	1.00	1.135
重庆	1.00	1.00	2.714	1.00	0.50	0.388	1.00	1.13	0.48
四川	0.00	1.00	1.00	0.00	0.50	0.25	0.00	1.13	0.77
贵州	0.00	0.00	1.00	0.00	0.00	1.00	0.00	0.00	1.00
云南	1.00	1.00	2.00	1.00	0.50	0.33	1.00	1.13	0.55
西藏	0.00	0.00	0.00	0.00	0.00	0.00	0.00	0.00	0.00
陕西	1.00	1.00	5.83	1.00	1.00	0.49	1.00	1.00	0.30
甘肃	0.00	0.00	0.00	0.00	0.00	0.00	0.00	0.00	0.00
青海	0.00	0.00	0.00	0.00	0.00	0.00	0.00	0.00	0.00
宁夏	0.00	0.00	0.00	0.00	0.00	0.00	0.00	0.00	0.00
新疆	0.00	0.00	0.00	0.00	0.00	0.00	0.00	0.00	0.00

二、入境旅游经济整体网络形态演化

(一)网络密度

2011～2019 年整体网络中共有 31 个有效的旅游节点,理论上最大的联系数量为 466 条。2011 年入境旅游经济联系网络中实际存在的联系数为 373 条,网络密度仅为 0.0989,说明省域节点之间的入境旅游经济联系十分稀疏,整体网络结构呈现松散状态;相较于 2011 年,2015 年整体网络密度小幅提高,密度值达 0.1118,增长了 13%,此时入境旅游经济空间仍呈现弱联系状态;2019 年网络密度值为 0.1806,比 2015 年增长了 62%,尽管密度值仍然较低,但网络中呈现出节点之间入境旅游经济联系趋于紧密,空间相互作用逐渐加强的趋势。

结合核心区与边缘区的密度矩阵来看，整体网络密度的递增归因于核心区域密度值不断增大，而边缘区的密度值又拉低了整体网络密度的增幅。2011 年核心区域的密度值为 0.167，边缘区域内部以及核心区与边缘区之间的密度值为 0，说明仅有核心区域内部少数的省域之间产生空间关联；2015 年四川加入核心区域，且核心区域内部省域间的空间联系略微增强，因此核心区域的密度值增至 0.173，相较于 2011 年增长 3.6%，但边缘区域密度值仍为 0；2019 年江西、湖南、陕西升级为主要核心节点，河南、广西、四川、重庆、云南成为次核心节点，核心区域范围的扩大推动核心区域的密度值达到 0.258，较 2015 年增长 49%，说明核心区域内部的省域节点间入境旅游经济联系不断增强，整体网络结构开始趋于紧密。由黑龙江、西藏、新疆、宁夏、甘肃、青海组成的边缘区，其内部以及与核心区之间的密度值一直为 0，说明边缘区域的入境旅游经济发展障碍较大，一方面是核心区对边缘地区的扩散及带动效应始终较低，难以拉动和促进边缘区域入境旅游经济的发展，另一方面是边缘区域入境旅游经济发展条件较差，其独立性和主动性受到较大的影响（见表 4.4）。

表 4.4　　　　　　　　2011～2019 年入境旅游经济联系网络密度矩阵

网络密度	2011 年		2015 年		2019 年	
	核心区	边缘区	核心区	边缘区	核心区	边缘区
核心区	0.167	0	0.173	0	0.258	0
边缘区	0	0	0	0	0	0
核心区	0.167	0	0.173	0	0.258	0
边缘区	0	0	0	0	0	0

（二）核心—边缘结构

运用 UCINET6.0 中 Core/Periphery/Continuous 对入境旅游经济联系网络中的各省域所处的位置以及核心度值进行测度，反映 2011～2019 年网络中核心节点与边缘节点的演化特征。经检验，2011 年、2015 年和 2019

年的拟合度值分别为 0.743、0.744、0.742，表明核心—边缘结构拟合度
效果良好。依据核心度值的变化特征，以 0.05、0.2 作为分界点，将网络中
的节点省域划分为 4 种类型。若核心度值为 0，则为边缘节点；若核心度值
范围为 0～0.05，则节点位于次边缘位置；若核心度值范围为 0.05～0.2，
则节点位于次核心位置；若核心度值大于 0.2，则为核心节点。

　　2011 年核心区域共有 9 个省域，按照核心度值的高低排序，依次是广
东、江苏、上海、浙江、北京、湖北、山东、安徽、福建，广东的核心度
值是福建的 2.21 倍，核心区域的核心度值存在差距。其中仅湖北省一个
节点位于中部区域，其余省域均属东部区域，可见核心区域主要集中在东
部地区；次核心区域中 9 个省域的核心度值相差不大，其中湖南的核心度
值最高，天津次之，江西、广西、海南、重庆、云南、陕西并列，河南的
核心度值最小；次边缘区域的成员以中部区域的省域为主，分别是河北、
山西、内蒙古、辽宁、吉林、黑龙江，其中河北和辽宁虽然属于东部地
区，但由于其地理位置较偏远，以及经济实力、旅游资源开发等方面相对
较弱，因此核心度值不在东部区域的均值以上；边缘节点均分布于西部地
区，包括四川、贵州、西藏、甘肃、青海、宁夏、新疆 7 个省域，由于它
们深处内陆，入境旅游经济发展的阻力较大，加之东中部核心节点的辐射
作用有限，所以西部区域 58% 的省域处于边缘化状态。整体上，2011 年
中国入境旅游经济联系网络中核心—边缘结构突出，呈现出明显的层级性
特征。2015 年，核心成员排序发生变化，依次是广东、浙江、上海、江
苏、安徽、湖北、福建、山东、北京，广东的核心度值是北京的 1.84 倍，
核心区域的差距缩小；次核心区域的数量没有变化，但其内部结构稍有变
动，河南省由次核心节点转为次边缘节点，而四川省脱离"孤立"状态并
加入次核心区域。同时，该区域的核心度值将节点划分 4 个级别，江西最
大，湖南次之，天津第三，云南、重庆、四川、广西并列第四，海南最
小。此外，紧邻河南的山西和地理区位较偏远的黑龙江被划分为边缘节
点。相较于 2011 年，2015 年的核心度平均值由 0.116 上升至 0.117，标准
差由 0.137 下降至 0.135，说明节点省域核心度的绝对差异呈现微弱的缩
小趋势，但并不明显。整体上，2015 年的核心—边缘结构变化不大，核心

节点对边缘节点的辐射效应、集聚作用较为稳定。2019 年，核心区域在原来的基础上，增加了中西部的江西、湖南、陕西，核心区域范围向中西部方向不断扩大，该区域的核心度排序变化为广东、湖北、上海、江苏、安徽、陕西、湖南、山东、浙江、福建、北京及江西；次核心区域的成员包括河南、广西、四川、重庆、云南，除河南以外，其他 4 个省域的发展及结构都相对稳定；次边缘区域增加山西、海南、贵州三个省域，边缘节点减少至 6 个。相较于 2015 年，核心度的平均值由 0.117 上升至 0.130，标准差由 0.135 下降至 0.123，表明省域间核心度值的绝对差异呈现缩小的趋势，入境旅游经济联系空间分布的集中性降低。

基于 2011 年、2015 年和 2019 年中国省域间入境旅游经济联系网络核心—边缘结构的演化，2011 年省域核心度值由东向西，逐渐递减，呈现出明显的核心—边缘结构特征，核心区域主要分布在东部省域，次核心区域、次边缘区域主要集中在中部省域和西部的局部省域，边缘区域集中分布于西部省域。2015 年核心区域成员不变，其他三个区域的成员有增减的变化，但总体来看核心—边缘结构的空间演化未产生太明显的变化。2019 年核心节点的辐射作用增强，带动核心区域范围向西扩散，边缘区域范围缩小。从核心度值来看，尽管最高核心度值由 2011 年的 0.46 下降至 0.386，但标准差连续三年持续下降，说明省域间核心度的差距在逐渐缩小。2011 ~ 2019 年，核心区内部结构稳定，尤其是广东、上海的核心位置稳固，"后来者居上"的陕西、湖南具有较大的发展潜力，次核心区域保持以广西、云南、四川及重庆为主的结构，而西藏、新疆、宁夏、甘肃、青海始终处于边缘地带（见表 4.5 和表 4.6）。

表 4.5　　　　2011 ~ 2019 年中国省域入境旅游经济核心度值

省域	2011 年	2015 年	2019 年
北京	0.28	0.241	0.219
天津	0.069	0.065	0.02
河北	0.035	0.036	0.022

续表

省域	2011 年	2015 年	2019 年
山西	0.035	0	0.022
内蒙古	0.035	0.029	0.02
辽宁	0.037	0.029	0.02
吉林	0.005	0.003	0.002
黑龙江	0.005	0	0
上海	0.359	0.34	0.304
江苏	0.394	0.34	0.304
浙江	0.359	0.361	0.229
安徽	0.247	0.305	0.288
福建	0.208	0.268	0.227
江西	0.058	0.134	0.204
山东	0.26	0.268	0.231
河南	0.05	0.036	0.122
湖北	0.267	0.303	0.336
湖南	0.145	0.089	0.263
广东	0.46	0.443	0.386
广西	0.058	0.06	0.09
海南	0.058	0.053	0.044
重庆	0.058	0.06	0.149
四川	0	0.06	0.088
贵州	0	0	0.036
云南	0.058	0.06	0.119
西藏	0	0	0
陕西	0.058	0.053	0.284
甘肃	0	0	0
青海	0	0	0
宁夏	0	0	0
新疆	0	0	0

表 4.6　　　　　　2011～2019 年中国入境旅游经济核心区与边缘区演变

区域	2011 年	2015 年	2019 年
核心区域	广东、江苏、上海、浙江、北京、湖北、山东、安徽、福建	广东、江苏、上海、浙江、北京、湖北、山东、安徽、福建	广东、江苏、上海、浙江、北京、湖北、山东、安徽、福建、陕西、湖南、江西
次核心区域	天津、江西、河南、湖南、广西、海南、重庆、云南、陕西	天津、江西、湖南、广西、海南、重庆、云南、陕西、四川	广西、重庆、云南、四川、河南
次边缘区域	河北、山西、内蒙古、辽宁、吉林、黑龙江	河北、内蒙古、辽宁、吉林、河南	天津、河北、山西、内蒙古、辽宁、吉林、海南、贵州
边缘区域	四川、西藏、贵州、宁夏、新疆、青海、甘肃	黑龙江、山西、西藏、贵州、宁夏、新疆、青海、甘肃	黑龙江、西藏、宁夏、新疆、青海、甘肃

（三）凝聚子群结构

根据省域间的入境旅游经济联系度，通过 UCINET6.0 中 Roles & Positions/Structural/Concor 算法（迭代相关收敛法），选择 3 作为最大分割深度，0.2 作为收敛标准，对入境旅游经济联系网络的小团体进行划分，从入境旅游经济层面判断小团体间的亲密程度（见图 4.1 和表 4.7）。

2011～2019 年二级层面上的子群数量始终为 4 个，其空间组织形态未发生太大变化，而三级层面上的子群数量由 7 个增至 8 个，其中内部结构变化显著。2011 年，在三级层面上，第一子群由北京、福建、山东及河南组成，第二子群由广东、江苏、上海、浙江、湖北、安徽 6 个核心节点构成，第三子群由中西部的次核心边缘节点构成，湖南省与其他省份割裂单独构成第 4 子群，第 5 子群是以天津为核心节点带动山西、辽宁、河北、内蒙古组成的群体，第 6 子群包括黑龙江和辽宁，第 7 子群由边缘节点构成。在二级层面上，1、2 子群包含全部的核心节点，被划分为第Ⅰ子群；3、4 子群主要包含次核心节点，被划分为第Ⅱ子群，5、6 子群主要由次边缘节点构成，被划分为第Ⅲ子群；边缘节点为第Ⅳ子群。2015 年，三级层面的子群结构变化显著，第 1 子群包含 9 个核心节点省域，第 2 子群由江西和河南构成，第 3 子群由次核心区域中的湖南、陕西、海南构成，第 4 子群由西部区域的云南、广西、四川、重庆组成，原第 5 子群中的山西和原第 6 子群中的黑龙江被划分至第 7 子群。2019 年，三级层面的子群数量增加 1 个，由北京、山东带动河南组团形成第 1 子群，第 2 子群由剩余的 10 个核心节点构成，第 3 子群是 2015 年的第 4 子群，第 4、5、6 子群分别由次边缘节点构成，第 7 子群依然由黑龙江、西藏、宁夏、甘肃、青海及新疆 6 个边缘节点构成。

结合凝聚子群密度值矩阵来看，尽管 2011 年第 1 子群由核心和次核心节点构成，但由于福建与其他三个省域的空间距离较远，导致节点间的联系较为松散，因此，子群内部密度仅为 0.167。第 2 子群成员全部为核心节点，子群密度值高达 1，表明该子群内部入境旅游经济联系紧密。同时，第 2 子群与第 1 子群之间的密度值为 0.542，表明两个子群间联系密切，入境旅游经济关联作用较强；与第 3 子群间的密度值为 0.167，说明第 2 子群对第 3 子群有较小的辐射作用。由湖南独立形成的第 4 子群，紧邻湖北、广东这两个核心节点，因此与第 2 子群间的密度值达 0.5；第 5 子群中的辽宁与第 6 子群成员同属于东北地区，两个子群间的密度值达 0.2，第 5 子群中的其他省域与第 1 子群的地理距离较近，子群间密度值达 0.3；第 7 子群内部以及与其他子群之间的密度值都为 0，表明边缘区域处于孤立的状态。整体来看，2011 年核心节点主动抱团构成高密度子群，边缘节点被迫组团形成低密度子群，呈现出核心—边缘结构特征。除第 1、2 子群以外，其他 5 个子群内部的入境旅游经济联系度极低，且 5 个子群之间的联系也十分稀疏。2015 年，由于核心节点全部集中于第 1 子群，其内部密度值高达 0.861，并且与第 2、3、4、5 子群之间的密度值分别达到 0.222、0.148、0.111、0.139，表明核心区域不仅内部联系紧密，还拉动了边缘区域以外地区的入境旅游经济增长；除第 1 子群外，第 4、5 子群内部密度值为 0.333、0.167；黑龙江划分至边缘区域，由吉林省独立形成的第 6 子群与距离较近的第 5 子群保持亲密度，且密度值略微提升。整体来看，除第 7 子群外，2015 年子群内部以及子群之间的入境旅游经济联系得到强化,核心区域对其他区域的辐射作用增强。对比 2011 年,2019 年的第 1 子群去除福建后,子群内部密度值由 0.167 提升至 0.333,与邻近的第 5、6 子群间密度值同样达到 0.333;2019 年核心节点增加,第 2 子群的密度值上升至 0.889,与第 1、3、4 子群间密度值为 0.567、0.275、0.1,较 2015 年有明显提升;由次核心节点构成的第 3 子群与次边缘区域构成的第 4 子群之间首次产生相互作用,密度值达 0.125;吉林与辽宁所在的第 5 子群间密度值由 0.25 提升至 0.333。2019 年,核心区域对次核心、次边缘区域的辐射作用持续强化,次核心与次边缘节点之间打破区域壁垒,子群间的入境旅游经济关联逐渐加强。2011 ~ 2019 年,核心节点主要集中于第 1、2 子群,次核心节点基本分布在第 3、4 子群,次边缘节点大致分散在第 5、6、7 子群,边缘节点始终集中在最后一个子群,说明凝聚子群的分布具有鲜明的层级性。

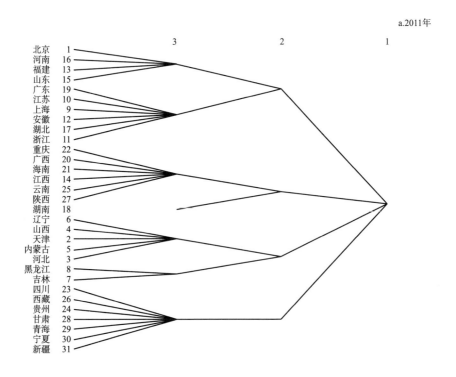

a.2011年

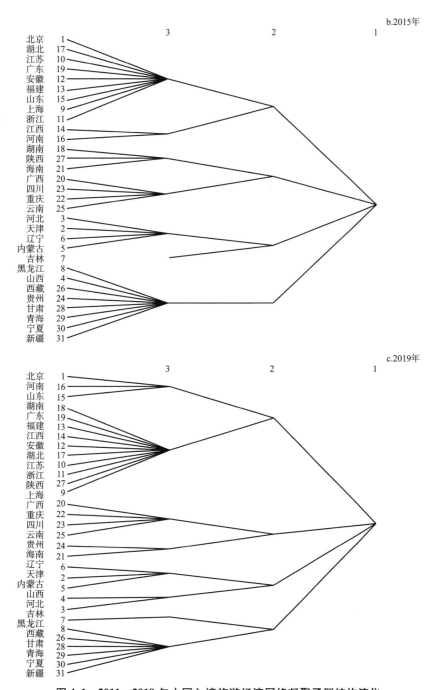

图 4.1　2011～2019 年中国入境旅游经济网络凝聚子群结构演化

表 4.7   2011～2019 年中国省域入境旅游经济网络凝聚子群密度矩阵

子群	1	2	3	4	5	6	7
1	0.167	0.542	0	0	0.3	0	0
2	0.542	1	0.167	0.5	0	0	0
3	0	0.167	0	0	0	0	0
4	0	0.5	0	0	0	0	0
5	0.3	0	0	0	0	0.2	0
6	0	0	0	0	0.2	0	0
7	0	0	0	0	0	0	0

2011 年 $R^2 = 0.539$

子群	1	2	3	4	5	6	7
1	0.861	0.222	0.148	0.111	0.139	0	0
2	0.222	0	0	0	0	0	0
3	0.148	0	0	0	0	0	0
4	0.111	0	0	0.333	0	0	0
5	0.139	0	0	0	0.167	0.25	0
6	0	0	0	0	0.25	0	0
7	0	0	0	0	0	0	0

2015 年 $R^2 = 0.532$

子群	1	2	3	4	5	6	7
1	0.333	0.567	0	0	0.333	0.333	0
2	0.567	0.889	0.275	0.1	0	0	0
3	0	0.275	0.833	0.125	0	0	0
4	0	0.1	0.125	0	0	0	0
5	0.333	0	0	0	0	0	0.333
6	0.333	0	0	0	0	1	0
7	0	0	0	0	0.333	0	0
8	0	0	0	0	0	0	0

2019 年 $R^2 = 0.594$

　　借助修正引力模型测算中国大陆 31 个省域之间的入境旅游经济联系，进而搭建入境旅游经济联系网络，通过 UCINET6.0 对其个体网络结构和整体网络结构进行量化，借助 ArcGIS10.2 对 2011 年、2015 年和 2019 年中国省域入境旅游经济联系网络结构的特征及演化规律进行可视化分析，主要研究结果如下。

　　（1）从入境旅游经济联系强度和联系量的大小来看，2011～2019 年由东密西疏的状态趋于均衡化发展，东部核心节点的辐射和带动效应强化，以广东为代表的核心节点与湖北、广西、陕西等中西部节点逐渐产生长距离联系，从而促进中西部节点之间相互作用增强。从联系量排名前十的成员来看，中西部省域节点数量增多，在联系总量中所占份额不断变大。同时，整体网络中二、三、四、五层级旅游经济联系轴线数量明显增加，区域入境旅游经济联系趋于紧密。

　　（2）从入境旅游经济联系网络的个体结构层面看，2011～2019 年网络中节点的中心性和结构洞指数空间分异显著，点度中心度和接近中心度的结构形态呈现大体一致，而中间中心度与结构洞指数紧密相连。网络中大部分节点的中心性和结构洞水平都有所上升，广东、北京、江苏、浙江、上海等在网络中处于中心地位，对其他节点的控制能力和影响力较强。在演化过程中，高值区范围向中西部扩散，湖北、湖南、安徽、陕西等省域升级为中心节点，而西藏、宁夏、甘肃、青海、新疆受内外在因素的限制致使各项指标均为 0，始终处于网络边缘地带。

　　（3）从入境旅游经济联系网络的整体结构层面来看，2011～2019 年网络中存在明显的核心—边缘结构，但节点核心度的绝对差异不断缩小，且核心区域范围由东向西逐渐扩大。整体网络的密度值随核心区域范围的扩大而增加，虽然整体网络和核心区域的密度值处于较低的状态，但呈现出逐渐紧密的态势。区域入境旅游经济联系网络中按照核心节点、次核心节点、次边缘节点、边缘节点的结构特征呈组团式发展，核心节点主动抱团构成高密度子群，与其他子群产生联系，边缘节点被迫构成低密度子群，处于相对孤立的状态。

第二节　入境旅游经济空间结构影响因素分析

一、变量选取和模型构建

(一) 变量选取

入境旅游经济空间网络的形成是多种因素共同作用的产物。依据对入境旅游及旅游空间结构影响因素，发现涉及经济发展水平、交通设施、旅游资源禀赋、产业结构、对外开放程度等多种影响因素，考虑数据的相关性与获取性，选取地理空间邻近性、交通可达性、旅游资源禀赋、地区经济发展水平和产业结构五个指标探究不同影响因素对入境旅游经济网络的作用程度。

1. 地理空间邻近性

地理空间的邻近性加快了信息传递时间和降低了传输成本，使得技术外溢在区域创新体系中发挥更大的作用。旅游流的集聚与扩散是以空间作为载体而产生的现象，空间距离影响旅游流的集散方向和程度，距离越远，旅游者付出的交通时间和成本就越高，呈现出旅游流随距离增加而衰减的规律，进而影响区域间旅游经济联系。若两个地区在地理空间上邻近，则两地之间的旅游活动成本越低，越容易产生较强的旅游经济联系；反之会导致旅游要素流通性降低，产生相对较弱或难以产生旅游经济联系。根据两个省域在地理空间上是否邻近对其空间邻近关系进行赋值，若两个省域邻近，则空间关系赋值为1，若两个省域非邻近，则空间关系赋值为0，以此构建31个省域的空间邻近关系矩阵。

2. 交通可达性

旅游活动是指人们选择在特定的时间段内前往目的地进行旅行和游览，在地理空间上产生流动的现象，良好的旅游交通设施与工具为旅游流往返于客源地与目的地之间搭建起桥梁，是地方提高游客进入性和推动旅游市场可持续发展的基础条件，因此，区域入境旅游经济联系网络的形成与优化离不开较高的交通可达性。以省会城市间的交通通达时间反映省域之间的交通可达性和便利性，其公式如下：

$$A = \frac{1}{2}\left[\frac{T_{ij}}{\sum T_i/n} + \frac{T_{ij}}{\sum T_j/n}\right] \tag{4.2}$$

其中，A 为两个省域之间的交通可达性，T_{ij} 为省会城市 i 和省会城市 j 之间的最短航行时间，T_i 为省会城市 i 到其他省会城市之间的最短通行时间总和，T_j 为省会城市 j 到其他省会城市之间的最短通行时间总和，n 为省域个数。

3. 旅游资源禀赋

旅游资源是旅游业发展的前提，是旅游业的基础。旅游资源主要包括自然风景旅游资源和人文景观旅游资源。自然风景旅游资源包括高山、森林、火山、江河、湖泊、海滩、温泉、野生动植物、气候等，可归纳为地貌、水文、气候、生物四大类。人文景观旅游资源包括历史文化古迹、古建筑、民族风情、现代建设新成就、饮食、购物、文化艺术和体育娱乐等，可归纳为人文景观、文化传统、民情风俗、体育娱乐四大类。旅游资源是一个地区吸引入境旅游者的核心旅游吸引力，旅游资源越丰富，旅游资源的品质越高，对入境旅游者的吸引力就越强。因此，丰富的旅游资源是入境旅游经济市场的物质基础，在一定程度上代表着地区入境旅游业的竞争优势，对入境旅游业可持续发展的影响力较大。以省域 5A 及 4A 级旅游景区数量作为衡量各省域旅游资源禀赋的指标。

4. 经济发展水平

经济发展水平是指一个国家经济发展的规模、速度和所达到的水准。反映一个国家经济发展水平的常用指标有国民生产总值、国民收入、人均国民收入、经济发展速度、经济增长速度。旅游业的发展是地区经济发展水平达到一定程度的产物，一方面，经济发展水平决定旅游者外出旅游消费的能力，经济发展水平越高，旅游者的出游能力和支付能力越高，对目的地选择的范围越大，是推动出入境旅游发展的重要因素。另一方面，经济发展水平高的地区，其入境旅游供给能力也高，主要表现在对入境旅游市场的开发和投资力度大，以及入境旅游服务接待能力相对较高。用人均GDP反映省域的经济发展水平。

5. 产业结构

产业结构是发展经济学中提出的概念，产业结构也叫产业体系，是社会经济体系的主要组成部分。产业结构升级是通过产业内部各生产要素之间、产业之间时间、空间、层次相互转化实现生产要素改进、产业结构优化、产业附加值提高的系统工程。经济主体和经济客体的对称关系是最基本的产业结构，是产业结构升级的最根本动力。地区间的经济联系依赖于产业联系，产业结构对产业发展以及地区间的经济联系具有决定性的影响力。旅游业与第三产业的关联性最强，因此用第三产业增加值占GDP比重来反映各省域的产业结构。

（二）模型构建

综上所述，入境旅游经济联系网络主要受五个因素影响：地理空间邻近、交通可达性、旅游资源禀赋、经济发展水平和产业结构。由于QAP是对关系矩阵之间的关系进行检验，因此，有必要将以上解释变量转化为关系数据，才能运用QAP对5个解释变量与入境旅游经济联系网络之间的关系进行检验。基于此，构建模型如下：

$$R = F(Dis, Tra, Spo, Eco, Ind) \tag{4.3}$$

其中，等式两侧均为矩阵数据，被解释变量R为中国省域入境旅游经济网络关联矩阵，自变量F包括地理空间邻近矩阵（Dis），交通可达性矩阵（Tra），旅游资源禀赋矩阵（Spo），经济发展水平矩阵（Eco），产业结构矩阵（Ind）。为消除量纲影响，对5个自变量关系矩阵采取极差标准化处理，其公式如下：

$$X_{ij}' = \frac{X_{ij} - X_{min}}{X_{max} - X_{min}} \tag{4.4}$$

其中，X_{ij}'和X_{ij}分别为自变量差值矩阵中的标准化数值和原始数值，X_{max}为矩阵中的最大值，X_{min}为矩阵中的最小值。

二、实证分析

（一）QAP 相关性分析

通过 Ucinet/Tools/QAP Correlation 对 2019 年中国省域入境旅游经济联系网络与各影响因素的关系矩阵进行相关性分析，选择 5000 次进行随机置换，相关性分析结果如表 4.8 所示，实际相关系数为正时，表明自变量的联系值越大，对入境旅游经济联系网络具有促进作用；当实际相关系数为负时，表明自变量对入境旅游经济联系网络的发展则起到抑制作用[154]。因此，交通可达性与 R 的相关关系为 -0.348，在 1% 的水平上显著，表明交通可达性程度是省域间产生入境旅游经济联系的重要影响因素，交通时间成本高对整体入境旅游经济联系网络的发展具有抑制作用，即交通时间成本越高，省域间入境旅游经济联系越弱；空间邻近关系与 R 的相关关系为 0.381，且在 1% 的水平上显著，表明空间邻近对入境旅游经济联系网络的扩展产生促进作用，省域之间的邻近性利于入境旅游经济联系网络的形成与发展；旅游资源禀赋、经济发展水平、产业结构与 R 的相关系数分别为 0.176、0.156 和 0.185，均在 5% 的水平上显著，结果表明这 3 个影响因素与入境旅游经济联系网络之间呈显著正相关，也说明了较强的入境旅游经济联系通常出现在旅游资源禀赋丰富、经济发展水平较高以及产业结构相对完备的省域之间。

表 4.8　　入境旅游经济联系矩阵与其他影响因素的相关分析

自变量	相关系数	显著性水平	均值	标准差	最大值	最小值
地理空间邻近	0.381***	0.000	0.001	0.045	0.197	-0.157
交通可达性	-0.348***	0.000	-0.000	0.059	0.211	-0.182
旅游资源禀赋	0.176**	0.008	0.001	0.072	-0.245	0.226
经济发展水平	0.156**	0.031	-0.001	0.083	0.258	-0.299
产业结构	0.185**	0.047	-0.000	0.103	0.330	-0.161

注：*、**、*** 分别表示在 10%、5%、1% 的水平上显著。

（二）QAP 回归分析

地理空间邻近、交通可达性、旅游资源禀赋、地区经济发展水平及产业结构变量均通过显著性检验，对其做回归分析，步骤如下：通过 Uci-net/Tools/QAP Regression 将以上 5 个自变量矩阵与入境旅游经济联系矩阵中对应的长向量元素作多元回归分析，对入境旅游经济联系矩阵中的行和列进行 2000 次随机置换，在此基础上重新进行回归，最终得出系数值以及判定系数 R^2 值（见表 4.9）。

表 4.9　　　　　　入境旅游经济网络与影响因子 QAP 回归分析

自变量	非标准化回归系数	标准化回归系数	显著性概率
地理空间邻近	0.339	0.320 ***	0.000
交通可达性	− 0.411	− 0.188 ***	0.000
旅游资源禀赋	0.199	0.108 **	0.035
经济发展水平	0.110	0.147 **	0.023
产业结构	0.175	0.140 *	0.060
观察项	930		
R^2	0.254		
调整的 R^2	0.251		

注：* 、** 、*** 分别表示在 10%、5%、1% 的水平上显著。

根据表 4.9 可知，观察项目数 930 是指 31 个省域构成的 31 × 31 矩阵，然而省域与自身并不存在关系，因此去除对角线值后还剩 31 × 30 个观察项。此外，调整后的 R^2 为 0.251，说明回归模型对自变量的变异程度解释为 25.1%。回归结果显示：空间邻近矩阵的标准化回归系数为 0.320，且通过了 1% 的显著性水平，说明空间邻近性对入境旅游经济联系网络具有正向影响。由对 2011～2019 年省域间入境旅游经济联系强度的分析结果可看出，省域入境旅游经济的合作发展呈现出明显的地理邻近性特征，尤其东南部核心省域间的入境旅游经济联系密度大，彼此之间带动发展，而与中部、西部之间的入境旅游经济联系强度随空间距离的增加呈递减状，进而造成了区域入境旅游经济空间发展的不平衡；交通可达性的标准化回归系数为 -0.188，其回归系数的绝对值最大，且通过了1%的显著性水平检验。这表明交通可达性对省域间入境旅游经济联系网络发育和完善的影响程度最大，另一方面，说明提高和完善交通可达性在一定程度上能够改善偏远省域的区位条件，削弱空间距离的制约性，增强地方进入性，利于加快入境旅游活动；旅游资源禀赋与入境旅游经济联系网络呈显著正相关，表明旅游资源禀赋的差异性凸显地方入境旅游吸引力的比较优势，促进入境旅游者在省域间的流动，进而加强省域间入境旅游经济联系。但旅游资源禀赋的省域其入境旅游发展条件可能较差，从而制约了与其他省域之间的入境旅游经济联系，因此旅游资源禀赋的影响程度相对较低；经济发展水平与产业结构的标准化回归系数分别为0.147、0.140，分别通过了5%和10%的显著性水平，表明经济发展水平高和产业结构相似对入境旅游经济联系网络具有正向促进的作用。

选取地理空间邻近、交通可达性、旅游资源禀赋、地区经济发展水平及产业结构五个影响因素，通过 QAP 方法对入境旅游经济联系网络与影响因素之间的关系进行相关分析和回归分析，结果表明，交通可达性与入境旅游经济联系网络呈显著负相关，而地理空间邻近、旅游资源禀赋、经济发展水平、产业结构则与入境旅游经济联系网络呈显著正相关。其中，交通可达性对入境旅游经济联系网络的形成、发育及优化所产生的影响程度最大，地理空间距离和旅游资源禀赋次之，经济发展水平与产业结构的影响度最低。因此，可通过完善地区间的交通基础设施来加强交通通达性，提高旅游资源质量等方面推动省域间展开入境旅游经济联系合作，实现入境旅游经济联系网络的优化。

第三节　中国区域入境旅游空间发展模式

基于对省域层面下入境旅游经济联系度和联系量、节点中心性、核心—

边缘结构模型以及凝聚子群等空间结构的分析结构，运用增长极理论、点—轴理论、中心地理论等相关理论，以及结合入境旅游经济发展的影响因素，从区域一体化发展的角度为入境旅游经济的空间组织发展模式提出优化建议。发展模式的构建原则为以网络中的核心省域为中心，以入境旅游市场作为导向，基于区域内部的旅游资源、客源市场及地理区位等进行协调，最终优化入境旅游经济的空间格局，促进区域入境旅游协调化和高质量发展。

一、增长极发展模式

由入境旅游经济联系网络影响因素分析可知，经济发展水平和产业结构对入境旅游经济联系具有促进作用，因此将经济发展水平较高和产业结构优化的省域培育为入境旅游经济联系网络中的增长极，对周边地区产生辐射作用，进而拉动欠发达地区的入境旅游经济发展。由个体网络指标分析结果可知，经济实力雄厚、区位优势明显的北京、广东、上海、江苏、浙江等东部省域在网络中始终处于核心地位，对东部其他省域进行辐射效应，呈现出明显的增长极特征。故选择北京、广东、上海、江苏、浙江作为一级核心增长极，未来应当继续巩固这 5 个省域的中心地位，充分发挥其增长极作用，对入境旅游经济发展水平较低的河北、辽宁两个省份持续发挥核心增长极的辐射力。对于深处内陆、经济水平相对欠发达的中西部省域，一方面要积极地与东部核心省域建立入境旅游经济连接，实现旅游要素相互流通，另一方面，中西部应积极提高入境旅游网络的接入能力，在利用东部核心节点为其输送入境旅游客源的基础上，自身提高入境旅游接待水平。结合前面的点度中心度和核心—边缘结构的分析结果可知，2015～2019 年中部地区的湖北、湖南、江西、安徽，以及西部的陕西，在网络中逐渐发展为核心节点，中心地位不断提高，其中湖北、陕西的中心性和核心度数甚至超过个别东部核心节点，故选择这五个省域作为网络中入境旅游经济发展的二级核心增长极。湖北、湖南、江西、安徽与东南部核心省域的空间距离较近，在依托江苏、浙江、广东为其输送客源的基础上，自身应努力加强入境旅游服务和管理水平，不断提高入境旅游服务设施建设，提升入境旅游市场的占有率。陕西省虽然身处内陆，但其省会城市西安作为旅游资源丰富的历史古城，旅游服务接待能力较强，对入境旅游者具有较高的旅游吸引力。因此，陕西省可在现阶段的旅游目的地影响力的基础上，继续优化入境旅游地形象，发掘更多新的入境旅游产品，同时积极开辟国际直达航线，主动提高网络接入能力，扩大入境旅游影响力。通过对二级增长极的培育，拉动周边次核心节点、次边缘节点以及边缘节点的入境旅游经济发展，弥补一级核心增长极对中西部省域辐射范围有限的局限性。

二、轴线发展模式

由分析结果可知，交通时间成本越低，省域间的入境旅游经济联系则越紧密。因此将核心省域作为节点，依托区域内的交通轴线，带动沿线省域的入境旅游经济发展。从核心—边缘结构的分析结果来看，核心省域主要集中在东部地区，首先以北京—天津—山东—江苏—浙江—福建—广东构成一条东西走向的一级入境旅游发展轴线。该轴线上的省域地理位置优越、对外开放水平高，且途经环渤海城市群、长三角城市群、海峡西岸城市群以及珠三角城市群，该轴线入境旅游经济联系量所占比重最大，对沿线中部省域的辐射效应最强。通过该轴线稳定和加强沿海省域的入境旅游吸引力，并以此作为入境旅游流的中转地，向中西部输送稳定的客源。结合前面核心—边缘分析结果，2015～2019年重庆、四川核心度不断增强，发展为网络中的次核心节点。因此，第二条入境旅游发展轴线基于长江经济带所构建，是以上海为起点，沿途经过江苏、浙江、安徽、湖北、重庆，最后以四川为终点的轴线。该轴线以核心省域作为支点，横跨东部、中部、西部三大区域，以长三角城市群和川渝城市群分别作为首和尾，途经长江中游城市群。当前城市群已成为我国空间组织格局中的重要层面，并且长三角城市群区域一体化发展已成为国家战略规划。该轴线以城市群层面推动省域入境旅游发展，加强旅游要素在东中西区域之间的流通性，提高区域之间的入境旅游经济联系。由入境旅游经济联系强度演化图可以看出，广东与广西、陕西、四川和重庆的联系度在不断强化，基于此发展趋势，第三条轴线是以广东—广西—贵州—四川—重庆—陕西构建的一条东西走向的二级旅游发展轴线。成西、成渝、渝贵、成贵等高铁网络的发展，构建了旅游要素流通的快速通道，有利于改善入境旅游市场的空间格局分布。因此，以广东作为入境客流的接入口，依托西南—西北地区畅达的高铁网络，与西部地区的省域进行客源交换、入境旅游市场互补。第四条旅游发展轴线以北京为起点，途经天津、河北、山西，最后以陕西作为结点。结合前面的分析结果可知，2019年北京与陕西的入境旅游经济联系度增强，而河北、山西在网络中的中心地位始终没有上升，因此对北京、天津的入境旅游流进行引导，由中西部省域承接，提升区域空间合作能力。同时，河北、山西两个省域的旅游资源丰富度相对较少，应当充分挖掘入境旅游产品，开拓旅游市场潜力，不断完善旅游基础设施建设，提高入境旅游的接待水平。

三、片区发展模式

地理空间邻近的省域之间旅游要素的流动性更加畅通，更容易产生入境旅游经济联系，通过构建旅游发展片区，推动区域入境旅游的协同发展。基于核心—边缘结构和凝聚子群的分析结果，结合区域入境旅游资源的本底性质，以一体化和协调化为原则，主要构建东南、西南和西北三大旅游片区。东南旅游片区主要包括广东、福建、浙江、上海和江苏，构成集休闲度假、商务会议于一体的旅游区。通过2011~2019年入境旅游经济强度分布图可看出，强联系主要集中在东南地区省域之间，且相互作用力不断强化。东南地区的省域具有区位条件的优势，经济发展实力较强，均为网络中的核心节点，构成片区后对中部地区的省域产生更强的辐射效应，推动区域入境旅游经济趋于协调化发展。西南片区主要包括云南、广西、四川、重庆和贵州五个省域，构成集宗教文化、湖泊河流、文化古城、梯田景象等于一体的旅游区。依据凝聚子群和入境旅游经济联系强度的分析结果可知，2015~2019年，云南、广西、四川、重庆是处于同一层面下的子群，且子群内部结构相对稳定，且这 4 个省域之间的入境旅游经济联系强度与联系量有较大提高，与东部核心节点广东之间的入境旅游联系强度明显增加。其次，贵州在地理空间上被云南、广西、四川、重庆包围，西南高铁环线的开通加强了四川、重庆和贵州之间旅游要素的流通。正处于建设阶段的贵南高铁是衔接"一带一路"、西南交通通道的主通道之一，建成后将搭建西南地区至华南沿海地区的游客运输快速通道，加强西南与华南地区的入境旅游经济相互作用力。西北地区在整体网络中的发展始终处于劣势，除陕西省以外，其他省域均处于边缘状态，从而制约了西北区域入境旅游经济的整体发展。西北地区的组团模式主要包括内蒙古、宁夏、青海、甘肃、青海，以陕西为核心节点凝聚成团。基于"一带一路"政策机遇，西北地区的省域应整合旅游资源，打造西北旅游特色，构建集黄河文化、大漠风光、自然遗产等于一体的旅游片区，打造具有西北特色的旅游品牌。由于西北地区的边缘地位长期存在，仅凭借自身力量难以突破入境旅游经济高质量发展的瓶颈，通过与东部核心省域制定强有力的政策措施，实现两个区域之间的入境旅游客源市场合作与互补，促使西北地区脱离被动和从属的地位，缓解西北地区入境旅游发展不平衡的问题。

第四节　本 章 小 结

本章选取中国 31 个省域作为单元，将省域和入境旅游经济联系视为构成空间结构的节点和连接轴线两种基本要素，基于网络关系视角研究了 2011～2019 年中国省域入境旅游经济联系网络的空间结构及网络特征演变过程，并对其网络结构的影响因素进行了探索。小结如下。

（1）中国入境旅游经济联系空间网络趋于紧密，2011～2015 年东部入境旅游经济联系强度远大于中西部，且高层级轴线集中于东部少数省域之间，核心节点的辐射作用较小，仅限于与周边省域产生短距离入境旅游经济联系；2015～2019 年入境旅游经济空间相互作用力增强，网络中联系轴线数量增多，东部核心省域对中西部的辐射作用增强，促进东部与中西部之间产生长距离入境旅游经济联系。从入境旅游经济联系量来看，东部核心省域的联系量占比下降，中西部的湖北、湖南、安徽、广西联系量增大，在整体网络中的中心性明显增强，网络空间极化特征有所缓和。

（2）从个体网络结构来看，中国入境旅游经济联系网络三大中心度指标和结构洞水平的空间分化显著。2011～2015年，北京、广东、上海、江苏、浙江处于中心地位，网络重心全部集中在东部区域，两极分化态势严峻。2015～2019年，网络节点中心性有所上升，陕西、湖北、湖南、安徽的中心性增强，与东部核心省域组成新的中心度高值区。然而网络中节点的影响力格局并未发生结构性变化，广东和北京呈"双核"形态在网络中处于具有绝对竞争优势的地位，控制着入境旅游经济的核心通道，而西藏、青海、新疆、宁夏、甘肃始终处于低水平发展区域，制约着整体网络的发展。从整体结构来看，中国入境旅游经济联系网络存在明显的核心—边缘结构，核心区域向中西部扩大，且内部密度不断提升，但边缘区域始终处于孤立状态。网络结构中节点根据核心度的高低呈组团式发展，核心度高的省域主动抱团形成辐射作用相对较强的子群，而核心度低的省域被迫构成孤立的子群。

（3）QAP回归分析结果表明，交通可达性、地理空间距离、旅游资源禀赋、地区经济发展水平、产业结构这5个变量对入境旅游经济网络的形成均具有显著影响，其中交通可达性对入境旅游经济网络的影响程度最大，说明交通时间增加和交通成本增高会抑制两地间的入境旅游经济联系。在推动省域间展开入境旅游合作的同时，要加快交通等基础设施建设，提高省域间的交通便利程度和旅游服务水平。

（4）基于"增长极辐射—轴线连接—组团凝聚"的思路，首先将不同区域的核心省域培育为增长极，东部地区的北京、广东、上海、浙江、江苏为一级增长极，中西部的湖北、湖南、安徽、陕西为二级增长极；其次，打造"两纵两横"入境旅游发展轴线，基于交通轴线连接节点，带动沿线省域的入境旅游经济发展；最后，通过构建东南片区、西南片区及西北片区三大旅游片区，促进区域间入境旅游经济互动效应增强，破除行政壁垒，实现区域入境旅游一体化发展。

第五章 中国入境旅游经济增长潜力测度

第一节 体系构建与测评方法

一、体系构建和指标说明

(一)体系构建

在综合考虑国内外现有旅游产业发展潜力评价指标，及获取指标的全面性、客观性、代表性和现实性基础上，建立中国入境旅游经济增长潜力评价体系[155]。

首先，明确指标选择范围。根据马勇、曹新向等人现有的研究成果，目前对于旅游发展潜力研究中初步形成了"差距说"和"支持保障说"两类观点。前者对应于某一时期内区域环境所限制、社会经济所支持和旅游资源所能达到的供应极限，后者则强调旅游产业发展过程中所体现出的潜在的、能被外在要素刺激并促进旅游可持续发展的保障和支撑。两种观点互为补充，旅游业既依赖于自身发展状况，也离不开整个社会经济发展环境的支撑。因此，本书将入境旅游经济潜力划分为支持力和保障力两个作用力，具体归结为经济发展、科教创新、基础设施、生态环境、旅游需求和旅游供给六大类。结合既有研究中相关指标选用情况，将指标分为经济发展潜力支持力、科教创新潜力支持力、基础设施潜力保障力、生态环境潜力保障力、旅游需求潜力、旅游供给潜力 6 类一级指标[156-163]。其次，根据实际情况筛选指标。考虑到指标的可操作性，尽量选取现有统计资料和相关部门发布的数据指标，初步建立测评指标体系。最后，由于极个别指标缺失部分年份的数据，不连续的数据没有合适的补充的方法，于是决定剔除指标，从而构建起可操作性强、相对科学合理的入境旅游经济增长潜力测评的指标体系，并采用 MATLAB 软件进行分析，计算出中国 31 个省区市（港澳台除外）入境旅游经济增长潜力权重和综合潜力得分。该指标体系包括 6 个一级指标、22 个二级指标，如表 5.1 所示。

表 5.1　　　　　　　　　入境旅游经济增长潜力评价体系

类别	一级指标	二级指标	单位
潜力支持力	经济发展 A	人均 GDP A1	元/人
		第三产业生产总值 A2	亿元
		外商投资企业投资额 A3	百万美元
		进出口贸易总额 A4	千美元
	科教创新 B	旅游景区从业人数 B1	人
		普通高等学校在校学生数 B2	万人
		科技成果数量 B3	项
		科学支出占财政支出比重 B4	百分比
	旅游需求 C	国际旅游人次 C1	百万人次
		国际旅游收入 C2	百万美元
		境外游客人均天消费 C3	美元/人·天
潜力保障力	基础设施 D	卫生机构床位数 D1	个
		文化设施数量 D2	个
		邮电业务量 D3	亿元
		铁路营业里程 D4	万公里
		公路里程 D5	万公里
		机场旅客吞吐量 D6	万人

续表

类别	一级指标	二级指标	单位
潜力保障力	生态环境 E	森林覆盖率 E1	百分比
		生活垃圾清运量 E2	万吨
		人均公共绿地面积 E3	平方米/人
	旅游供给 F	星级饭店数 F1	个
		旅行社数 F2	个

（二）指标说明

1. 关于潜力支持力的测评指标

（1）经济发展潜力支持力。经济发展潜力支持力是旅游业发展的平台基础，综合经济实力越强，越有利于入境旅游业发展潜力的发挥和提升。选取经济发展潜力支持力指标主要包括四个：人均GDP、第三产业生产总值、外商投资企业投资额、进出口贸易总额。其中，人均GDP和第三产业生产总值是反映社会生产成果和生产力、经济结构改变和发展速度快慢的重要指标，是经济能力直接体现；而外商投资企业投资额指国外及中国港澳台地区的法人和自然人在中国大陆地区以现金、实物、无形资产、股权等方式进行投资的总金额；进出口贸易总额指实际进出我国关境的货物总金额。

（2）科教创新潜力支持力。科教创新潜力支持力的指标主要包括旅游景区从业人数、普通高等学校在校学生数、科技成果数量与科学支出占财政支出比重。其中，旅游景区从业人数指在旅游景区与经营者建立劳动关系，为旅游者提供旅游服务的人员数量，反映了旅游行业人才的支持力度；普通高等学校在校学生数和科技成果数量分别是文化发展水平和科技创新能力的外在体现，与实际文化发展水平及科技创新能力一般成正比。也就是说城市辖区内高校多必然在校学生数量大，该城市文化发展水平及科技创新能力必然强。值得一提的是科技成果数量用当年的专利授权数量体现；而科学支出占财政支出的比重指的是地方财政科学技术支出

109

与地方财政一般公共预算支出之比，反映了地方政府对于科技的扶持力度。

（3）旅游需求潜力的测评指标。旅游市场需求中所包含的国内外旅游人次数、国际旅游收入、境外游客人均天消费是一种现实的旅游实力体现。境外游客人均天消费计算的是平均每位入境游客在旅行、游览过程中每天用于食、住、行、游、购、娱的花费。

2. 关于潜力保障力的测评指标

（1）基础设施潜力保障力。基础设施为旅游的发展提供了游览活动的场所，有利于旅游的顺利进行。良好的基础设施使地区与域外的交流更便捷，主要选取了卫生机构床位数、文化设施数量、邮电业务量、铁路营业里程、公路里程和机场旅客吞吐量。其中，卫生机构床位数指年底固定实有床位（非编制床位）；文化设施主要包括公共图书馆、博物馆、艺术表演场所、文化馆等设施。但由于旅游统计年鉴中未能找到近十年文化设施数量完整的数据，选用公共图书馆与博物馆之和反映主要的文化设施数量；邮电业务量指以货币形式表示的邮政、电信通信企业为社会提供各类邮政、电信通信服务的总数量，反映通信能力；机场旅客吞吐量是指航空等飞机进、出范围的旅客数量，它是衡量一个地区经济社会发展程度、文明程度、开放程度和活跃程度的重要标志。

（2）生态环境潜力保障力。生态环境是城市旅游发展的基础之一，间接影响旅游城市发展潜力状况。生态环境潜力保障力主要包括森林覆盖率、生活垃圾清运量与人均公共绿地面积。其中森林覆盖率是森林面积占土地面积的百分比，是反映一个国家或地区森林面积占有情况或森林资源丰富程度及实现绿化程度的指标，又是确定森林经营和开发利用方针的重要依据之一；生活垃圾清运量指报告期收集和运送到各生活垃圾处理厂（场）和生活垃圾最终消纳点的生活垃圾数量；人均公共绿地面积指人均占有的、用作园林和绿化的各种公共绿地面积，是衡量生态环境的一个重要指标。

（3）旅游供给潜力。旅游供给潜力主要体现为旅游的相关及辅助产业直接为旅游提供相关服务，保障旅游的顺利开展，从而体现旅游城市整体协调程度，提高发展潜力。鉴于统计数据的可获得性，旅游市场供给潜力方面的指标主要选取旅行社发展程度与饭店业发展程度。旅行社数指的是国际旅行社和国内旅行社总数，星级饭店数指已评定星级的饭店数量。

二、数据来源与测评方法

（一）数据来源

选取了全国 31 个省区市（港澳台地区除外）包括华北、东北、华东、华中、华南、西南、西北七大区域 2009～2019 年近十年的数据。指标的所有数据值主要来源于以下两种途径。第一种是从各类统计年鉴、统计报表、报告等统计资料直接获得，如人均 GDP、第三产业总产值、进出口贸易总额、公路里程、铁路营运里程、森林覆盖率、人均公共绿地面积、国际旅游人次、国际旅游收入、普通高等学校在校学生数等指标数据主要来源于 2009～2021 年《中国统计年鉴》、各省区市对应年度的《统计年鉴》、文化和旅游部官方网站、各省区市文化和旅游厅、旅游协会等网站及《中国旅游统计年鉴》；第二种是通过计算相关统计资料中得到的数据后间接获取，如科学支出占财政支出的比重、机场旅客吞吐量、文化设施数量、邮电业务量等指标数据通过在《民航行业发展统计公报》《统计年鉴》等资料上获取后经过计算得到。此外，对于采集到的二手数据的部分缺失，主要采用内插定正法对缺失值进行替换。

（二）测评方法

1. 指标标准化

中国入境旅游经济增长潜力评价体系包括 6 个一级指标，22 个二级指标，指标之间有不同的度量单位，为了避免受到指标量纲的影响，保证计算结果的客观性和准确性，先对原始数据进行标准化处理[164]。由于本章指标皆属于正向性指标，标准化计算公式如下：

$$x'_{ij} = \frac{x_{ij} - \min_{1 \le i \le m}(x_{ij})}{\max_{1 \le i \le m}(x_{ij}) - \min_{1 \le i \le m}(x_{ij})} \tag{5.1}$$

2. 指标权重确定

由于本章构建的中国入境旅游经济增长潜力评价体系共涵盖了 6 个一级指标、22 个二级指标，指标数量较少且为了避免主观赋权法造成结果的主观性太强，因此主要采用客观赋权法中标准离差法和 CRITIC 法两种相结合的方法计算全国七大区域 31 个省区市入境旅游经济增长潜力评价体系中各指标体系的权重。

标准离差法主要是计算各指标标准差占所有标准差之和的比重，指标标准差越大，所涵盖的信息量越大，对应权重就越大。即 $u_j = \sigma_j / \sum_{j=1}^{n} \sigma_j$。CRITIC 法则是以指标的对比强度和冲突性为基础来衡量指标的客观权重。计算公式如下所示：$c_j = \sigma_j \sum_{i=1}^{n}(1 - r_{ij})$，$v_j = c_j / \sum_{j=1}^{n} c_j$。本章结合指标的主观权重和客观权重，采用乘法合成的归一化处理，得到组合权重向量 $w_j = \{w_1, w_2, w_3, \cdots\cdots, w_n\}$。

$$w_j = \frac{u_j v_j}{\sum_{j=1}^{n} u_j v_j} \tag{5.2}$$

3. 综合潜力得分

根据各指标要素权重值计算出 2009～2019 年中国大陆 31 个省区市入境旅游经济增长的经济发展潜力支持力 Y_1、科教创新潜力支持力 Y_2、基础设施潜力保障力 Y_3、生态环境潜力保障力 Y_4、旅游需求潜力 Y_5、旅游供给潜力 Y_6 和综合发展潜力得分 Y。

$$Y = W_1 Y_1 + W_2 Y_2 + W_3 Y_3 + W_4 Y_4 + W_5 Y_5 + W_6 Y_6 \tag{5.3}$$

第二节 入境旅游经济增长潜力区域差异分析

入境旅游经济增长潜力对比分析主要采用 MATLAB 软件计算中国七

大地理分区入境旅游经济增长潜力评价体系中各指标的权重，通过对
2009~2019年各指标原始数据进行计算，从而得出中国各区域的入境旅
游经济增长潜力的二级指标潜力和综合发展潜力。

一、华北地区

表5.2的数据显示，华北地区潜力综合权重超过0.05的二级指标分
别是公路里程（0.0882）、文化设施数量（0.0785）、铁路营业里程
（0.0723）、卫生机构床位数（0.0608）、进出口贸易总额（0.0570）、普
通高等学校在校学生数（0.0513）。其中，排前四的公路里程、文化设施
数量、铁路营业里程、卫生机构床位数都列于基础设施潜力保障力这个一
级指标中，由此可见基础设施潜力支持力对华北地区贡献率最大，尤其是
公路里程这个二级指标对华北地区入境旅游经济增长贡献最大。此外，生
态环境潜力保障力中的森林覆盖率和旅游供给潜力中星级饭店数的综合权
重不超过0.03，贡献较小。

表5.2　　　　　　　　　　华北地区二级指标要素权重

二级指标	标准离差法权重	CRITIC法权重	两种权重乘积值	综合权重
A1	0.0453	0.0406	0.0019	0.0412
A2	0.0465	0.0304	0.0014	0.0302
A3	0.0478	0.0470	0.0022	0.0451
A4	0.0510	0.0611	0.0029	0.0570
B1	0.0445	0.0303	0.0014	0.0312
B2	0.0428	0.0485	0.0022	0.0513
B3	0.0430	0.0306	0.0014	0.0325
B4	0.0466	0.0444	0.0020	0.0438
C1	0.0446	0.0326	0.0015	0.0337
C2	0.0461	0.0403	0.0019	0.0403

二级指标	标准离差法权重	CRITIC 法权重	两种权重乘积值	综合权重
C3	0.0426	0.0376	0.0017	0.0403
D1	0.0437	0.0581	0.0027	0.0608
D2	0.0494	0.0835	0.0039	0.0785
D3	0.0471	0.0368	0.0017	0.0366
D4	0.0445	0.0700	0.0032	0.0723
D5	0.0536	0.0997	0.0047	0.0882
D6	0.0459	0.0346	0.0016	0.0348
E1	0.0397	0.0232	0.0011	0.0263
E2	0.0446	0.0302	0.0014	0.0311
E3	0.0445	0.0486	0.0022	0.0497
F1	0.0412	0.0259	0.0012	0.0282
F2	0.0450	0.0460	0.0021	0.0469

　　由表 5.3 和图 5.1 可以发现，2009～2019 年华北地区入境旅游经济增长潜力评价体系一级指标体系综合发展潜力得分呈现平缓上涨趋势。从各个潜力指标的发展趋势上看，经济发展潜力值从 2012 年开始呈逐步下降趋势，科教创新和基础设施潜力值呈缓慢上升趋势，生态环境潜力、旅游需求和旅游供给潜力值近十年间趋势变化不大。从各个潜力指标值得分上看，基础设施潜力得分最高，甚至超过综合潜力得分，结合表 5.2 中得出的结果，可见基础设施的建设对入境旅游发展的重要性，促进入境旅游必须完善旅游交通、文化设施等基础设施，才能吸引更多的境外游客来华。另外，得分仅次于基础设施潜力指标的是经济发展潜力，它在 2009～2019年期间发展趋势尽管呈现下降，但其得分仍高于其他指标，说明华北地区的经济发展也是其入境旅游发展的吸引点，这也符合华北地区各省区市处于我国东部经济发达地区的实况。

表5.3 华北地区入境旅游经济增长潜力评价得分

年份	经济发展	科教创新	基础设施	生态环境	旅游需求	旅游供给	综合潜力
2009	0.0748	0.0448	0.1742	0.0530	0.0310	0.0231	0.0976
2010	0.0751	0.0436	0.1736	0.0461	0.0321	0.0224	0.0965
2011	0.0709	0.0455	0.1646	0.0599	0.0310	0.0234	0.0921
2012	0.0755	0.0486	0.1669	0.0493	0.0345	0.0235	0.0952
2013	0.0713	0.0503	0.1626	0.0455	0.0375	0.0244	0.0914
2014	0.0711	0.0488	0.1660	0.0443	0.0410	0.0289	0.0936
2015	0.0640	0.0551	0.1639	0.0422	0.0411	0.0259	0.0923
2016	0.0588	0.0541	0.1642	0.0427	0.0413	0.0274	0.0918
2017	0.0595	0.0514	0.1776	0.0397	0.0424	0.0318	0.1005
2018	0.0609	0.0550	0.1789	0.0431	0.0384	0.0225	0.1023
2019	0.0564	0.0516	0.1869	0.0435	0.0366	0.0205	0.1059

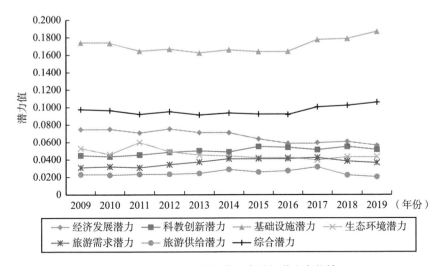

图5.1 华北地区入境旅游经济增长潜力变化情况

二、东北地区

通过对东北地区各指标要素进行标准差分析和比重计算，结果如

表 5.4 显示。权重值最高的是基础设施潜力保障力中的机场旅客吞吐量（0.1165），其次为铁路营业里程（0.1137），可见基础设施潜力保障力对东北地区入境旅游经济增长贡献最大。在基础设施潜力保障力指标中，卫生机构床位数、文化设施数量的权重值超过 0.06，对东北地区的入境旅游发展也有一定的贡献。其余的指标权重值都低于 0.05，其中，普通高等学校在校学生数最低，仅为 0.0257。

表 5.4 东北地区二级指标要素权重

二级指标	标准离差法权重	CRITIC 法权重	两种权重乘积值	综合权重
A1	0.0441	0.0491	0.0020	0.0481
A2	0.0465	0.0348	0.0015	0.0371
A3	0.0495	0.0346	0.0015	0.0374
A4	0.0465	0.0364	0.0015	0.0370
B1	0.0442	0.0288	0.0012	0.0294
B2	0.0443	0.0263	0.0011	0.0257
B3	0.0436	0.0299	0.0012	0.0297
B4	0.0447	0.0402	0.0016	0.0398
C1	0.0441	0.0305	0.0013	0.0303
C2	0.0457	0.0318	0.0014	0.0326
C3	0.0433	0.0308	0.0012	0.0298
D1	0.0471	0.0696	0.0027	0.0687
D2	0.0488	0.0824	0.0033	0.0815
D3	0.0435	0.0278	0.0011	0.0273
D4	0.0416	0.1196	0.0047	0.1137
D5	0.0453	0.0312	0.0012	0.0319
D6	0.0455	0.1145	0.0048	0.1165
E1	0.0487	0.0316	0.0014	0.0331
E2	0.0479	0.0641	0.0028	0.0634
E3	0.0443	0.0275	0.0011	0.0274
F1	0.0438	0.0286	0.0012	0.0287
F2	0.0473	0.0299	0.0012	0.0309

如表5.5和图5.2所示，2009~2019年东北地区入境旅游经济增长各个一级指标体系潜力和综合潜力值呈现波动增长状态。从各个潜力指标的发展趋势上看，经济发展潜力值在2017年前呈现增长态势，2018年开始出现下降。科教创新潜力值以2013年为分水岭，2013年前潜力值上升，2013年后下跌。基础设施潜力值和生态环境潜力值波动上升，旅游需求潜力值在2018年之前都在上升，但却在2019年突然下降，而旅游供给潜力值变动较小。从各个潜力指标值得分上看，东北地区的入境旅游经济增长的潜力的主要贡献者是基础设施潜力和生态环境潜力，在全国七大地理区域中，东北地区旅游资源丰富，森林、草原、湿地、冰雪、工业、农业旅游资源在全国独具特色，生态环境优越，是中国重要的冰雪旅游和度假旅游目的地，尤其是冬季的冰雪旅游独具魅力，这些特点与生态环境潜力得分高相呼应。此外，东北地区的旅游需求和供给潜力得分较低，且变化不大。

表5.5　　　　　　　东北地区入境旅游经济增长潜力评价得分

年份	经济发展	科教创新	基础设施	生态环境	旅游需求	旅游供给	综合潜力
2009	0.0614	0.0532	0.1187	0.1251	0.0346	0.0242	0.0900
2010	0.0625	0.0463	0.1320	0.1217	0.0340	0.0237	0.0942
2011	0.0652	0.0462	0.1352	0.1165	0.0339	0.0236	0.0946
2012	0.0672	0.0605	0.1316	0.1131	0.0349	0.0234	0.0925
2013	0.0639	0.0624	0.1273	0.1354	0.0379	0.0238	0.0963
2014	0.0600	0.0518	0.1249	0.1593	0.0383	0.0235	0.1016
2015	0.0570	0.0586	0.1343	0.1312	0.0465	0.0235	0.0970
2016	0.0799	0.0517	0.1299	0.1122	0.0444	0.0230	0.0925
2017	0.0918	0.0836	0.1390	0.0849	0.0432	0.0224	0.0958
2018	0.0534	0.0515	0.1317	0.1130	0.0557	0.0229	0.0906
2019	0.0494	0.0477	0.1386	0.1525	0.0345	0.0217	0.1041

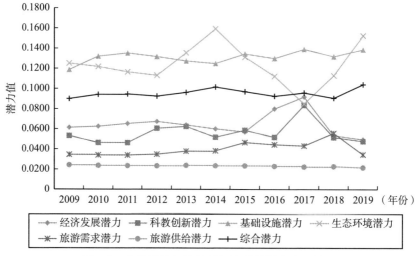

图 5.2 东北地区入境旅游经济增长潜力变化情况

三、华东地区

如表 5.6 所示，华东地区潜力综合权重最高的是铁路营业里程，其次是科学支出占财政支出比重，二者权重皆超过 0.05，权重最低的是第三产业生产总值，仅 0.0280。华东地区相比于其他地区，明显的特点为其各指标的权重几乎都处于 0.03～0.05，极高或者极低值很少，可见华东地区在经济、科教创新、基础设施建设、生态环境建设方面发展都较为均匀，没有出现其中某一类指标异军突起。

表 5.6   华东地区二级指标要素权重

二级指标	标准离差法权重	CRITIC 法权重	两种权重乘积值	综合权重
A1	0.0455	0.0451	0.0021	0.0448
A2	0.0435	0.0295	0.0013	0.0280
A3	0.0465	0.0411	0.0019	0.0418
A4	0.0492	0.0451	0.0022	0.0486

续表

二级指标	标准离差法权重	CRITIC 法权重	两种权重乘积值	综合权重
B1	0.0470	0.0396	0.0019	0.0407
B2	0.0465	0.0435	0.0020	0.0443
B3	0.0489	0.0376	0.0018	0.0402
B4	0.0470	0.0534	0.0025	0.0555
C1	0.0431	0.0449	0.0019	0.0421
C2	0.0447	0.0470	0.0021	0.0460
C3	0.0403	0.0386	0.0016	0.0339
D1	0.0390	0.0571	0.0022	0.0486
D2	0.0386	0.0496	0.0019	0.0419
D3	0.0416	0.0488	0.0020	0.0444
D4	0.0554	0.0987	0.0055	0.1195
D5	0.0515	0.0349	0.0018	0.0393
D6	0.0379	0.0464	0.0018	0.0384
E1	0.0376	0.0443	0.0017	0.0363
E2	0.0414	0.0403	0.0017	0.0364
E3	0.0483	0.0346	0.0017	0.0365
F1	0.0518	0.0416	0.0022	0.0471
F2	0.0547	0.0380	0.0021	0.0456

　　如表 5.7 和图 5.3 所示，2009～2019 年华东地区入境旅游经济增长各个一级指标体系潜力和综合潜力值波动较小。从各个潜力指标的发展趋势上看，经济发展和科教创新的潜力值平稳增长，基础设施潜力值逐年下降，生态环境、旅游需求、旅游供给这三者潜力值波动幅度小，变化不大。从各个潜力指标值得分上看，华东地区入境旅游经济发展中潜力最大的依旧是基础设施，其次是生态环境潜力和科教创新潜力。

综合以上可发现，不同于华北、东北地区经济发展指标值近年来都呈现下降趋势，华东地区的经济发展指标值却是平稳上升，这是由于华东地区是中国经济发展最快的地区之一，尤其是长三角地区，近年来经济发展速度一直高于全国平均值，2017 年以来，面对日益趋紧的国内外宏观环境和政策调整，华东各省积极创新发展思路，全力破解发展难题，经济继续保持平稳健康的发展态势，国内需求保持旺盛，消费结构不断升级，投资总量稳步增长，这为入境旅游提供了更稳固的保障力。华东地区的旅游需求和旅游供给潜力平均得分都高于其他地区，这也由于华东地区商品生产发达，工业门类齐全，铁路、水运、公路、航运四通八达，是中国综合技术水平最高的经济区，更好地满足入境旅游的需求和供给。

表 5.7 华东地区入境旅游经济增长潜力评价得分

年份	经济发展	科教创新	基础设施	生态环境	旅游需求	旅游供给	综合潜力
2009	0.0569	0.0727	0.1253	0.0984	0.0635	0.0382	0.0849
2010	0.0574	0.0702	0.1174	0.1023	0.0612	0.0431	0.0828
2011	0.0565	0.0702	0.1167	0.1013	0.0669	0.0476	0.0835
2012	0.0606	0.0730	0.1164	0.1001	0.0572	0.0496	0.0833
2013	0.0624	0.0723	0.1174	0.0966	0.0621	0.0485	0.0829
2014	0.0631	0.0736	0.1170	0.0933	0.0602	0.0450	0.0822
2015	0.0660	0.0850	0.1132	0.0943	0.0545	0.0437	0.0832
2016	0.0615	0.0905	0.1000	0.0892	0.0642	0.0423	0.0799
2017	0.0626	0.0824	0.1033	0.0906	0.0679	0.0454	0.0801
2018	0.0622	0.0984	0.1007	0.0957	0.0506	0.0435	0.0825
2019	0.0630	0.1022	0.1089	0.0961	0.0535	0.0387	0.0855

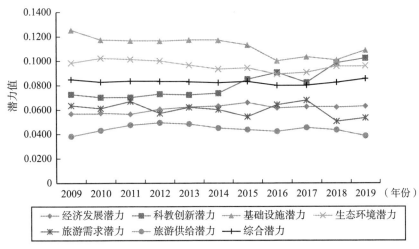

图5.3 华东地区入境旅游经济增长潜力变化情况

四、华中地区

表5.8数据显示,华中地区潜力综合权重超过0.05的指标有境外游客人均天消费(0.0575)、邮电业务量(0.0536)、旅游景区从业人数(0.0534)、铁路营业里程(0.0513)、森林覆盖率(0.0509)、星级饭店数(0.0508)和人均公共绿地面积(0.0503)。此外,根据表5.8的数据可知,整个华中地区的二级指标综合权重皆位于0.03~0.06,且各指标数值都相差不远。

表5.8 华中地区二级指标要素权重

二级指标	标准离差法权重	CRITIC法权重	两种权重乘积值	综合权重
A1	0.0471	0.0431	0.0020	0.0448
A2	0.0458	0.0429	0.0020	0.0432
A3	0.0443	0.0420	0.0019	0.0410
A4	0.0463	0.0421	0.0019	0.0426
B1	0.0461	0.0521	0.0024	0.0534
B2	0.0445	0.0393	0.0018	0.0383

续表

二级指标	标准离差法权重	CRITIC法权重	两种权重乘积值	综合权重
B3	0.0450	0.0382	0.0017	0.0375
B4	0.0471	0.0437	0.0021	0.0454
C1	0.0449	0.0497	0.0022	0.0495
C2	0.0442	0.0469	0.0021	0.0459
C3	0.0477	0.0541	0.0026	0.0575
D1	0.0449	0.0493	0.0022	0.0486
D2	0.0453	0.0429	0.0019	0.0425
D3	0.0459	0.0523	0.0024	0.0536
D4	0.0436	0.0557	0.0024	0.0513
D5	0.0455	0.0372	0.0017	0.0370
D6	0.0457	0.0395	0.0018	0.0399
E1	0.0440	0.0526	0.0023	0.0509
E2	0.0445	0.0406	0.0018	0.0394
E3	0.0479	0.0480	0.0023	0.0503
F1	0.0450	0.0507	0.0023	0.0508
F2	0.0449	0.0373	0.0017	0.0366

根据表5.9和图5.4可知，2009～2019年华中地区入境旅游经济增长综合潜力值呈现波动下降的趋势，从2017年起，综合潜力得分跌出0.09。从各个潜力指标的发展趋势上看，经济发展潜力值缓慢增长，而科教创新潜力、基础设施潜力和生态环境潜力都有所跌落。旅游需求潜力波动变化，总体变化幅度不大，旅游供给潜力在2009～2016年逐渐上升，2017年后突然下降。从各个潜力指标值得分上看，华中地区各潜力指标得分排名第一的是基础设施潜力，其次是科教创新潜力，最后是旅游需求潜力。纵观华中地区入境旅游经济增长的各个一级指标的潜力值发展趋势和得分情况可发现华中地区入境旅游经济发展主要的潜力支持依靠的是基础设施、科教创新和旅游需求满足这几个方面，但近几年来，基础设施建设、科技创新、生态环境、旅游供给这几个潜力指标值都呈现下降态势，只有

经济发展指标在缓慢增长但速度缓慢，由此可见华中地区的入境旅游经济增长情况并不乐观。

表 5.9　　　　　　　　　华中地区入境旅游经济增长潜力评价得分

年份	经济发展	科教创新	基础设施	生态环境	旅游需求	旅游供给	综合潜力
2009	0.0688	0.1047	0.1482	0.0709	0.0793	0.0372	0.0984
2010	0.0677	0.0975	0.1377	0.0705	0.0907	0.0440	0.0949
2011	0.0754	0.1040	0.1319	0.0710	0.0935	0.0479	0.0962
2012	0.0670	0.0980	0.1354	0.0645	0.0835	0.0459	0.0923
2013	0.0668	0.0797	0.1534	0.0655	0.0870	0.0485	0.0971
2014	0.0663	0.0706	0.1474	0.0625	0.0827	0.0643	0.0937
2015	0.0690	0.0735	0.1493	0.0667	0.0805	0.0509	0.0931
2016	0.0685	0.0750	0.1478	0.0699	0.0819	0.0603	0.0939
2017	0.0749	0.0913	0.1244	0.0642	0.0962	0.0338	0.0896
2018	0.0780	0.0760	0.1304	0.0651	0.0779	0.0375	0.0869
2019	0.0916	0.0886	0.1188	0.0641	0.0875	0.0326	0.0890

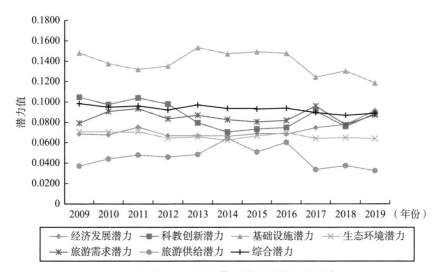

图 5.4　华中地区入境旅游经济增长潜力变化情况

五、华南地区

根据表 5.10 数据可知，华南地区潜力综合权重排名前三的有境外游客人均天消费（0.1757）、铁路营业里程（0.1716）、卫生机构床位数（0.0679），其中旅游需求潜力指标下的二级指标境外游客人均天消费和基础设施潜力指标下的二级指标铁路营业里程的权重值远远超过其他指标，对华南地区的入境旅游贡献较大。此外，观察华南地区各个二级指标的综合权重发现，综合权重值低于 0.03 的指标较多，它们根据从高往低分别是人均公共绿地面积（0.0286）、第三产业生产总值（0.0283）、旅行社数（0.0278）、文化设施数量（0.0256）、星级饭店数（0.0254）以及普通高等学校在校学生数（0.0242）。值得一提的是铁路营业里程在华南地区入境旅游经济增长潜力中排名前三，而公路里程排名靠后，说明华南地区入境旅游铁路交通比公路交通的贡献要大。

表 5.10　　　　　　　　　　华南地区二级指标要素权重

二级指标	标准离差法权重	CRITIC 法权重	两种权重乘积值	综合权重
A1	0.0443	0.0373	0.0016	0.0367
A2	0.0462	0.0276	0.0013	0.0283
A3	0.0484	0.0320	0.0015	0.0344
A4	0.0489	0.0317	0.0015	0.0345
B1	0.0475	0.0294	0.0014	0.0310
B2	0.0431	0.0253	0.0011	0.0242
B3	0.0482	0.0305	0.0015	0.0326
B4	0.0472	0.0303	0.0015	0.0319
C1	0.0470	0.0287	0.0014	0.0300
C2	0.0473	0.0291	0.0026	0.0305
C3	0.0441	0.1790	0.0067	0.1757

二级指标	标准离差法权重	CRITIC 法权重	两种权重乘积值	综合权重
D1	0.0452	0.0677	0.0027	0.0679
D2	0.0425	0.0272	0.0012	0.0256
D3	0.0462	0.0339	0.0029	0.0348
D4	0.0401	0.1789	0.0064	0.1716
D5	0.0471	0.0288	0.0014	0.0301
D6	0.0447	0.0347	0.0015	0.0343
E1	0.0433	0.0344	0.0015	0.0331
E2	0.0431	0.0323	0.0014	0.0310
E3	0.0463	0.0277	0.0016	0.0286
F1	0.0434	0.0263	0.0012	0.0254
F2	0.0459	0.0273	0.0010	0.0278

根据表 5.11 和图 5.5 可知：2009～2019 年华南地区入境旅游经济增长综合潜力值在 2009～2015 年持续下降，2016 年开始波动上升。从各个潜力指标的发展趋势上看，经济发展、科教创新和旅游供给潜力值缓慢增长，十年间变化不大，而基础设施和生态环境潜力保障力相反，都呈下降变化，但生态环境潜力值的下降速度要快于基础设施潜力值。此外，旅游需求潜力值波动变化，从 2013 年起持续增长，2017 年达到峰值，然后开始下降。从各个潜力指标值得分上看，2009～2015 年，华南地区入境旅游经济增长的生态环境潜力保障力和基础设施潜力保障力的得分排名前二，在此期间，从 2016 年起旅游需求潜力得分超过生态环境潜力得分。经济发展潜力得分与科教创新潜力得分相差不大，旅游供给潜力得分最低。值得一提的是，华南地区旅游需求潜力近年来持续增大，华南地区境外游客的人次和人均天消费在促进入境旅游经济增长上越来越重要。

表 5.11 华南地区入境旅游经济增长潜力评价得分

年份	经济发展	科教创新	基础设施	生态环境	旅游需求	旅游供给	综合潜力
2009	0.0481	0.0432	0.1118	0.1597	0.0762	0.0198	0.0982
2010	0.0454	0.0437	0.1095	0.1468	0.0967	0.0205	0.0961
2011	0.0455	0.0436	0.1116	0.1484	0.0955	0.0204	0.0969
2012	0.0473	0.0426	0.1106	0.1438	0.1017	0.0204	0.0969
2013	0.0468	0.0414	0.1102	0.1481	0.0830	0.0201	0.0940
2014	0.0499	0.0433	0.1135	0.1249	0.0907	0.0216	0.0899
2015	0.0500	0.0447	0.1153	0.1177	0.0993	0.0229	0.0899
2016	0.0498	0.0448	0.1133	0.1113	0.1225	0.0229	0.0936
2017	0.0470	0.0425	0.1084	0.1051	0.1652	0.0219	0.1038
2018	0.0506	0.0455	0.1096	0.1107	0.1346	0.0245	0.0956
2019	0.0512	0.0474	0.1050	0.1142	0.1282	0.0254	0.0937

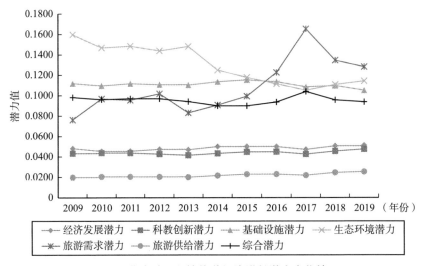

图 5.5 华南地区入境旅游经济增长潜力变化情况

六、西南地区

如表 5.12 所示，西南地区潜力指标中境外游客人均天消费（0.0877）、人均 GDP（0.0749）、进出口贸易总额（0.0740）、机场旅客吞吐量（0.0699）、国际旅游收入（0.0576）和科学支出占财政支出比重（0.0547）对该地区入境旅游经济增长的影响较大，数值皆超过 0.05。潜力值排名靠后的指标分别为第三产业生产总值（0.0254）、人均公共绿地面积（0.0270）、普通高等学校在校学生数（0.0271）、公路里程从业人数（0.0278）。其余指标皆在 0.03~0.04 这个区间里分布。总的来说，西南地区各指标要素的权重的数值中只有境外游客人均天消费超过 0.08，且 0.05 以下的指标占比超过三分之二。

表 5.12　　　　　　　　　西南地区二级指标要素权重

二级指标	标准离差法权重	CRITIC 法权重	两种权重乘积值	综合权重
A1	0.0463	0.0745	0.0034	0.0749
A2	0.0422	0.0275	0.0012	0.0254
A3	0.0485	0.0402	0.0019	0.0425
A4	0.0552	0.0620	0.0034	0.0740
B1	0.0469	0.0422	0.0020	0.0439
B2	0.0417	0.0293	0.0012	0.0271
B3	0.0465	0.0411	0.0019	0.0423
B4	0.0440	0.0555	0.0025	0.0547
C1	0.0467	0.0477	0.0023	0.0492
C2	0.0477	0.0549	0.0026	0.0576
C3	0.0450	0.0910	0.0040	0.0877
D1	0.0439	0.0343	0.0015	0.0331
D2	0.0448	0.0346	0.0016	0.0338
D3	0.0484	0.0312	0.0015	0.0330
D4	0.0411	0.0439	0.0018	0.0389
D5	0.0420	0.0301	0.0013	0.0278
D6	0.0455	0.0717	0.0032	0.0699

续表

二级指标	标准离差法权重	CRITIC 法权重	两种权重乘积值	综合权重
E1	0.0447	0.0424	0.0019	0.0416
E2	0.0468	0.0390	0.0018	0.0401
E3	0.0422	0.0292	0.0012	0.0270
F1	0.0446	0.0437	0.0020	0.0427
F2	0.0453	0.0339	0.0015	0.0329

根据表5.13和图5.6可知，2009~2019年西南地区入境旅游经济增长综合潜力值变化幅度不大，时有增长，时有下降，并不稳定。从各个潜力指标的发展趋势上看，经济发展潜力值先上升再下降，在2012年达到高峰值，科教创新潜力值相反，先下降再上升，在2013年达到低峰值。基础设施潜力值呈下降趋势，生态环境潜力、旅游需求潜力和旅游供给潜力都在缓慢上升。从各个潜力指标值得分上看，2009~2015年，对西南地区入境旅游经济增长贡献中排名第一的是基础设施潜力保障力，但近年来得分在逐渐下降，影响逐渐变小。西南经济发展潜力、科教创新潜力、生态环境潜力和旅游需求潜力的得分差距较小，说明除旅游供给潜力之外，各个一级指标的影响力相差不大。近年来，西南地区在生态环境保护和满足旅游需求上有所注重，因此得分也在逐渐提升。

表5.13　　　　　　　　西南地区入境旅游经济增长潜力评价得分

年份	经济发展	科教创新	基础设施	生态环境	旅游需求	旅游供给	综合潜力
2009	0.0734	0.0959	0.1077	0.0619	0.0685	0.0307	0.0804
2010	0.0758	0.0932	0.1024	0.0583	0.0780	0.0318	0.0803
2011	0.0797	0.0927	0.0959	0.0671	0.0812	0.0367	0.0808
2012	0.1102	0.0762	0.1174	0.0658	0.0668	0.0371	0.0887
2013	0.0875	0.0740	0.0929	0.0585	0.0887	0.0406	0.0795
2014	0.0852	0.0768	0.0899	0.0627	0.0872	0.0356	0.0779

年份	经济发展	科教创新	基础设施	生态环境	旅游需求	旅游供给	综合潜力
2015	0.0847	0.0809	0.0923	0.0670	0.0745	0.0369	0.0774
2016	0.0943	0.0815	0.0916	0.0668	0.0779	0.0350	0.0804
2017	0.0901	0.0795	0.0923	0.0687	0.0681	0.0354	0.0778
2018	0.0779	0.0788	0.0940	0.0651	0.0846	0.0405	0.0779
2019	0.0686	0.0852	0.0882	0.0801	0.1015	0.0407	0.0814

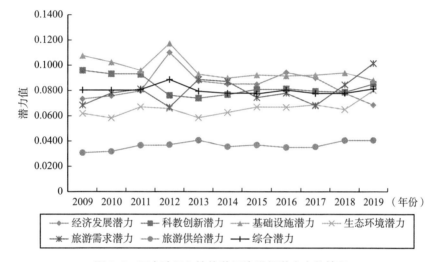

图 5.6　西南地区入境旅游经济增长潜力变化情况

七、西北地区

根据表 5.14 数据可知，西北地区二级指标中权重值最为突出的是基础设施潜力保障力中的机场旅客吞吐量，数值高达 0.1246。在经济发展潜力支持力中，贡献最大的人均 GDP，比重值为 0.0701，最低的是第三产业生产总值；在科教创新潜力支持力中，旅游景区从业人数和科学支出占财政支出比重的综合权重皆超过 0.07，而另外两个指标普通高等学校在校学生数和科技成果数量权重值不超过 0.03；基础设施潜力保障

力的 5 个二级指标权重值皆低于 0.05；旅游需求潜力 3 个二级指标权重
值持平。

表 5.14　　　　　　　　西北地区二级指标要素权重

二级指标	标准离差法权重	CRITIC 法权重	两种权重乘积值	综合权重
A1	0.0418	0.0754	0.0032	0.0701
A2	0.0443	0.0258	0.0011	0.0253
A3	0.0454	0.0325	0.0015	0.0326
A4	0.0479	0.0374	0.0018	0.0396
B1	0.0432	0.0804	0.0035	0.0769
B2	0.0438	0.0281	0.0012	0.0272
B3	0.0444	0.0286	0.0013	0.0281
B4	0.0460	0.0802	0.0037	0.0817
C1	0.0469	0.0322	0.0015	0.0334
C2	0.0471	0.0318	0.0015	0.0330
C3	0.0460	0.0337	0.0016	0.0344
D1	0.0459	0.0486	0.0022	0.0491
D2	0.0471	0.0473	0.0022	0.0493
D3	0.0473	0.0307	0.0015	0.0321
D4	0.0448	0.0389	0.0017	0.0385
D5	0.0465	0.0312	0.0015	0.0323
D6	0.0439	0.1284	0.0056	0.1246
E1	0.0466	0.0363	0.0017	0.0374
E2	0.0468	0.0382	0.0018	0.0397
E3	0.0446	0.0266	0.0012	0.0263
F1	0.0477	0.0558	0.0027	0.0587
F2	0.0420	0.0319	0.0013	0.0296

根据表 5.15 和图 5.7 可知，2009～2019 年西北地区入境旅游经济增长综合潜力值变化幅度较小，近十年来几乎都在 0.07～0.08 区间里变化。从各个潜力指标的发展趋势看，经济发展潜力支持力在不断下降，基础设施、旅游需求和旅游供给三大一级指标的潜力值呈上升趋势，生态环境潜力值变化幅度较小，科教创新潜力值波动下降。从各个潜力指标值得分看，2009～2015 年，西北地区入境旅游经济增长的基础设施潜力保障力得分排名第一，且不断增大，说明基础设施对入境旅游经济增长的贡献变大。在旅游潜力支持力中，经济发展潜力在 2011 年后得分一直低于科教创新，说明科教创新对入境旅游经济增长的作用略大于经济发展。旅游供需潜力方面，旅游供给潜力得分始终高于旅游需求潜力得分，且得分上升速度也比需求快，近年来旅游供给对入境旅游经济增长贡献超过了旅游需求。

表 5.15　　　　　　　西北地区入境旅游经济增长潜力评价得分

年份	经济发展	科教创新	基础设施	生态环境	旅游需求	旅游供给	综合潜力
2009	0.0872	0.0785	0.1088	0.0684	0.0298	0.0388	0.0765
2010	0.0879	0.0861	0.1160	0.0647	0.0272	0.0397	0.0795
2011	0.0887	0.0928	0.1241	0.0666	0.0287	0.0393	0.0844
2012	0.0756	0.0880	0.1098	0.0643	0.0262	0.0391	0.0760
2013	0.0725	0.0885	0.1073	0.0673	0.0259	0.0416	0.0760
2014	0.0613	0.0978	0.1083	0.0612	0.0273	0.0361	0.0754
2015	0.0726	0.0822	0.1115	0.0604	0.0316	0.0464	0.0751
2016	0.0702	0.0870	0.1091	0.0639	0.0285	0.0488	0.0753
2017	0.0601	0.0882	0.1128	0.0739	0.0303	0.0502	0.0780
2018	0.0541	0.0837	0.1137	0.0635	0.0315	0.0630	0.0753
2019	0.0535	0.0634	0.1132	0.0664	0.0423	0.0616	0.0717

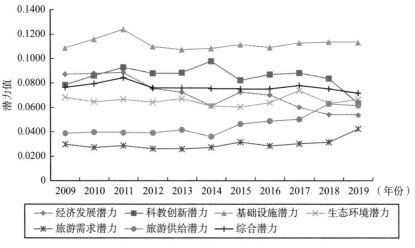

图 5.7　西北地区入境旅游经济增长潜力变化情况

第三节　入境旅游经济增长潜力指标维度分析

一、经济发展潜力支持力分析

对全国七大地理区域 2019 年经济发展潜力支持力排序和占综合发展潜力的比值分析发现（见表 5.16）：31 个省区市中华北经济发展支持潜力最高，为 0.1059，占综合潜力比重为 16.77%，其中河北省经济发展支持潜力最高，远超过地区平均水平。东北地区经济发展支持潜力值为 0.1041，位居第二，占比 16.48%，黑龙江省潜力值最高达 0.1430，吉林省潜力值最低，只有 0.0623。华南地区经济发展支持潜力为 0.0937，占比 14.85%，位居第三。其次，华中、华东和西南地区的经济发展支持潜力位于 0.08～0.09 区间内；西北地区经济发展支持潜力位居最末位，潜力均值为 0.0717，占比 11.36%。此外，在全国 31 个省区市（港澳台除外）中，经济发展潜力支持力排名前三的是河北省、黑龙江省、陕西省，潜力值分别为 0.1739、0.1430、0.1353；排名最后的是青海省，占综合潜力比值仅为0.60%。综合以上可知，可见全国入境旅游经济增长在经济发展潜力支持力上，主要是依靠华北地区，虽然华东地区的经济水平在全国名列前茅，但近年来随着东北地区、西南地区的经济崛起，该地区潜力也在逐步增强。

表5.16　　　　　　　七大地理区域经济发展潜力支持力排名

区域	省区市	经济发展		排名	占综合潜力比值
华北	北京市	0.0942	0.1059	1	16.77%
	天津市	0.0224			
	河北省	0.1739			
	山西省	0.1095			
	内蒙古自治区	0.1294			
东北	辽宁省	0.1069	0.1041	2	16.48%
	吉林省	0.0623			
	黑龙江省	0.1430			
华东	上海市	0.0713	0.0855	5	13.55%
	江苏省	0.1207			
	浙江省	0.1197			
	安徽省	0.0646			
	福建省	0.0676			
	江西省	0.0535			
	山东省	0.1013			
华中	河南省	0.0949	0.0890	4	14.10%
	湖北省	0.1053			
	湖南省	0.0668			
华南	广东省	0.1054	0.0937	3	14.85%
	广西壮族自治区	0.1176			
	海南省	0.0582			

续表

区域	省区市	经济发展		排名	占综合潜力比值
西南	重庆市	0.1043	0.0814	6	12.90%
	四川省	0.1202			
	贵州省	0.0494			
	云南省	0.1094			
	西藏自治区	0.0238			
西北	陕西省	0.1353	0.0717	7	11.36%
	甘肃省	0.0676			
	青海省	0.0167			
	宁夏回族自治区	0.0579			
	新疆维吾尔自治区	0.0811			

本节借助 ARCGIS 软件采用最佳自然断裂点法对 2019 年全国 31 个省区市（港澳台除外）的经济发展支持潜力进行聚类分析，结果表明：全国 31 个省区市入境旅游经济增长经济发展潜力值共分为三级，分别代表高水平省区市（$0.081101 \leqslant Y1 \leqslant 0.173900$）、中水平省区市（$0.023801 \leqslant Y1 \leqslant 0.081100$）、低水平省区市（$0.000000 \leqslant Y1 \leqslant 0.023800$）。研究发现，全国 31 个省区市中经济发展潜力高水平省区市有北京、河北、山西、内蒙古、黑龙江、辽宁、江苏、浙江、山东、河南、湖北、广东、广西、重庆、四川、云南、陕西；中水平省区市有吉林、安徽、上海、江西、湖南、福建、贵州、海南、宁夏、甘肃、新疆；低水平省区市有天津、西藏、青海。

二、科教创新潜力支持力分析

通过对科教创新潜力支持力排序和占综合发展潜力的比值分析，结果如表 5.17 所示。全国 31 个省区市中华中地区科教创新潜力最高，为 0.0916，占综合潜力比重为 21.12%，其中，整个华中地区湖北省的科教创新潜力最高，潜力值达 0.1285，超过地区平均水平。西南地区科教创新潜力支持力紧追其后，潜力值为 0.0686，占综合潜力比重为 15.82%。其次为华东地区，科教创新潜力为 0.0630，占综合潜力比重为 14.54%；华北地区科教创新潜力为 0.0564，位居第四名，占综合潜力比重为 12.99%；接着是西北地区和华南地区，科教创新潜力值为 0.0535 和 0.0512，占综合潜力的比重为 12.34% 和 11.79%。东北地区科教创新支持潜力居最末位，潜力均值为 0.0494，占比为 11.39%。在全国 31 个省区市中，北京作为我国的科技创新中心，科教创新潜力支持力值全国排名第一，占综合潜力比重为 8.65%。此外，可以发现，七大区域中各个省区市的科教创新潜力值相差较大，在华北地区北京的潜力值达到了 0.1652，而同样的华北地区的内蒙古和山西，潜力值却只有 0.0074 和 0.0091，这也反映出各省区市对于旅游人才的培养以及旅游行业人才队伍的建立上参差不齐，科教创新潜力对入境旅游经济增长仍存在较大的发展空间。

表 5.17　　　　　　　　七大地理区域科教创新潜力支持力排名

区域	省区市	科教创新		排名	占综合潜力比值
华北	北京市	0.1652	0.0564	4	12.99%
	天津市	0.0723			
	河北省	0.0277			
	山西省	0.0091			
	内蒙古自治区	0.0074			
东北	辽宁省	0.1280	0.0494	7	11.39%
	吉林省	0.0183			
	黑龙江省	0.0019			
华东	上海市	0.1352	0.0630	3	14.54%
	江苏省	0.1518			
	浙江省	0.0654			
	安徽省	0.0105			
	福建省	0.0267			
	江西省	0.0000			
	山东省	0.0517			

区域	省区市	科教创新		排名	占综合潜力比值
华中	河南省	0.0811	0.0916	1	21.12%
	湖北省	0.1285			
	湖南省	0.0652			
华南	广东省	0.1387	0.0512	6	11.79%
	广西壮族自治区	0.0042			
	海南省	0.0106			
西南	重庆市	0.1542	0.0686	2	15.82%
	四川省	0.1460			
	贵州省	0.0131			
	云南省	0.0229			
	西藏自治区	0.0069			
西北	陕西省	0.1446	0.0535	5	12.34%
	甘肃省	0.0130			
	青海省	0.0233			
	宁夏回族自治区	0.0374			
	新疆维吾尔自治区	0.0493			

研究发现，全国31个省区市（港澳台除外）的科教创新潜力支持力分为三级，分别代表高水平省区市（$0.081101 \leqslant Y1 \leqslant 0.165200$）、中水平省区市（$0.037401 \leqslant Y1 \leqslant 0.081100$）、低水平省区市（$0.000000 \leqslant Y1 \leqslant 0.037400$）。其中，全国31个省区市中科教创新潜力值高水平省区市有辽宁、北京、陕西、重庆、四川、湖北、广东、江苏、上海；中水平省区市有天津、山东、河南、浙江、湖南、宁夏、新疆；低水平省区市有黑龙江、吉林、内蒙古、河北、山西、甘肃、青海、西藏、云南、广西、贵州、江西、福建、安徽、海南。

三、旅游需求潜力分析

通过对全国七大地理区域旅游需求潜力排序和占综合发展潜力的比值

分析，结果如表 5.18 所示。全国七大区域中华北地区的旅游需求潜力排名第一，为 0.1869，占综合潜力比重为 21.74%；东北地区旅游需求潜力值为 0.1386，居第二，占综合潜力比重为 16.13%；华中、西北旅游需求潜力为 0.1188 和 0.1132，分别占比 13.81% 和 13.17%，位居第三和第四位；其次为华东地区和华南地区，两地区旅游需求潜力相差不大，潜力值为 0.1089 和 0.1050，分别占比 12.66% 和 12.22%；西南地区旅游需求潜力居最末位，潜力值为 0.0882，占比为 10.26%。而在全国 31 个省区市（港澳台除外）中，旅游需求潜力值排名前三的分别是黑龙江、吉林、广西，潜力值为 0.2294、0.1980、0.1859，占综合潜力比值为 8.77%、7.57% 和 7.11%。

表 5.18　　　　　　　　七大地理区域旅游需求潜力排名

区域	省区市	旅游需求		排名	占综合潜力比值
华北	北京市	0.0836	0.1869	1	21.74%
	天津市	0.0000			
	河北省	0.0535			
	山西省	0.0290			
	内蒙古自治区	0.0514			
东北	辽宁省	0.0302	0.1386	2	16.13%
	吉林省	0.1980			
	黑龙江省	0.2294			
华东	上海市	0.0071	0.1089	5	12.66%
	江苏省	0.0722			
	浙江省	0.1569			
	安徽省	0.0614			
	福建省	0.1582			
	江西省	0.1292			
	山东省	0.0874			

区域	省区市	旅游需求		排名	占综合潜力比值
华中	河南省	0.0815	0.1188	3	13.81%
	湖北省	0.0563			
	湖南省	0.0545			
华南	广东省	0.0551	0.1050	6	12.22%
	广西壮族自治区	0.1859			
	海南省	0.1014			
西南	重庆市	0.1187	0.0882	7	10.26%
	四川省	0.0979			
	贵州省	0.1112			
	云南省	0.0730			
	西藏自治区	0.0000			
西北	陕西省	0.0625	0.1132	4	13.17%
	甘肃省	0.0541			
	青海省	0.0055			
	宁夏回族自治区	0.1487			
	新疆维吾尔自治区	0.0613			

通过对全国31个省区市（港澳台除外）旅游需求潜力进行聚类分析，结果显示，全国31个省区市入境旅游经济增长旅游需求潜力共分为三级，分别代表高水平省区市（0.118701 ≤ Y1 ≤ 0.229400）、中水平省区市（0.030201 ≤ Y1 ≤ 0.118700）、低水平省区市（0.000000 ≤ Y1 ≤ 0.030200）。全国31个省区市中旅游需求潜力高水平省区市有黑龙江、吉林、宁夏、广西、江西、福建、浙江；中水平省区市有内蒙古、河北、北京、陕西、甘肃、山东、河南、江苏、安徽、湖南、湖北、贵州、重庆、云南、新疆、广东、海南、四川；低水平省区市有辽宁、天津、山西、青海、西藏、上海。

四、基础设施潜力保障力分析

全国七大地理区域 31 个省区市的基础设施潜力保障力排名如表 5.19 所示。华东地区的基础设施潜力排名居首位，潜力均值达 0.1022，对综合潜力的贡献最大，占比 21.03%；其次是华中地区，基础设施潜力为 0.0886，占综合潜力的比重为 18.32%；紧随其后的是西南、西北、华北，基础设施潜力为 0.0852、0.0634 和 0.0516，分别占综合潜力比重为 17.53%、13.04% 和 10.61%；东北地区的基础设施潜力值为 0.0477，位居七大地理区域中第六位，占综合潜力值的比重为 9.81%；华南地区居最末位，基础设施潜力值为 0.0474，占综合潜力的比重为 9.75%。在全国 31 个省区市（港澳台除外）中，基础设施潜力保障力排名第一的是江苏省，潜力值为 0.1765，占综合潜力比值为 7.79%，紧接着是浙江省和四川省，分别占比 7.62% 和 6.42%。综合以上，可见全国入境旅游经济增长在基础设施潜力保障力上，主要是依靠华东地区、华中地区和西南地区。完善的基础设施能为旅游提供坚固的保障，华东各省区市位于我国东部沿海，文化设施、交通建设等各个方面相比于其他地区都要完备，因此成为国际游客优先考虑的地区，而西南地区具有丰富的旅游资源，但一直以来受自然地理因素影响，交通不便不利于入境旅游的发展，但近年来开发旅游资源的过程中注重交通、文化设施的完善，国际游客特别是东南亚游客进入西南地区旅行的数量大大增加。

表 5.19 七大地理区域基础设施潜力保障力排名

区域	省区市	基础设施		排名	占综合潜力比值
华北	北京市	0.1130	0.0516	5	10.61%
	天津市	0.0359			
	河北省	0.0804			
	山西省	0.0268			
	内蒙古自治区	0.0019			

区域	省区市	基础设施		排名	占综合潜力比值
东北	辽宁省	0.1191	0.0477	6	9.81%
	吉林省	0.0130			
	黑龙江省	0.0109			
华东	上海市	0.1163	0.1022	1	21.03%
	江苏省	0.1765			
	浙江省	0.1729			
	安徽省	0.1117			
	福建省	0.0322			
	江西省	0.0215			
	山东省	0.0844			
华中	河南省	0.0805	0.0886	2	18.23%
	湖北省	0.1242			
	湖南省	0.0613			
华南	广东省	0.1238	0.0474	7	9.75%
	广西壮族自治区	0.0160			
	海南省	0.0025			
西南	重庆市	0.1128	0.0852	3	17.53%
	四川省	0.1457			
	贵州省	0.0915			
	云南省	0.0761			
	西藏自治区	0.0000			
西北	陕西省	0.1293	0.0634	4	13.04%
	甘肃省	0.0424			
	青海省	0.0056			
	宁夏回族自治区	0.1095			
	新疆维吾尔自治区	0.0301			

通过对 2019 年全国 31 个省区市（港澳台除外）的基础设施潜力保障力进行聚类分析发现：全国 31 个省区市入境旅游经济增长基础设施潜力值共分为三级，分别代表高水平省区市（$0.091501 \leqslant Y1 \leqslant 0.176500$）、中水平省区市（$0.042401 \leqslant Y1 \leqslant 0.091500$）、低水平省区市（$0.000000 \leqslant Y1 \leqslant 0.042400$）。全国 31 个省区市中基础设施潜力高水平省区市有北京、辽宁、宁夏、陕西、四川、重庆、湖北、安徽、江苏、上海、浙江、广东；中水平省区市有河北、河南、山东、湖南、贵州、云南；低水平省区市有黑龙江、吉林、内蒙古、山西、天津、甘肃、青海、西藏、广西、江西、福建、海南、新疆。

五、生态环境潜力保障力分析

表 5.20 数据显示，华北地区生态环境潜力值在全国七大地理分区中最高，为 0.1869，占综合潜力比重为 21.74%；东北地区紧随其后，为 0.1386，占比为 16.13%；其次为华中地区，生态环境潜力值为 0.1188，占综合潜力比重为 13.81%；西北生态环境潜力为 0.1132，位居全国七大地理分区中第四位，占综合潜力比重为 13.17%；其次为华东地区、华南地区、西南地区，生态环境潜力值为 0.1089、0.1050、0.0882，占比分别为 12.66%、12.22%、10.26%。在全国 31 个省区市（港澳台除外）中，生态环境潜力值最高的是河北，潜力值为 0.3495，占综合潜力比值 9.22%；其次是内蒙古和黑龙江，分别占比 7.42% 和 6.25%。排在最后三名的分别是西藏、天津、宁夏。此外，可发现全国入境旅游经济增长在生态环境潜力保障力上，华北和东北地区是主要贡献者。其中，华北地区的河北、内蒙古和山西潜力值排名皆在全国前五，而天津排在末尾。东北情况类似，辽宁和黑龙江排名在前十之内，而吉林排在全国 27 名。地区内各省份的生态环境潜力分布不均。

表 5. 20　　　　　　　七大地理区域生态环境潜力保障力排名

区域	省区市	基础设施		排名	占综合潜力比值
华北	北京市	0.0644	0.1869	1	21.74%
	天津市	0.0034			
	河北省	0.3495			
	山西省	0.2361			
	内蒙古自治区	0.2813			
东北	辽宁省	0.1743	0.1386	2	16.13%
	吉林省	0.0047			
	黑龙江省	0.2369			
华东	上海市	0.0399	0.1089	5	12.66%
	江苏省	0.1339			
	浙江省	0.1318			
	安徽省	0.0979			
	福建省	0.0732			
	江西省	0.0889			
	山东省	0.1964			
华中	河南省	0.1990	0.1188	3	13.81%
	湖北省	0.0848			
	湖南省	0.0725			
华南	广东省	0.1984	0.1050	6	12.22%
	广西壮族自治区	0.1121			
	海南省	0.0046			
西南	重庆市	0.0626	0.0882	7	10.26%
	四川省	0.1796			
	贵州省	0.0810			
	云南省	0.1180			
	西藏自治区	0.0000			
西北	陕西省	0.2199	0.1132	4	13.17%
	甘肃省	0.1459			
	青海省	0.0256			
	宁夏回族自治区	0.0042			
	新疆维吾尔自治区	0.1705			

研究发现，全国 31 个省区市入境旅游经济增长生态环境潜力保障力共分为三级，分别代表高水平省区市（0.145901≤Y1≤0.349500）、中水平省区市（0.039901≤Y1≤0.145900）、低水平省区市（0.000000≤Y1≤0.039900）。其中，全国 31 个省区市中生态环境潜力高水平省区市有黑龙江、辽宁、内蒙古、河北、山东、山西、河南、陕西、四川、新疆、广东；中水平省区市有北京、甘肃、重庆、云南、贵州、广西、湖南、湖北、江西、福建、安徽、江苏、浙江；低水平省区市有天津、宁夏、青海、西藏、吉林、海南、上海。

六、旅游供给潜力保障力分析

表 5.21 数据显示，华南地区旅游供给潜力值在全国七大地理分区中最高，为 0.1282，占综合潜力比重为 26.48%；西南地区紧随其后，为 0.1015，占比为 20.97%；其次为华中地区，旅游供给潜力值为 0.0875，占综合潜力比重为 18.08%；接着是华东地区和西北地区，旅游供给潜力值为 0.0535 和 0.0423，位居全国七大地理分区中第四位和第五位，占综合潜力比重为 11.04% 和 8.74%；排在最后两位的是华北地区和东北地区，旅游供给潜力值为 0.0366 和 0.0345，占比分别为 7.55% 和 7.13%。在全国 31 个省区市（港澳台除外）中，旅游供给潜力值最高的是云南，潜力值为 0.2317，占综合潜力比值 11.43%；其次是广西，潜力值达 0.1960，占比 9.67%；最低的是青海和河南。综上，可发现华南地区的旅游供给潜力对全国入境旅游经济增长贡献最大，其次是西南地区，位于西南地区的云南旅游供给潜力排名全国第一，由于云南拥有除海洋以外的各种旅游资源，北部有雪山冰川、三江并流等高原风光，南部有热带原始雨林，东部是喀斯特景观，西部是亚热带风光，旅游资源丰富多彩，每年大量游客涌入，相应需要提供旅行社和星级饭店的服务。

表 5.21   七大地理区域旅游供给潜力排名

区域	省区市	旅游供给		排名	占综合潜力比值
华北	北京市	0.1039	0.0366	6	7.55%
	天津市	0.0298			
	河北省	0.0164			
	山西省	0.0021			
	内蒙古自治区	0.0307			
东北	辽宁省	0.0966	0.0345	7	7.13%
	吉林省	0.0061			
	黑龙江省	0.0009			
华东	上海市	0.1120	0.0535	4	11.04%
	江苏省	0.0716			
	浙江省	0.0468			
	安徽省	0.0267			
	福建省	0.0558			
	江西省	0.0105			
	山东省	0.0509			
华中	河南省	0.0000	0.0875	3	18.08%
	湖北省	0.1530			
	湖南省	0.1096			
华南	广东省	0.0576	0.1282	1	26.48%
	广西壮族自治区	0.1960			
	海南省	0.1309			
西南	重庆市	0.1149	0.1015	2	20.97%
	四川省	0.0642			
	贵州省	0.0008			
	云南省	0.2317			
	西藏自治区	0.0960			
西北	陕西省	0.1247	0.0423	5	8.74%
	甘肃省	0.0229			
	青海省	0.0000			
	宁夏回族自治区	0.0038			
	新疆维吾尔自治区	0.0601			

研究显示，全国 31 个省区市入境旅游经济增长旅游供给潜力共分为三级，分别代表高水平省区市（$0.071601 \leqslant Y2 \leqslant 0.231700$）、中水平省区市（$0.026701 \leqslant Y2 \leqslant 0.071600$）、低 水 平 省 区 市（$0.000000 \leqslant Y2 \leqslant 0.026700$）。由此可知，全国 31 个省区市中旅游供给潜力高水平省区市有辽宁、北京、上海、陕西、湖北、湖南、广西、云南、西藏、重庆、海南；中水平省区市有内蒙古、天津、山东、浙江、江苏、福建、广东、新疆、四川；低水平省区市有黑龙江、吉林、河北、山西、河南、安徽、江西、贵州、青海、甘肃、宁夏。

七、中国入境旅游综合潜力分析

通过对中国七大地理区域 2019 年入境旅游综合潜力排序分析，结果如表 5.22 所示。全国 31 个省区市中西北地区的综合潜力最高，为 0.0616，占比为 25.54%，其中，陕西和甘肃潜力值相等且处于西北地区最高，潜力值皆为 0.0907。西南地区综合潜力值为 0.0407，位居第二，占比为 16.87%，整个西南地区综合潜力主要贡献者是云南和四川，潜力值为 0.0858 和 0.0797，西藏最低，潜力值只有 0.0014。排名第三和第四的两个地区潜力值相差不大，分别是华东和华中地区，综合潜力分别为 0.0387、0.0326，占比 16.03% 和 13.54%；其次是华南、东北和华北地区，三个地区排名靠后且综合潜力都在 0.02 ～ 0.03，占比分别为 10.53%、9.00% 和 8.49%。在全国 31 个省区市（港澳台除外）中，综合潜力排名前五的分别是陕西、甘肃、云南、四川、新疆。

综合以上可知，近年来随着我国经济、文化等快速发展，目前中国是世界上最大、综合实力最强的发展中国家，国际地位不断提高，国际影响力不断增大，成为国际舞台上的重要力量。因而更多国际游客把中国作为旅游的目的地。而从国内环境来看，对基础设施的不断完善、对生态环境愈加重视使得我国内陆的西部地区更快、更好地克服因自然条件的困难，开发自身拥有的丰富的旅游资源。在对全国七大区域 2019 年入境旅游经济增长的综合潜力分析中，西北地区的潜力已经上升至全国七大区域的首位，西南地区潜力排名也上升至第二位。

表5.22   七大地理区域综合潜力排名

区域	省区市	综合潜力		排名	占综合潜力比值
华北	北京市	0.0490	0.0205	7	8.49%
	天津市	0.0000			
	河北省	0.0263			
	山西省	0.0120			
	内蒙古自治区	0.0151			
东北	辽宁省	0.0531	0.0217	6	9.00%
	吉林省	0.0000			
	黑龙江省	0.0120			
华东	上海市	0.0153	0.0387	3	16.03%
	江苏省	0.0627			
	浙江省	0.0738			
	安徽省	0.0197			
	福建省	0.0168			
	江西省	0.0143			
	山东省	0.0679			
华中	河南省	0.0389	0.0326	4	13.54%
	湖北省	0.0590			
	湖南省	0.0000			
华南	广东省	0.0564	0.0254	5	10.53%
	广西壮族自治区	0.0198			
	海南省	0.0000			
西南	重庆市	0.0117	0.0407	2	16.87%
	四川省	0.0797			
	贵州省	0.0247			
	云南省	0.0858			
	西藏自治区	0.0014			

续表

区域	省区市	综合潜力		排名	占综合潜力比值
西北	陕西省	0.0907	0.0616	1	25.54%
	甘肃省	0.0907			
	青海省	0.0505			
	宁夏回族自治区	0.0000			
	新疆维吾尔自治区	0.0760			

研究结果显示，全国 31 个省区市入境旅游经济增长综合潜力值共分为三级，分别代表高水平省区市（0.062701 ≤ Y1 ≤ 0.090700）、中水平省区市（0.026301 ≤ Y1 ≤ 0.062700）、低水平省区市（0.000000 ≤ Y1 ≤ 0.026300）。全国 31 个省区市中综合潜力高水平省区市有山东、浙江、云南、陕西、甘肃、新疆、四川；中水平省区市有北京、辽宁、江苏、河南、湖北、广东、青海；低水平省区市有黑龙江、吉林、内蒙古、河北、山西、安徽、湖南、江西、福建、重庆、贵州、广西、海南、西藏、天津、上海、宁夏。

（1）强潜力区。根据全国 31 个省区市（港澳台除外）入境旅游综合潜力分级情况可知山东、浙江、云南、陕西、甘肃、新疆、四川属于强潜力区。结合各指标的分级情况进行分析得出：在经济发展潜力分级中，除了甘肃和新疆外，山东、浙江、云南、陕西、四川属于强潜力区；在科教创新潜力分级中，陕西、四川位于强潜力区；在基础设施潜力中，陕西、四川和浙江的基础设施潜力是强潜力区；对于生态环境潜力，山东、陕西、四川、新疆属于强潜力区；在旅游需求潜力分级中，属于强潜力区只有浙江；而在旅游供给潜力分级中，云南和陕西位列其中。

（2）中等潜力区。北京、辽宁、江苏、河南、湖北、广东、青海入境旅游综合潜力居中。其中以上省份没有位于经济发展中等潜力区；位于科教创新潜力和基础设施中等潜力区的只有河南；就生态环境潜力中等潜力区而言，北京、湖北和江苏位列其中；对于旅游需求潜力的分级情况，北京、江苏、湖北、河南、广东属于中等潜力区；位于旅游供给中等潜力区的省区市也只有江苏。

（3）弱潜力区。全国 31 个省区市入境旅游综合潜力位于低水平的有黑龙江、吉林、内蒙古、河北、山西、安徽、湖南、江西、福建、重庆、贵州、广西、海南、西藏、天津、上海、宁夏。而根据各个指标的潜力分级情况可知，位于经济发展弱潜力区的有天津、西藏和青海；除了天津、上海、湖南和重庆之外，其余各省区市都位于科教创新弱潜力区中；位于基础设施潜力低水平省区市的有黑龙江、吉林、内蒙古、山西、江西、福建、广西、海南、西藏、天津；在生态环境潜力分级中，天津、宁夏、吉林、海南、上海和西藏位于弱潜力区；上海、天津、山西和西藏处于旅游需求潜力的弱潜力区，而黑龙江、吉林、河北、山西、安徽、江西、贵州、宁夏则位于旅游供给潜力的弱潜力区。

第四节　本 章 小 结

本章在综合考虑国内外现有旅游产业发展潜力评价指标以及获取指标的全面性、客观性、代表性和现实性原则基础上，建立了中国入境旅游经济增长潜力评价体系，将入境旅游经济增长潜力分为潜力支持力和潜力保障力两种作用力，具体包括经济发展等 6 类一级指标，人均 GDP 等 22 个二级指标。研究分阶段对中国七大地理区域入境旅游经济增长潜力的空间演变和指标维度进行了分析。主要结论如下。

七大地理分区入境旅游经济增长综合潜力呈现增长趋势。华北地区基础设施潜力保障力贡献率最大且得分最高，其次是经济发展潜力；对东北地区贡献最大的指标是基础设施潜力保障力；华东地区的经济发展和科教创新潜力值平稳增长，得分最高的是基础设施潜力；华中地区的基础设施、科技创新等多个指标潜力值都呈现下降趋势；华南地区近年来旅游需求潜力值不断上升，在促进经济增长上愈发重要；西南地区相比其他地区，大部分的指标潜力值要低；西北地区的基础设施潜力值得分最高，在供需潜力上也呈现逐年上升趋势。在对全国七大区域 2019 年入境旅游经济增长的综合潜力分析中，西北地区的潜力已经上升至全国七大区域的首位，西南地区潜力排名也上升至第二位。此外，根据全国 31 个省区市（港澳台除外）入境旅游综合潜力分级情况可知山东、浙江、云南、陕西、甘肃、新疆属于强潜力区。结合各指标的分级情况进行分析得出：在经济发展潜力分级中，除了甘肃和新疆外，山东、浙江、云南、陕西属于强潜力区；在科教创新潜力分级中，只有陕西位于强潜力区；在基础设施潜力中，陕西和浙江的基础设施潜力是强潜力区；对于生态环境潜力，山东、陕西、新疆属于强潜力区；在旅游需求潜力分级中，属于强潜力区只有浙江；而在旅游供给潜力分级中，云南和陕西位列其中。

第六章　中国入境旅游经济
增长动力分析

基于上述研究,可知各区域入境旅游经济发展存在明显的时空演化特征。演化经济地理学认为在各产业生命周期的不同发展阶段,生产要素及经济活动等在空间上会呈现出集聚和扩散的特征,其空间异质性和作用强度的差异,导致了区域经济发展的时空演化。中国地域辽阔,不同的地理区位及要素禀赋均可造成区域入境旅游经济的差异化发展。鉴于此,本章基于区域要素的空间异质性,使用地理探测器检验各要素对入境旅游经济增长的影响程度,分析区域入境旅游经济增长时空演化的动力机制。

第一节　入境旅游经济增长动力机制构建

一、入境旅游经济增长驱动要素指标体系构建原则

通过文献整理,大多数学者们将入境旅游经济视为一个系统,系统中存在多种能够改变入境旅游经济状态的因素,基于此来建立入境旅游经济发展驱动的指标体系。本章节基于已有的经济增长理论,结合入境旅游经济增长相关研究,遵循指标选取的合理性、系统性、操作性等原则,构建入境旅游经济增长驱动要素指标体系。

（一）合理性

合理性指根据旅游经济发展相关理论指导的可行性，结合入境旅游经济增长驱动力涉及的领域及区域入境旅游发展的实际情况，建立科学、合理的驱动要素指标体系，能够客观真实地反映各指标间的相互依赖关系。

（二）系统性

系统性指由于旅游经济系统中涉及社会、经济、文化、生态等各方面，因此指标选取要尽量涵盖整个系统，同时指标之间的表达隶属关系应该逻辑清晰、富有层次，力求系统全面，以保证分析结果的综合性和准确性。

（三）操作性

操作性原则指选取指标时，要兼顾指标数据的可得性、可靠性，在保证指标体系完整的前提下，可以适当舍弃那些数据获取难度大、量化困难的指标，对于缺失的数据，要结合数据特征通过合理的方法补足。此外，指标的设计要定义明晰、事实清楚，尽量利用统计部门和各类数据库中现有的资料，以便于数据的收集和计算。

二、入境旅游经济增长驱动要素指标体系构建

近年来中国入境旅游市场不容乐观，与高速增长的出境游及国内游形成了鲜明的对比[165]。探究入境旅游经济增长驱动机制问题成为旅游经济研究的热点问题。已有研究表明，影响中国入境旅游经济增长的因素众多，区域旅游市场规模、服务管理水平、旅游资源禀赋等均会导致区域入境旅游发展的差异化，同时其也受经济发展水平、交通通达度、对外开放程度、信息化水平、产业结构等外部驱动因素的制约。基于已有研究成果，遵循合理性、系统性、操作性原则，本章将入境旅游经济增长驱动力分为资源驱动要素、资本驱动要素、技术驱动要素、制度驱动要素、结构

驱动要素五大类，14 个二级指标，31 个三级指标（见表 6.1），以揭示区域入境旅游经济增长时空演化的驱动机制。需要说明的是本章采用一些替代性指标进行表征，虽然存在一定程度上的局限性，但以既有研究成果来看，仍具有良好的使用效果和分析意义。

（一）资源驱动要素

资源是入境旅游经济发展的基础和核心吸引力。本章节将资源驱动要素分为文化旅游资源、设施资源和生态环境资源三大类。其中文化旅游资源是旅游业得以正常开展的物质依附，是区域旅游业发展的基础要素，直接影响旅游目的地的市场规模、结构形态及需求层次等[166]，知名度较高的旅游目的地文化与旅游资源赋存程度普遍较高。这里用博物馆数量、公共图书馆数量、全国重点文物保护单位数、自然保护区数量、4A 级以上景区数量反映地区文化与旅游资源禀赋。旅游设施是游客在旅游过程中所涉及的各种设备和设施的总称，分为两种类型，旅游基础设施和旅游服务设施，目的在于使旅游企业提供的旅游服务可以支撑游客的正常旅游活动。如交通基础设施是区域旅游发展的重要组成部分，交通条件的改善可以提升旅游目的地的可进入性和旅游流的流速，进而促进旅游经济增长；医疗卫生设施也是经济增长的重要支撑，近年来，医疗旅游的快速发展也为入境旅游经济增长作出了很大贡献；旅游厕所是游客出行过程中的一项刚性需求设施，它可以直接反映景区的服务质量，同时也体现出景区的精神文明建设。旅游服务设施包括旅行社、酒店等，能对游客形成良好的聚集效应。因此，这里选取每万人医疗机构床位数、每万人拥有公厕数量、民航吞吐量、公路交通里程、铁路交通里程、星级酒店数量、旅行社数量反映地区旅游设施的配置状况。生态环境是旅游活动依附的基础条件，它也是旅游目的地的重要旅游资源之一，对旅游者的选择倾向和旅游体验有重要影响。尤其在城市生活和工作的人群渴望逃离工作、生活环境去到环境优美的城市。这里用生活垃圾无害化处理率、人均绿地面积、生活污水处理率表示。

（二）资本驱动要素

资本存量的规模和资本形成的速度以及资本利用效率是影响经济增长的基本要素[167]。资本是旅游发展的必要条件，是旅游业发展的直接驱动力，决定旅游开发和建设的质量，能够解决旅游资源产品化和消费现实化问题[168]。这里选取金融资本、人力资本、物质资本来反映资本驱动力。金融资本是促进入境旅游经济建设和稳定发展的基本经济要素，是推动产业发展的主导力量，选取地区年末金融机构各项存款余额与地区生产总值的比值表示区域金融资本。人力资本的特质性和能动性、创造性是其他要素无法替代的。旅游人力资本是旅游资源的开发者，是旅游信息的传播者，是旅游环境的保护者，也是旅游业经济的资本创造者和支撑者。在供给侧结构性改革的引领下，人才体系的支持和人才队伍的建设是新旧动能转换的重要保障，在技术变革、创新驱动、产业升级中发挥不可替代的作用。因此，人力资本对于入境旅游经济发展至关重要，这里用地区旅游院校在校学生数、第三产业从业人员数表示。物质资本包括第三产业固定资产投资、人均 GDP、人均可支配收入。其中第三产业固定资产投资对推动入境旅游经济发展发挥着重要的作用；而人均 GDP 和人均可支配收入代表城市经济发展水平，城市发展水平越高，旅游供给能力越强，其对入境旅游经济发展的促进作用也就越明显。

（三）技术驱动要素

随着知识经济时代的到来，科学技术早已融入旅游发展的各个方面，例如手机、互联网等现代通信技术的应用，使消息的传递更加及时有效，这极大地缩短了旅游目的地与客源地之间的距离，使游客的旅游需求更加强烈。本章选取科技成果、科技经费投入及信息化程度来反映技术驱动力。科技成果是企业发展的动力和源泉，科技成果转化促进了科学研究与产业领域的交流，推动了科学研究的进步，逐渐成为旅游企业参与市场竞争的核心，与入境旅游的发展密切相关，这里用地区发明专利的数量反映各省份的科技成果水平。地方科研经费投资是科学技术创新的重要保证与基础，是地方科学技术投资的主要构成因素，是评价地方科学技术发展实力和竞争力的主要指标，间接促进旅游经济的发展，这里用地区科学支出占地方财政支出的比重表示。信息技术对旅游业的影响体现在方方面面，是提升旅游品牌和竞争力的重要方式，地区旅游产业的信息化程度越高，交易主体进入市场的成本就越低，旅游业的服务、运营和管理水平越高，旅游业的竞争力越强。这里用地区邮电业务量来表示信息化程度。

（四）制度驱动要素

完善的制度是保证入境旅游经济高质量发展的关键。旅游资源开发投资、资本积累、旅游科技创新、产业结构转型升级等因素都需要制度保障。本章选取对外开放水平、市场化程度、社会治理反映制度驱动力。对外开放水平的提升将带来先进的技术、管理知识，以及竞争效应和产业链关联效应等多种溢出效应，有利于旅游业服务质量和资源配置效率的提升，进而影响入境旅游经济增长。这里用地区入境旅游实际利用外资额表示。市场化是指用市场经济体制取代政府管制经济制度的改革过程。市场通过产业竞争机制等方式进行自我调节，使资源配置利益最大化，促进了产业的良性发展。戴学锋（2019）认为市场化程度的提高促进了旅游产业的发展，旅游产业的市场化也推进了中国社会主义市场经济的进程[169]。这里用地区地方财政支出占 GDP 的比重反映地区市场化程度。地区社会治理是国家治理体系的重要组成部分，良好的社会治理是影响目的地游客产生旅游动机的重要因素，这里用地区公共安全支出占财政总支出的比重反映地区社会治理。

（五）结构驱动要素

结构供给代表产业资源配置内部各要素的投入产出关系和要素的规模之间的比例关系。本章选取地区旅游产业结构和市场结构反映结构驱动力。旅游产业结构即旅游产业所涵盖的部门、产品、市场等比例关系。合理的产业结构对入境旅游的可持续发展起推动作用[170]。为了反映区域产业结构的合理性，这里用旅游总收入占 GDP 的比重和第三产业占 GDP 的比例。市场结构是构成市场的各因素之间的相互关系，这里用地区入境旅游外国人的比重反映地区入境旅游市场结构的合理化。

表 6.1 **入境旅游经济增长驱动要素指标体系**

驱动要素类型	一级指标	二级指标类型	单位
资源驱动要素	文化旅游资源	博物馆数量	个
		公共图书馆数量	个
		全国重点文物保护单位数	个
		自然保护区数量	个
		4A 级以上景区数量	个
	设施资源	每万人医疗机构床位数	个
		民航吞吐量	万人
		公路交通里程	公里
		铁路交通里程	公里
		星级酒店数量	个
		旅行社数量	个
		每万人拥有公厕数量	个
	生态环境资源	人均绿地面积	平方米
		生活垃圾无害化处理率	%
		污水处理率	%
资本驱动要素	人力资本	第三产业从业人员数	万人
		旅游院校在校学生数	人
	物质资本	第三产业固定资产投资	亿元
		人均可支配收入	元
		人均 GDP	元
	金融资本	金融机构贷款余额/GDP	%
技术驱动要素	科技成果	发明专利数量	个
	科技经费投入	科学支出占地方财政支出的比例	%
	信息化程度	邮电业务量	亿元

续表

驱动要素类型	一级指标	二级指标类型	单位
制度驱动要素	对外开放水平	进出口总额占 GDP 比重	%
		入境旅游实际利用外资额	亿元
	市场化程度	地方财政支出占 GDP 的比重	%
	社会治理	地区公共安全支出占财政总支出的比重	%
结构驱动要素	产业结构	旅游总收入占 GDP 的比重	%
		第三产业增加值占 GDP 的比重	%
	市场结构	各地区入境旅游外国人比重	%

注：入境旅游实际利用外资额＝实际利用外资额×（国际旅游外汇收入/GDP）。

第二节　入境旅游经济增长驱动要素评价

一、样本数据

（一）数据选取

本章所选取的研究区域为中国 31 个省区市，考虑到研究可比性、数据口径的一致性及数据可得性，样本期选择 2007 年和 2019 年，入境旅游经济增长指标用国际旅游外汇收入数据代替。本章所采用的数据主要来源于相关年份的《中国统计年鉴》《中国旅游统计年鉴》《中国文化和旅游统计年鉴》和各省区市统计年鉴、国民经济和社会发展统计公报、统计部门政府网站等。

（二）数据处理

国际旅游外汇收入数据按 2007 年和 2019 年美元对人民币汇率折算。资本驱动要素中，第三产业固定资产投资指标的统计数据截至 2017 年，故 2019 年的数据是根据各省区市 2018 年、2019 年的第三产业固定资产投资增长率计算得到。制度驱动要素中，对外开放水平指标中的数据（进出口总额与实际利用外资额）先按照 2007 年、2019 年的美元兑人民币的汇率换算为元，然后再带入指标进行计算；结构驱动要素中，部分省份缺失旅游总收入数据，故采用国际旅游外汇收入与国内旅游收入的加总值代替。

二、基于熵值法的指标权重确定

（一）熵值法

熵权理论的基本思想是，同一指标上评价对象之间的差值越大，该指标就越重要[171-172]，即指标提供的信息越有用，它在决策中发挥的作用就越大。如果某一指标在对象之间相等，则该指标在评估过程中被禁用，这表示该指标的权重为零。信息熵值越高，表明系统的结构越均衡，差异越小，变化越慢；信息熵值越低，表明系统结构越不平衡，差异越大，或者变化越快。因此，可以通过计算各指标的熵值来获得各指标的权重。具体步骤如下。

第一步，数据标准化：由于指标的维度、数量级和正负取向存在差异，所以要进行初始数据的标准化。这里用除以最大值法进行处理。为了消除"效益型"和"成本型"指标之间的不可通约性和矛盾，每个指标的标准化如下。

对于效益型指标：

$$z_{ij} = \frac{y_{ij}}{\max\{y_{ij} \mid 1 \leqslant i \leqslant n\}} \quad i = 1, 2, \cdots, n \qquad (6.1)$$

对于成本型指标：

$$z_{ij} = \frac{\min\{y_{ij} \mid 1 \leqslant i \leqslant n\}}{y_{ij}} \quad i = 1, 2, \cdots, n \qquad (6.2)$$

第二步，同度化处理：

$$p_{ij} = \frac{Y_{ij}}{\sum_{i=1}^{m} Y_{ij}} \qquad (6.3)$$

第三步，计算指标熵值：

$$e_j = - K \sum_{i=1}^{m} p_{ij} \ln p_{ij}, \quad K = \frac{1}{\ln m} \tag{6.4}$$

第四步，计算指标的差异系数：

$$h_j = 1 - e_j \tag{6.5}$$

第五步，确定指标权重：

$$w_j = \frac{h_j}{\sum_{j=1}^{n} h_j} \tag{6.6}$$

（二）指标权重的确定

本章选取 31 个省区市 2007 年、2019 年入境旅游经济增长驱动力指标数据，运用熵值法计算得到各指标的权重，详见表 6.2。

表 6.2　2007 年、2019 年入境旅游经济增长驱动力指标熵值法测度结果

要素驱动类型	一级指标	二级指标	2007 年		2019 年	
			权重	排名	权重	排名
资源驱动要素	文化旅游资源	博物馆数量	0.0331	11	0.0259	9
		公共图书馆数量	0.0208	19	0.0135	18
		全国重点文物保护单位数	0.0463	7	0.0244	10
		自然保护区数量	0.0511	6	0.0218	12
		4A 级以上景区数量	0.0256	15	0.0176	17
	设施资源	每万人医疗机构床位数	0.0046	28	0.0010	28
		民航吞吐量	0.0768	3	0.0282	7
		公路交通里程	0.0249	16	0.0177	16
		铁路交通里程	0.0265	14	0.0183	15
		星级酒店数量	0.0291	13	0.0119	20
		旅行社数量	0.0314	12	0.0222	11
		每万人拥有公厕数量	0.0147	20	0.0087	23
	生态环境资源	人均绿地面积	0.0022	30	0.0022	27
		生活垃圾无害化处理率	0.0082	24	0.0000	30
		污水处理率	0.0084	23	0.0000	31

要素驱动类型	一级指标	二级指标	2007 年		2019 年	
			权重	排名	权重	排名
资本驱动要素	人力资本	第三产业从业人员数	0.0335	9	0.0217	13
		旅游院校在校学生数	0.0677	5	0.0275	8
	物质资本	第三产业固定资产投资	0.0331	10	0.0284	6
		人均可支配收入	0.0048	27	0.3014	1
		人均 GDP	0.0243	17	0.0104	22
	金融资本	金融机构贷款余额/GDP	0.0060	25	0.0039	25
技术驱动要素	科技成果	发明专利数量	0.0935	2	0.0756	3
	科技经费投入	科学支出占地方财政支出的比例	0.0104	22	0.0118	21
	信息化程度	邮电业务量	0.0463	8	0.0295	5
制度驱动要素	对外开放水平	进出口总额占 GDP 比重	0.0748	4	0.0417	4
		入境旅游实际利用外资额	0.1585	1	0.1957	2
	市场化程度	地方财政支出占 GDP 的比重	0.0212	18	0.0187	14
	社会治理	地区公共安全支出占财政总支出的比重	0.0018	31	0.0024	26
结构驱动要素	产业结构	旅游总收入占 GDP 的比重	0.0120	21	0.0122	19
		第三产业增加值占 GDP 的比重	0.0027	29	0.0009	29
	市场结构	各地区入境旅游外国人比重	0.0055	26	0.0047	24

根据分析结果，从一级指标层次看，2007 年对外开放水平、设施资源、文化旅游资源指标权重排名靠前，分别为 0.2333、0.2081、0.1769，表明 2007 年对外开放水平、旅游设施建设情况和文化旅游资源禀赋对于入境旅游发展的影响较为重要，金融资本、市场结构及社会治理的指标权重较低，仅为 0.006、0.0055、0.0018。至 2019 年，物质资本的权重排名升至第一位，其次为对外开放水平、设施资源和文化旅游资源，表明旅游及相关产业投资和城市发展水平在不断提升，对入境旅游发展的影响逐渐增强。

从二级指标层面来看，2007 年与 2019 年，权重超过 10% 的指标均为入境旅游实际利用外资额，且从 2007 年的 0.1585 上升至 2019 年的 0.1957，这再次印证了国家对外开放对入境旅游发展的重要性。整体来看，从 2007 年到 2019 年各指标的权重排名变化相对较小，仅个别指标有较大变动，如人均可支配收入的权重排名从 2007 年的第 27 位上升至 2019 年的第一位。

三、基于集对分析法的驱动要素评价

（一）集对分析法

集对分析（Set Pair Analysis）克服了传统关系形式如关联系数、隶属度或灰色关联度等指标单一的缺点，并对不确定性进行了系统的描述和具体的分析，研究结果更具实用性[173]，在评价、管理、预测、规划等研究领域已经得到广泛的应用[174-175]。

集对分析是将具有一定关系的两个集合 A 和 B 视为一个集合对 H。在具体问题的应用中，根据集合对的某个特征，建立并分析两个集合的同一、差异、对立的联系度的表达式。联系度 μ 表达式如下：

$$\mu(w) = \frac{S}{N} + \frac{F}{N}i + \frac{P}{N}j = a + bi + cj \qquad (6.7)$$

其中，N 为集对特性总数；S 为集对相同的特性数；P 为集对中相反的特性数；F 为集对中既不相同又不相反的特性数；F = N − S − P；i 和 j 分别为差异度标示数和对立度标示数，i 的取值范围为 [−1, 1]，j 通常情况下取恒定值 −1；而 a、b、c 分别为组成集对的两个集合在问题 W 背景下的同一度、差异度、对立度，可以反映集合 A 和集合 B 的内部微妙结构之间的关系，且满足 a + b + c = 1。

本章关于入境旅游经济增长驱动力评价模型构建如下。

1. 构造评价矩阵

设系统有 n 个待优化对象，形成一个候选对象集，记为 E = {e₁,

e_2, $\cdots$, e_n}，e_n 为第 n 个被评价对象，每个对象有 m 个评估指标记为 $F = \{f_1, f_2, \cdots, f_m\}$，$f_m$ 为第 m 个评估指标，每个评估指标均有一个值，记为 $d_{ij}(i=1, 2, \cdots, n; j=1, 2, \cdots, m)$，其中效益类型指标为 I_1、成本类型为 I_2，则基于集对分析法多目标评价矩阵 Q 为：

$$Q = \begin{pmatrix} d_{11} & d_{12} & \cdots & d_{1n} \\ d_{21} & d_{22} & \cdots & d_{2n} \\ \cdots & \cdots & \cdots & \cdots \\ d_{m1} & d_{m2} & \cdots & d_{mn} \end{pmatrix} \tag{6.8}$$

在同一空间内进行对比确定各评价方案中的最优评价指标构成最优评价集为 $U = (d_{u1}, d_{u2}, d_{uj}, d_{um})^T$，其中，$d_{uj}$ 为 Q 矩阵中的 $[v_p, u_p]$ 个指标中的最优值。

比较评价矩阵的指标值 d_{ij} 分别与最优评价集 U 中对应的指标值 d_{uj} 形成被评价对象与集合 $[U, V]$ 不带权的同一度矩阵 A：

$$A = \begin{pmatrix} a_{11} & a_{12} & \cdots & a_{1n} \\ a_{21} & a_{22} & \cdots & a_{2n} \\ \cdots & \cdots & \cdots & \cdots \\ a_{m1} & a_{m2} & \cdots & a_{mn} \end{pmatrix} \tag{6.9}$$

当 d_{ij} 为效益型指标时：

$$a_{ij} = \frac{d_{ij}}{d_{uj}} \tag{6.10}$$

当 d_{ij} 为成本型指标时：

$$a_{ij} = \frac{d_{uj}}{d_{ij}} \tag{6.11}$$

2. 构造评估模型

利用熵方法得到各指标的权重向量 U 和同次矩阵 A，得到加权同次矩阵 R：

$$R = W \times A = (w_1, w_2, \cdots, w_m) \times \begin{pmatrix} a_{11} & a_{12} & \cdots & a_{1n} \\ a_{21} & a_{22} & \cdots & a_{2n} \\ \cdots & \cdots & \cdots & \cdots \\ a_{m1} & a_{m2} & \cdots & a_{mn} \end{pmatrix} = (a_1, a_2, \cdots, a_n)$$

(6.12)

R 中的元素 $a_j (j=1,2,\cdots,n)$ 就是第 j 个评价对象与最优评价集 U 的同一个度。根据同一度矩阵 R 中 a_j 值，确定 m 个评价对象的优劣顺序，a 的值越大，评估对象越好[176]。

3. 多层次综合评判

通过指标集的层次划分，上述模型可以扩展为多级集对分析评价模型。也就是说，初始模型适用于多个因素，每一层的评价结果是上一层评价的输入，直到顶层。当指标集 $F = \{f1, f2, \cdots, fm\}$ 被划分为 P 时，可以得到一个两级集对分析与评价模型，其公式为：

$$R_{综} = W \times Q = W \times \begin{bmatrix} w_1 \times a_1 \\ w_2 \times a_2 \\ \cdots \\ w_n \times a_n \end{bmatrix}$$

(6.13)

其中，W 为 n 个因子 C 在 $C/P = \{C_1, C_2, \cdots, C_n\}$ 中的权重分布；w_i 为 $C_i = \{C_{i1}, C_{i2}, \cdots, C_{ik}\}$ 中 k 个因素 X_{ij} 的权数分配；Q 和 Q_i 分别为 C/P 和 C_i 的被评价对象与最优评价集指标不带权的同一度矩阵；$R_{综}$ 则为 C 的被评价对象与最优评价集带权同一度矩阵。如果我们重新划分 C/P，可以得到三个或更多层次的综合评价模型。据此，我们可以根据不同的综合评价值 R 对不同对象的优缺点进行排序。本章入境旅游经济增长驱动力的评价模型是两级集对分析与评价模型。指标集分为五个因素，最低水平评价结果 R_1、R_2、R_3、R_4、R_5 采用上述公式计算，即为资源驱动要素、资本驱动要素、技术驱动要素、制度驱动要素、结构驱动要素的评价结果。

（二）各驱动要素评价结果

结合上述所得指标权重，采用集对分析法对原始数据进行整理计算，得到各驱动因素的评价结果，如表6.3、表6.4所示。

表6.3　2007年31个省区市入境旅游经济增长驱动要素评价结果

地区	资源驱动	资本驱动	技术驱动	制度驱动	结构驱动
北京	0.2581	0.0886	0.1104	0.1122	0.0196
天津	0.0715	0.0506	0.0315	0.0906	0.0174
河北	0.2296	0.0652	0.0237	0.0157	0.0092
山西	0.2259	0.0377	0.0152	0.0178	0.0104
内蒙古	0.2118	0.0412	0.0097	0.0194	0.0115
辽宁	0.2157	0.0848	0.0378	0.0633	0.0137
吉林	0.1141	0.0407	0.0186	0.0176	0.0112
黑龙江	0.1970	0.0516	0.0248	0.0230	0.0105
上海	0.1918	0.0847	0.0808	0.1810	0.0158
江苏	0.2652	0.1080	0.0656	0.1539	0.0117
浙江	0.2729	0.1022	0.0675	0.0922	0.0116
安徽	0.1654	0.0656	0.0159	0.0169	0.0095
福建	0.1802	0.0567	0.0215	0.0373	0.0089
江西	0.1845	0.0512	0.0118	0.0154	0.0080
山东	0.2780	0.1069	0.0489	0.0448	0.0100
河南	0.2566	0.0737	0.0276	0.0099	0.0101
湖北	0.2174	0.0679	0.0292	0.0159	0.0101
湖南	0.2028	0.0744	0.0272	0.0166	0.0102
广东	0.3982	0.1341	0.1229	0.2378	0.0076
广西	0.1581	0.0493	0.0141	0.0147	0.0096
海南	0.0940	0.0289	0.0056	0.0357	0.0141
重庆	0.1219	0.0577	0.0149	0.0144	0.0112
四川	0.2689	0.1364	0.0301	0.0134	0.0117

地区	资源驱动	资本驱动	技术驱动	制度驱动	结构驱动
贵州	0.1364	0.0248	0.0126	0.0128	0.0142
云南	0.2577	0.0430	0.0169	0.0158	0.0117
西藏	0.0634	0.0134	0.0110	0.0257	0.0156
陕西	0.2026	0.0477	0.0254	0.0155	0.0111
甘肃	0.1447	0.0307	0.0109	0.0151	0.0064
青海	0.0765	0.0173	0.0062	0.0145	0.0097
宁夏	0.0560	0.0187	0.0083	0.0159	0.0135
新疆	0.1650	0.0254	0.0111	0.0223	0.0099

表 6.4　2019 年 31 个省区市入境旅游经济增长驱动要素评价结果

地区	资源驱动	资本驱动	技术驱动	制度驱动	结构驱动
北京	0.1021	0.3550	0.0801	0.0299	0.0081
天津	0.0337	0.0272	0.0133	0.0409	0.0104
河北	0.1271	0.0395	0.0184	0.0154	0.0089
山西	0.1193	0.0205	0.0098	0.0101	0.0119
内蒙古	0.1383	0.0198	0.0063	0.0111	0.0087
辽宁	0.1095	0.0286	0.0175	0.0249	0.0088
吉林	0.0796	0.0206	0.0106	0.0120	0.0121
黑龙江	0.1209	0.0235	0.0119	0.0129	0.0084
上海	0.0764	0.0362	0.0396	0.0754	0.0073
江苏	0.1524	0.0685	0.0728	0.0354	0.0063
浙江	0.1576	0.0597	0.0680	0.0327	0.0071
安徽	0.1160	0.0434	0.0387	0.0211	0.0072
福建	0.1033	0.0448	0.0226	0.0199	0.0059
江西	0.1081	0.0310	0.0148	0.0143	0.0088
山东	0.1835	0.0694	0.0424	0.0258	0.0069
河南	0.1607	0.0581	0.0258	0.0117	0.0067
湖北	0.1331	0.0513	0.0342	0.0130	0.0070

地区	资源驱动	资本驱动	技术驱动	制度驱动	结构驱动
湖南	0.1250	0.0461	0.0246	0.0148	0.0074
广东	0.1775	0.0900	0.1143	0.2416	0.0042
广西	0.1127	0.0327	0.0150	0.0170	0.0112
海南	0.0448	0.0215	0.0060	0.0193	0.0078
重庆	0.0763	0.0440	0.0175	0.0228	0.0076
四川	0.1790	0.0637	0.0298	0.0158	0.0086
贵州	0.0859	0.0301	0.0159	0.0077	0.0156
云南	0.1293	0.0416	0.0133	0.0115	0.0126
西藏	0.0512	0.0116	0.0039	0.0213	0.0096
陕西	0.1372	0.0336	0.0219	0.0178	0.0088
甘肃	0.0986	0.0171	0.0085	0.0098	0.0087
青海	0.0545	0.0119	0.0052	0.0108	0.0070
宁夏	0.0381	0.0107	0.0094	0.0105	0.0035
新疆	0.1026	0.0179	0.0073	0.0175	0.0088

1. 资源驱动要素评价结果

本章将入境旅游资源分为文化旅游资源、设施资源与生态环境资源，根据表6.3可知，2007年广东省、山东省、浙江省、四川省、江苏省的各类资源禀赋较好，在该项指标中排在前五位。其中，广东省的文化旅游资源与设施资源得分均排在第一位，这也是其综合得分较高的原因。而海南省、青海省、天津市、西藏自治区和宁夏回族自治区受旅游资源禀赋条件的限制，各类资源指标得分靠后，导致其资源驱动要素综合得分较低，与沿海地区相差较大。由表6.4可知，2019年资源驱动要素得分排名靠前的地区为山东省、四川省、广东省、河南省、浙江省，且排名靠后的依然为青海省、西藏自治区、海南省、宁夏回族自治区、天津市，河南省的排名由2007年的第八位上升至第四位，其他排名变化较大的地区有北京市、上海市、陕西省等，经分析得出导致其排名发生变化的主要原因为这些省份生态旅游资源指标得分的变化较大。

2. 资本驱动要素评价结果

本章将资本驱动要素主要分为人力资本、物质资本和金融资本。由表6.3、表6.4可知，2007年、2019年资本驱动要素得分较高与较低的省份变化不大，得分较高的地区普遍集中在东部沿海经济发达地区，得分较低的地区依然为宁夏回族自治区、青海省、西藏自治区等地。与资源驱动要素分布相似，不同的是2019年北京市排在了第一位，根据二级评价结果分析，这主要取决于各省的物质资本和人力资本。2019年北京市的人均GDP和人均可支配收入达164222元和67755.91元，是甘肃、青海、宁夏、西藏、新疆等地的几倍，城市发展水平远高于这些地区。2007年、2019年广东省、山东省、江苏省的第三产业从业人员数与旅游院校在校学生数均排在全国前列，这为地区入境旅游的发展提供了坚实的人才保障，推动了入境旅游经济的增长。

3. 技术驱动要素评价结果

本章将技术驱动要素主要分为科技成果、科技经费投入和信息化水平。由表6.3可知2007年技术驱动要素得分排名较高的仍为北上广地区，东南沿海地区次之，但海南省是个例外，其科技成果、科技经费投入和信息化水平得分排名均靠后，导致技术驱动要素综合得分最低；西北地区除陕西省排在第十三位，其他省份均排名靠后。根据表6.4，2019年随着知识经济的到来，华东及西南地区的部分省市开始发力，如安徽省、福建省、贵州省、重庆市等，尤以安徽省最为突出，从2007年的第十九位上升至第七位；而东北地区技术驱动要素得分排名相较于2007年有所下滑，这与其信息化的程度有很大关系。

4. 制度驱动要素评价结果

本章将制度驱动要素分为对外开放水平、市场化程度和社会治理状况。由表6.3、表6.4可知，2007年制度驱动要素得分最高的省份是广东省，最低的省份是河南省，二者相差约0.2279，西北地区省份的排名相较于在其他驱动要素中有所提升，尤其是西藏自治区和新疆维吾尔自治区，分别排在第十一位和第十三位，这可以归因于西部大开发战略实施以来，政府的财政支持有所增加，市场化程度逐步提高。2013 年"丝绸之路经济带"和"21 世纪海上丝绸之路"的重大举措，为"一带一路"沿线城市的发展带来了机遇，其对外开放水平和社会治理不断加强，社会制度逐渐完善，2019 年四川省、重庆市、陕西省、河南省、广西壮族自治区等地的制度驱动要素得分排名明显上升，重庆市表现最为明显。

5. 结构驱动要素评价结果

本章将结构驱动要素分为产业结构和市场结构。根据表 6.3、表 6.4可以看出，2007 年至 2019 年各地区的结构驱动要素得分均呈现出不同程度的变化。2007 年北京市、天津市、上海市、西藏自治区的得分排名靠前，但随着"十三五"的进程扩张，我国推行去产能去库存等一系列的产业结构转型举措，各地区的产业结构开始进入转型阶段，第三产业的比重逐渐攀升，产业结构的升级改造逐渐完成，部分地区凭借丰富的旅游资源、优越的地理区位，旅游产业得到快速发展，如贵州省 2019 年结构驱动要素得分排名升至第一位，云南省次之，其他排名变化较大的有山西省、江西省、甘肃省、广西壮族自治区等地区。而广东省、福建省、山东省、江苏省等地区的旅游收入虽排在全国前列，但其占 GDP 的比重较低；且由于靠近港澳台地区，入境客源市场中港澳台地区的游客所占比重较大，而外国游客比重相对较小，进而导致结构驱动要素得分较低。

第三节 入境旅游经济增长驱动力分析

一、入境旅游经济增长空间分异

31 个省区市 2007 年、2019 年的入境旅游经济增长的时空差异显著，总体呈现出"一省独大"与"东强西弱"的特征。"一省"指广东省，其入境旅游经济发展水平遥遥领先，远高于其他各省，对周边省市的依赖性较小，2007 年的国际旅游外汇收入达 8706 百万美元，是宁夏回族自治区的 2902 倍，2019 年已超过 2 亿美元。2007 年仅东南沿海地区的部分省市入境旅游经济发展水平相对较好，其余地区普遍偏低。2019 年华北、华南、西南地区的入境旅游逐渐发展起来，西北各省的发展依然滞后，区域发展差异逐渐明显。

二、入境旅游经济增长驱动因素探测

（一）地理探测器分析方法

地理探测器由最初只运用于探索地理空间分区因素对疾病风险的影响机制[177]，到后来广泛应用于社会经济因素和自然环境因素影响机制的研究[178]，是因为其具有传统统计方法没有的优势，如模型在应用中省略了过多的假设，克服了传统统计方法处理变量的缺点等。

1. 因子探测

核心思想是比较某一环境因子和地理事物的变化在空间上是否具有一致性。如果它们之间存在显著的一致性，这意味着这一环境因子在地理事物的变化中具有决定性作用。具体公式如下：

$$q = 1 - \frac{1}{n\sigma_U^2} \sum_{i=1}^{m} n_{D,i} \sigma_{U_{Dj}}^2 \qquad (6.14)$$

其中，q 为影响因素对入境旅游经济增长的影响力探测指标；n 为地区（省、自治区、直辖市）的数量；$n_{D,i}$ 为次一级区域样本数；m 为次级区域个数；σ_U^2 为国际旅游外汇收入的方差；$\sigma_{U_{Dj}}^2$ 为次一级区域国际旅游外汇收入方差。假设 $\sigma_{U_{Dj}}^2 \neq 0$ 模型成立，q 的取值区间为 ［0，1］，q = 0 时，入境旅游经济增长的空间分布不受影响因素的驱动。q 值越大，各驱动因素对入境旅游经济增长的影响越大。

2. 交互探测

交互探测可以定量描述两个驱动因素与入境旅游经济增长之间的关系。例如，A 和 B 是影响入境旅游经济增长的两个因素，将 A 和 B 进行空间叠加形成新的 C 因素，C 的属性由 A、B 这两个因素共同确定。比较

A、B 与 C 的因素影响，判断 A、B 两个因素的相互作用对入境旅游经济增长的影响是强于还是弱于单个因素 C 对入境旅游增长的驱动作用。本章相关结果均使用 Geo Detector 计算得出。

（二）基于地理探测器的入境旅游经济增长驱动因素探测

如果地理探测器分析方法的自变量中存在连续变量，则需要将其离散为类型变量[179]。基于 ArcGIS10.2 软件对各驱动要素进行空间分区，利用地理探测器分析资源、资本、技术、制度、结构等驱动要素对入境旅游经济增长空间分异的影响程度，具体结果见表 6.5。其中，q 为探测因子的探测力值，其取值范围为 [0，1]。q 值越大，探测因子对入境旅游经济增长的影响越大。

表 6.5　　　　　　　　入境旅游经济增长驱动要素探测结果

探测要素	2007 年		2019 年		变化趋势
	q 值	解释力排序	q 值	解释力排序	
资源驱动要素	0.40697	4	0.24454	5	变弱
资本驱动要素	0.56464	3	0.30744	4	变弱
技术驱动要素	0.96562	1	0.51348	3	变弱
制度驱动要素	0.82374	2	0.76012	1	增强
结构驱动要素	0.07175	5	0.53969	2	增强

注：等级越高代表要素指标值越高。

根据探测结果，五类驱动要素对入境旅游经济增长空间分异的影响程度各不相同，且随着年份的增长呈现出一定的变化。整体来看，2007 年各驱动要素的解释力要强于 2019 年，2007 年影响作用最强的是技术驱动要素，探测力值达到 0.96562，制度要素与资本要素次之，结构驱动要素最差；然而至 2019 年制度驱动要素成为最强的影响因素，结构驱动要素对入境旅游经济增长的作用力逐渐显现，成为第二重要影响因素。具体分析如下。

技术要素对促进入境旅游经济增长发挥着重要作用。21世纪,科学技术的融入大大降低了旅游企业的经营成本、扩大了其营销渠道,旅游企业可以更加精准地了解游客需求,满足了游客个性化需求的同时,节约了成本,很大程度上提升了旅游业的生产效率;现代技术在交通领域的应用极大地改变了人们的出游方式和活动范围,增加了游客的出游概率。因此,经济发达地区利用其自身的科技优势,不断提高旅游产品开发的深度和广度,地区间的入境旅游发展差距逐渐拉开,技术进步成为入境旅游发展的核心影响因素,其通过增加旅游供给、满足游客旅游需求拉动入境旅游消费支出,进而促进了入境旅游经济增长。近年来,科技发展的便利体现在生活的各个方面,在旅游业的运用更加常态化,进而对入境旅游经济增长的促进作用逐渐减弱。

制度要素一直是入境旅游经济增长的重要驱动力,2007年制度驱动要素的解释力仅次于技术要素。入境旅游相关制度的建立,能够在一定程度上为入境旅游发展提供保障,促进产业发展成熟,改变入境旅游经济效率的空间布局[180]。改革开放初期,发展入境旅游被认为是增加外汇收入的有效途径,政府采取外向型旅游发展战略推动入境旅游发展,截至2008年入境旅游都被列为优先发展项。然而仅仅是对外开放水平的提升并不足以成为持续吸引外国游客前来的因素,随着经济的快速发展,生活水平的提高,入境游客更加注重旅游体验的质量,旅游目的地国家的公共服务设施完善程度和社会治理状况成为吸引旅游者的重要因素之一,这也是2019年制度要素对入境旅游经济增长的影响程度增强的核心因素之一。

资本和资源要素对入境旅游经济增长的驱动作用一般。且随着时间推移,驱动作用逐渐减弱,2007年资本和资源要素对入境旅游经济增长的解释力排在第三位和第四位,而2019年降至第四位和第五位。因为资本要素驱动是一种粗放型驱动,其重在扩大旅游发展规模,而忽视了发展质量和效率,易产生"荷兰病"效应。而资源是各地区旅游发展的基础要素,要素的空间分布一段时间内并不会发生太大变化,因此,对入境旅游经济增长的影响相对较小。

结构要素对入境旅游经济增长的驱动作用变化较大。2007年结构驱动要素对入境旅游经济增长的影响最弱，探测力值不到 0.1，而至 2019 年结构要素的解释力排名已升至第二位，这主要归结于产业结构的调整，产业结构升级促进了优质资源投资于经济效益高的产业。随着居民生活水平的提高，旅游需求开始上升，带动了该地区相关产业的投资和消费，促进了入境旅游经济的持续健康发展。

（三）各驱动要素交互探测结果

根据各驱动要素交互探测的结果，任意两个驱动要素交互后对入境旅游经济增长的影响程度增强，主要表现为非线性增强和线性增强两种方式。具体如表 6.6、表 6.7 所示。

表 6.6　　　2007 年入境旅游经济增长驱动要素交互探测结果

交互项	$q(A\cap B)$	$q(A)+q(B)$	比较	解释
资源驱动要素 ∩ 资本驱动要素	0.5924	0.9716	Mas($q(A)$, $q(B)$) < $q(A\cap B)$ < $q(A)+q(B)$	线性增强
资源驱动要素 ∩ 技术驱动要素	0.9762	1.3726	Mas($q(A)$, $q(B)$) < $q(A\cap B)$ < $q(A)+q(B)$	线性增强
资源驱动要素 ∩ 制度驱动要素	0.9496	1.2307	Mas($q(A)$, $q(B)$) < $q(A\cap B)$ < $q(A)+q(B)$	线性增强
资源驱动要素 ∩ 结构驱动要素	0.8720	0.4787	Mas($q(A)$, $q(B)$) < $q(A)+q(B)$ < $q(A\cap B)$	非线性增强
资本驱动要素 ∩ 技术驱动要素	0.9721	1.5303	Mas($q(A)$, $q(B)$) < $q(A\cap B)$ < $q(A)+q(B)$	线性增强
资本驱动要素 ∩ 制度驱动要素	0.9779	1.3884	Mas($q(A)$, $q(B)$) < $q(A\cap B)$ < $q(A)+q(B)$	线性增强
资本驱动要素 ∩ 结构驱动要素	0.8703	0.6364	Mas($q(A)$, $q(B)$) < $q(A)+q(B)$ < $q(A\cap B)$	非线性增强
技术驱动要素 ∩ 制度驱动要素	0.9825	1.7894	Mas($q(A)$, $q(B)$) < $q(A\cap B)$ < $q(A)+q(B)$	线性增强

续表

交互项	q(A∩B)	q(A)+q(B)	比较	解释
技术驱动要素∩ 结构驱动要素	0.9946	1.0374	Mas(q(A),q(B))< q(A∩B)<q(A)+q(B)	线性增强
制度驱动要素∩ 结构驱动要素	0.9039	0.8955	Mas(q(A),q(B))< q(A)+q(B)<q(A∩B)	非线性增强

表6.7   **2019 年入境旅游经济增长驱动要素交互探测结果**

交互项	q(A∩B)	q(A)+q(B)	比较	解释
资源驱动要素∩ 资本驱动要素	0.3315	0.5520	Mas(q(A),q(B))< q(A∩B)<q(A)+q(B)	线性增强
资源驱动要素∩ 技术驱动要素	0.6468	0.7580	Mas(q(A),q(B))< q(A∩B)<q(A)+q(B)	线性增强
资源驱动要素∩ 制度驱动要素	0.9366	1.0047	Mas(q(A),q(B))< q(A∩B)<q(A)+q(B)	线性增强
资源驱动要素∩ 结构驱动要素	0.92301	0.7842	Mas(q(A),q(B))< q(A)+q(B)<q(A∩B)	非线性增强
资本驱动要素∩ 技术驱动要素	0.5764	0.8209	Mas(q(A),q(B))< q(A∩B)<q(A)+q(B)	线性增强
资本驱动要素∩ 制度驱动要素	0.9408	1.0676	Mas(q(A),q(B))< q(A∩B)<q(A)+q(B)	线性增强
资本驱动要素∩ 结构驱动要素	0.9150	0.8471	Mas(q(A),q(B))< q(A)+q(B)<q(A∩B)	非线性增强
技术驱动要素∩ 制度驱动要素	0.9049	1.2736	Mas(q(A),q(B))< q(A∩B)<q(A)+q(B)	线性增强
技术驱动要素∩ 结构驱动要素	0.8958	1.0532	Mas(q(A),q(B))< q(A∩B)<q(A)+q(B)	线性增强
制度驱动要素∩ 结构驱动要素	0.8791	1.2998	Mas(q(A),q(B))< q(A)+q(B)<q(A∩B)	线性增强

　　根据表6.6、表6.7，2007年技术驱动要素与其他各驱动要素交互后对入境旅游经济增长的解释力均很强，探测力值均大于0.97，且为线性增强；其中，技术驱动要素与结构驱动要素交互后的解释力最强，探测力值达到0.9946。这再次印证了科学技术发展在入境旅游发展过程中的核心地位，其通过与资源、资本、制度、结构等要素的有效融合提升游客的旅游体验满意度，进而增加游客的旅游消费支出，拉动入境旅游经济增长。表明技术进步是实现规模、质量和效率的统一，未来应注重实现资本投入驱动型向技术进步驱动型转变。结构驱动要素仅与技术驱动要素交互后对入境旅游经济增长的影响呈线性增强，与其他各要素交互后的增强作用均为非线性的，说明结构驱动要素增强了资源、资本及制度等驱动要素对入境旅游经济增长的解释力度。资源驱动要素与资本驱动要素的交互后的解释力最弱。2019年随着技术驱动要素对入境旅游经济增长的作用力减弱，与其他驱动要素交互后的解释力也下降，最大探测力值仅为0.9049。结构驱动要素与资源、资本驱动要素交互后对入境旅游经济增长的促进作用仍然呈非线性增强，即资源、资本驱动要素在结构驱动要素的作用下解释力度增强；而与制度驱动要素交互后影响力从非线性增强转为线性增强主要源于制度驱动要素解释力的增强。主要表现为制度驱动要素与资本驱动要素交互后对入境旅游经济增长的影响力达0.9408，超越了技术驱动要素与结构驱动要素的交互探测力值，成为最强影响因素。而资源驱动要素与资本驱动要素交互后的解释力依然最弱，远小于其他驱动要素，仅为0.3315，说明二者对入境旅游经济增长的影响力度并不强，这与上述的结论一致。

第四节　本 章 小 结

　　本章分析了入境旅游经济增长的驱动机制。发现各驱动要素交互后的驱动作用强于单个驱动要素的驱动作用，其中交互作用强度较高的要素组合多为主要影响因素。且随着年份的变化，各要素及交互后的要素组合对入境旅游经济增长的影响程度也随之发生变化，即入境旅游经济增长驱动机制转变。具体表现为：2007 年技术要素对入境旅游经济增长的驱动作用最为显著，与其他各要素交互后的解释力更强，探测力值达到 0.9946，说明技术要素是入境旅游经济增长的核心驱动要素，其通过入境旅游经济发展规模、效率、质量的统一促进经济增长。制度要素是入境旅游发展的重要保障，其对入境旅游经济增长的促进作用次之。资本和资源要素对入境旅游经济增长的驱动作用相对较弱，但与其他要素进行交互后的解释力增强，即在其他要素的带动下资源与资本要素的重要性得以体现。2019 年技术驱动要素的解释力下降至第三位，制度要素成为核心驱动要素，对入境旅游经济增长的驱动作用最强，且结构要素对入境旅游经济增长的解释力从最弱升至第二位。而资源与资本要素的解释力依然较小。整体来看，入境旅游经济增长的驱动机制逐渐从技术创新驱动型转向制度结构驱动型。

第七章　入境旅游经济的韧性
与恢复性增长

　　韧性和效率是旅游经济恢复性增长和高质量复苏的两个核心问题。《"十四五"文化和旅游发展规划》中提出旅游业要进一步转型升级、提质增效。入境旅游作为旅游业三大分支之一，其发展的速度和质量对塑造国家形象、促进经济增长、扩大文化影响力等方面具有重大意义。然而，突如其来的疫情中断了我国入境旅游的增长通道，行业陷入基本停滞的局面，入境旅游经济持续萎靡。面对日益复杂的外部环境，如何才能提高系统韧性，使其具有抵御侵害、调整恢复、更新迭代的能力？此外，旅游效率作为衡量旅游业经济高质量发展水平的重要标志之一，它和韧性之间的关系又会对系统发展产生怎样的影响呢？正确认识不同区域入境旅游经济韧性水平及影响因素，寻求韧性与效率间更高层次的平衡，确保后疫情时期入境旅游经济实现快速平稳的恢复性增长，成为新形势下入境旅游研究的新焦点。

　　"韧性"一词最早用于物理学领域，是指材料或系统受到外力挤压碰撞后，抵抗负面冲击并且恢复更新到原来平衡状态的能力。经过演变发展，逐渐被迁移到生态学、灾害学、经济学等多个研究领域，但其内涵共同强调了在急性危机冲击或慢性压力影响下，系统或组织是否具备响应吸收、恢复重构、存续成长、趋于平稳的能力。经济韧性是韧性在经济学领域的重要应用，国内外学者多从概念辨析、时空演变、影响因素和发展路径优化等视角开展研究。效率是评判系统高质量发展的重要标准之一。目前国内外旅游经济效率研究成果丰富，主要开展不同尺度范围和不同体系构建下的效率测算评价、时空演化、驱动因子分析等研究。恢复性增长是指在系统遭受冲击后，依靠自身韧性和外界帮助，恢复至原有水平甚至增长到更高层次。

关于旅游经济韧性的研究处于起步阶段，尤其是入境旅游等细分市场的韧性识别和分析有待扩充与深化；旅游经济效率研究虽多，但缺乏效率与韧性两个维度的关联分析，对高质量发展的深度探究较少。同时，关于后疫情时期入境旅游的现状及未来发展等方面研究成果相对较少。基于此，本书对 2010～2019 年全国入境旅游经济韧性时空演化特征和障碍因子进行测度，分析韧性对效率的作用，构建恢复性增长机制，期望为中国入境旅游经济恢复性增长和后续高质量发展提供新视角。

第一节　数据来源与研究方法

一、数据来源与预处理

考虑到社会经济环境的差异性和数据的可获取性，本书选取 2010～2019 年全国除港澳台地区以外的 31 个省域作为研究区域，从《中国统计年鉴》《中国旅游统计年鉴》《中国文化和旅游统计年鉴》、Wind 数据库和国家统计局官网获取有关数据，并做预处理：（1）采用最小二乘法对部分缺失数据进行科学预测与补充；（2）根据国际旅游收入与进出口总额的统计惯例，利用逐年官方汇率进行单位转化；（3）为消除通货膨胀影响，以 2010 年为基期，对 GDP、入境旅游收入、第三产业固定投资额进行价格指数平减；（4）为避免量纲与异方差问题，保证结果的稳健性，相关数据进行了标准化与自然对数处理。

二、研究方法

（一）熵权法

入境旅游经济韧性评价受多维度因素影响，需确定多指标权重。首先，对原始数据进行标准化处理，其次使用熵权法对指标进行客观赋权，降低主观因素带来的负面影响，最后加权求和得出各省域入境旅游经济韧性的评价值。入境旅游经济韧性取值范围为 [0，1]，越接近 1，水平越高。

（二）空间自相关

各省域的经济发展情况与地理位置特征紧密关联，运用空间自相关检验，能够分析研究对象的空间分布特征和集散变化趋势。为综合考量经济因素与地理因素对研究问题的双重影响，本书采用嵌套矩阵作为空间权重矩阵，以描述事物间的关联程度。其中涉及的经济矩阵参考已有研究的做法，设定各区域间实际人均 GDP 差额绝对值的倒数，用 W_1 表示；地理矩阵设定为城市行政中心直线距离的倒数，用 W_2 表示；嵌套矩阵参照上述学者做法，设定为 W_3，公式分别为：

$$W_1 = \begin{cases} \dfrac{1}{|\bar{Y}_i - \bar{Y}_j|}, & \text{地区 i 与地区 j 相邻} \\ 0, & \text{地区 i 与地区 j 不相邻} \end{cases} \tag{7.1}$$

$$W_2 = \begin{cases} \dfrac{1}{d_{ij}}, & \text{地区 i 与地区 j 相邻} \\ 0, & \text{地区 i 与地区 j 不相邻} \end{cases} \tag{7.2}$$

$$W_3 = W_1 \times W_2 \tag{7.3}$$

其中，d_{ij} 表示地区 i 至地区 j 的行政中心的直线距离；$\bar{Y}_i$ 和 $\bar{Y}_j$ 分别表示地区 i 与地区 j 的实际人均 GDP。

空间自相关检验分为全局空间自相关检验和局部空间自相关检验，分别度量空间相关性和异质性。前者常用全局莫兰指数检验；后者常以局部莫兰指数为基础的莫兰散点图观测，其空间联系形式有 H-H、L-H、L-L、H-L 四种，H-H 表示自身和周边水平均较高，L-L 表示自身与周边水平均较低，H-L 表示自身水平较高且被低水平区域包围，L-H 表示自身水平低且被高水平区域包围，均反映考察区域附近属性的空间集聚特征。其中，莫兰指数取值范围为 [0，1]，Moran's I > 0 且越接近 1 时，空间正相关越明显；Moran's I < 0 且越接近 -1，空间负相关越明显；当

Moran's I = 0 时，不存在相关关系。

（三）障碍度模型

为深入探测各指标对入境旅游经济韧性的影响程度，本章引入障碍度模型对其进行诊断与分析，公式如下：

$$Q_i = \frac{(1 - X_{ij})F_i}{\sum\limits_{i=1}^{m} \left[(1 - X_{ij})F_i \right]} \quad (7.4)$$

其中，用 $1 - X_{ij}$ 表示指标偏离度，即各指标与韧性发展目标的差距，X_{ij} 是各指标标准化后值；F_i 是指标贡献度，用各指标权重表示；Q_i 是障碍度，表示各指标对区域入境旅游经济韧性发展的影响程度。

（四）DEA – Tobit 模型

DEA – Tobit 模型是在数据包络分析法（DEA）的基础上为进一步探索效率影响因素而衍生的方法，适用于被解释变量取值受限的情景。鉴于入境旅游经济效率受多因素干扰，故采用 DEA – BCC 模型将其拆分成纯技术效率与规模效率。同时将入境旅游经济效率作为被解释变量，入境旅游经济韧性（R）作为核心解释变量，交通便利度（T）、对外开放度（O）、生态环境（E）与旅游业服务水平（S）作为控制变量，分别由旅客周转量、经营单位所在地进出口总额、建成区绿化面积、旅游业从业人数表示，构建 DEA – Tobit 模型，公式如下：

$$Y_i = \beta_0 + \beta_1 X_{R,i} + \beta_2 X_{T,i} + \beta_3 X_{O,i} + \beta_4 X_{E,i} + \beta_5 X_{S,i} + \varepsilon \quad (7.5)$$

其中，β_1、β_2、β_3、β_4、β_5 分别是各自变量的回归系数；β_0 为常数项；i 为年份，ε 为误差项；Y_i 为入境旅游经济效率。

三、指标体系

研究认为入境旅游经济韧性是指入境旅游经济系统能够抵御风险干扰、自我恢复乃至更新向上的能力。依据科学性、代表性和数据可获取性等原则，参考已有文献，从抵御力、恢复力、更新力三个维度构建入境旅游经济韧性评价指标体系（见表7.1）。抵御力指系统防御外界风险侵入和承受危害的能力；恢复力是指系统在遭遇冲击后返回到破坏之前的状态的能力；更新力是系统能够突破原有已经固化或失衡的状态，冲破危机，获得更高水平发展的创新迭代能力。指标体系中，交通密度用$\dfrac{\text{铁路里程}+\text{公路里程}}{\text{地域面积}}$表示；市场发育程度采用$\sqrt{\dfrac{\text{地区GDP}}{\text{地域面积}}}\times\sqrt{\dfrac{\text{地区人口数}}{\text{地域面积}}}$表示。入境旅游经济效率由投入和产出构成，将旅游产业规模与旅游交通作为资本投入，第三产业固定资产投资作为资金投入，旅游业从业人数作为劳动力投入，产出要素由入境旅游人数与入境旅游收入表示。

表7.1　　　　　　入境旅游经济韧性和效率评价指标体系

目标层	准则层	要素层	指标层	性质	权重
入境旅游经济韧性	抵御力	资源禀赋状况	D1：A级景区数量（个）	+	0.031
			D2：入境旅游人数（百万人次）	+	0.089
		入境旅游经济发展水平	D3：入境旅游收入/旅游总收入（%）	+	0.078
			D4：入境旅游人均天消费水平（元/人·天）	+	0.029
			D5：入境旅游非基本消费比重/基本消费比重（%）	+	0.024
		地区经济发展水平	D6：人均GDP（元/天）	+	0.040
			D7：第三产业增加值/GDP（%）	+	0.036
			D8：城镇登记失业率（%）	−	0.024
			D9：市场发育程度（%）	+	0.089
			D10：经营单位所在地进出口总额（千美元）	+	0.106
	恢复力	设施恢复力	H1：饭店数量（个）	+	0.028
			H2：旅行社数量（个）	+	0.030
			H3：电话普及率（%）	+	0.037
			H4：交通密度（%）	+	0.025
			H5：医疗卫生机构数（个）	+	0.039

目标层	准则层	要素层	指标层	性质	权重
入境旅游经济韧性	恢复力	生态恢复力	H6：生活垃圾无害化处理率（%）	+	0.004
			H7：人均绿地面积（平方米/人）		0.016
		经济恢复力	H8：第三产业固定投资额（亿元）	+	0.028
			H9：地方财政收入/地方财政支出（%）	+	0.016
			H10：社会保障和就业支出/GDP（%）	+	0.038
	更新力	人力资源	G1：旅游业从业人数（人）	+	0.037
			G2：旅游专业院校数量（个）	+	0.033
		创新投入	G3：地方财政科学技术支出（亿元)/GDP（%）	+	0.044
		创新意识	G4：国内专利申请受理量（项）	+	0.077
入境旅游经济效率	投入	资源投入	旅行社数量（个）		
			星级饭店数量（个）		
			A级景区数量（个）		
			铁路运营里程（万公里）		
		资金投入	第三产业固定资产投资（亿元）		
		劳动力投入	旅行社从业人员（人）		
			星级饭店从业人员（人）		
	产出	效率产出	入境旅游人数（人）		
			入境旅游收入（万元）		

第二节　入境旅游经济韧性时空分异及障碍因素

一、时间演化特征

随着社会经济和旅游产业的蓬勃发展，我国入境旅游经济韧性整体呈上升趋势（见图 7.1），年均增长率为 0.79%。其中，2010～2011 年增速较高，之后四年增速放缓。随着"一带一路"倡议推进和政策叠加等效应的逐渐显现，其发展状况得到改善，2016 年韧性增速高达 1.32%，进入到快速拉升阶段。2018 年略有下降。从整体观察，入境旅游经济韧性水平发展向好，但 2019 年全国均值仅为 0.2467，提升空间较大。从各维度看，抵御力由 0.0942 升至 0.0993，虽在 2018 年略微下降，但总体变化不大；更新力也始终维持在相对稳定的状态；恢复力则以 2015 年为分界，呈现出先下降后上升的"U"型走势。

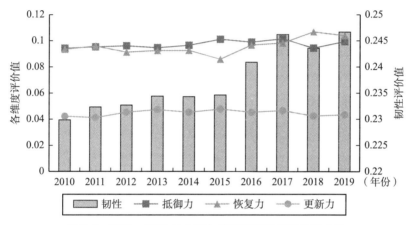

图 7.1　2010～2019 年全国入境旅游经济韧性发展水平

根据我国省域入境旅游经济韧性排名发现：超七成省份呈上升态势。广东、江苏、北京始终位列前三名，浙江、上海、山东排名相对稳定，居于全国前六。西藏、宁夏、甘肃与青海则较为落后，始终在后五位徘徊。从变化趋势看，湖南、四川、陕西、贵州排名上升幅度较大，其中四川最为迅猛。而天津、河北、山西、辽宁排名下降较多，其他省份排名相对稳定，属于合理波动。同时，全国 31 个省域的极差、标准差、变异系数总体均呈下降趋势（见表 7.2），但 2019 年，排名第一的广东的入境旅游经济韧性得分是末位宁夏的 6.7 倍，说明我国入境旅游经济韧性的区域间差异虽在逐渐缩小，但仍有较大差距。

表 7.2　　　　2010~2019 年中国入境旅游经济韧性发展指标时序变化

指标	2010 年	2011 年	2012 年	2013 年	2014 年	2015 年	2016 年	2017 年	2018 年	2019 年
平均值	0.230	0.232	0.233	0.234	0.234	0.235	0.241	0.246	0.244	0.247
极差	0.573	0.548	0.530	0.561	0.565	0.560	0.559	0.576	0.548	0.549
标准差	0.136	0.132	0.131	0.130	0.132	0.128	0.129	0.129	0.124	0.123
变异系数	0.590	0.569	0.564	0.557	0.563	0.546	0.536	0.522	0.507	0.501

二、空间演化特征

　　总体来看，2010 年中国大部分区域入境旅游经济韧性处于中低水平，空间分异明显，呈现"东—中—西"逐级下降的分布格局。与期初相比，2019 年各省份韧性等级水平整体有所上升，高韧性区域由东部沿海逐渐向中西部地区扩散。旅游资源丰富的四川和地处边境的内蒙古，入境旅游经济韧性得到较大提升。而西北与东北区域，因社会经济发展基础较差，虽韧性水平有所上升，但增幅与其他省份相比较小，故基本无变化，仍属于低值聚集区。

　　分维度研究发现：（1）抵御力。研究期末，北京、内蒙古以及东部地区（江浙沪、鲁、粤）的抵御力处于较高及以上水平；华中与西南地区多为中等韧性水平，其中，江西、西藏、贵州为较低或低水平；西北和东北区域，除陕西外均处于较低及以下水平。全国范围内强抵御力地区大致呈现出"丁"字形的空间格局，地区经济发展水平和入境旅游发展情况是影响空间分异的主要因素。从变化趋势看，东北（黑、辽）、华北（津、冀、晋）、新疆和福建地区的抵御力呈下降趋势，其中辽宁从较高水平突降至较低水平，波动较大；仅小部分地区（陕、川、藏）呈优化趋势。（2）恢复力。2019 年，河南、四川和东部地区（京津冀、江浙沪、辽、鲁、粤）的恢复力均处于较高及以上的发展水平；西北和东北地区（除辽宁外）均处于较低水平或低水平；其他省域多处于中等水平，这主要与地区基础设施建设、生态环境情况、财政调配能力等因素关系紧密。从变化趋势看，四川、河南恢复力发展向好，从中度水平上升至较高水平，仅青海、福建两省恢复力表现出下降趋势。（3）更新力。研究期末，北方地区（除京、津、鲁、辽）更新力位于较低及以下水平，南方区域（除赣、琼、贵）均在中等及以上水平，呈南高北低的空间格局。与 2010 年相比，云南、安徽由较高水平下降至中度韧性，重庆则跌至较低水平，波动较大。而与重庆相邻的四川的更新力一路走高，使得中西部地区呈现出了"核心—外缘"的空间结构特点。其余地区相对稳定，变化幅度较小。整体来看，更新力两极分化现象显著且具有较强的空间稳定特征，创新与人才投入是北方地区未来韧性提升过程中亟待关注的重点。

三、空间自相关

运用 Stata 软件进行 2010～2019 年中国入境旅游经济韧性的全局空间自相关检验（见表 7.3）。十年间中国入境旅游经济韧性的 Moran's I 值均为正，且 $Z > 1.96$，$P < 0.001$，通过显著性检验，具有较强的空间集聚特征。同时，Moran's I 值整体呈下降态势，说明各省入境旅游经济韧性正向的空间集聚态势正在弱化。

表 7.3　　2010～2019 年中国入境旅游经济韧性全局空间自相关检验

指标	2010 年	2011 年	2012 年	2013 年	2014 年	2015 年	2016 年	2017 年	2018 年	2019 年
Moran's I	0.313	0.319	0.341	0.314	0.307	0.297	0.308	0.294	0.263	0.266
Z	4.145	4.228	4.483	4.213	4.121	4.012	4.138	3.979	3.598	3.623
P	0.000	0.000	0.000	0.000	0.000	0.000	0.000	0.000	0.000	0.000

利用局部莫兰指数散点图展示研究期内四种集聚类型下的中国入境旅游经济韧性空间分布特征（见图 7.2），发现：（1）各象限的省份大致与期初保持一致，且超五成居于 L－L 象限。H－H 集聚型区域几乎全部位于东部，L－L 集聚型区域大多地处中西部，东西差异明显。（2）天津从 H－H 象限进入到 L－H 象限，与周围高值区域发展逆差加大；辽宁从

H–L象限进入到L–L象限，发展水平下降；四川、湖南、河南从L–L象限跨越至H–L象限，相对侵占了邻近区域的发展空间，虹吸效应与袭夺效应共存，使得韧性差距加大；其余省域未发生象限变化。（3）整体来看，中国入境旅游经济韧性水平空间关联格局略有变化，H–H集聚区与L–L集聚区内省份数量均有所减少，H–L集聚区与L–H集聚区内省份数量均有所增加，这反映出高值区域辐射作用进一步弱化，低值区域扩散作用逐渐缩小，H–L类区域的极化作用与L–H类区域的空心作用均在增强。

我国绝大多数地区未通过显著性检验，处于孤立发展的状态。通过显著性检验的省份则多分布在H–H与L–L型地区（见表7.4）。属于H–H集聚型的京、沪、江、浙的局部莫兰指数显著性水平稳定维持在1%，对邻近地区的韧性发展产生显著的正向溢出作用。而L–L集聚地区中，甘、青、新三省份因社会经济基础差、人才资源不足与远离入境旅游核心客源市场等因素，形成了入境旅游经济韧性发展低水平集聚带，其局部莫兰指数的显著性水平分别为1%、5%与10%，对邻近区域产生显著影响；贵州和西藏仅2010年具有10%的显著性水平。

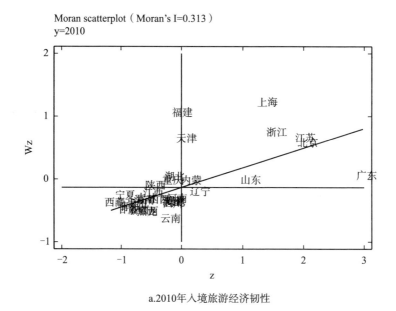

a.2010年入境旅游经济韧性

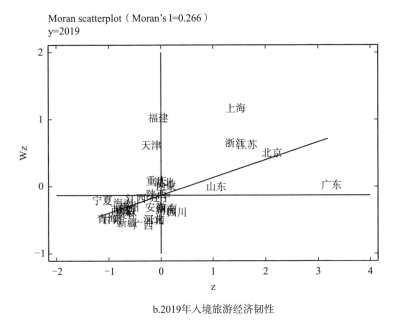

b.2019年入境旅游经济韧性

图 7.2　2010 年和 2019 年中国入境旅游经济韧性的局部 Moran 散点图

表 7.4　　　　2010 年和 2019 年局部莫兰指数通过显著性检验的省份

年份	H－H 象限	L－H 象限	L－L 象限	H－L 象限
2010	北京 *** 、上海 *** 、江苏 *** 、浙江 ***	－	贵州 * 、西藏 * 、甘肃 *** 、青海 ** 、新疆 *	－
2019	北京 *** 、上海 *** 、江苏 *** 、浙江 ***	－	甘肃 *** 、青海 *** 、新疆 *	－

注：*** 、** 、* 分别表示在 1% 、5% 、10% 的水平上显著。

四、障碍度分析

考虑样本数量较大，故选取首尾两年数据绘制障碍因子的频数分布直方图，同时筛选障碍度排名前六的因子作为主要障碍因子进行深入识别与观测（见图 7.3）。研究发现，2010 年出现频数较多、具有广泛影响的障碍因子是：入境旅游人数、入境旅游收入占比、市场发育程度、经营单位所在地进出口总额、人均 GDP、城镇登记失业率，均属于抵御力维度，频数分别为 30、30、29、29、23、21，覆盖我国绝大部分地区，说明抵御力是妨碍入境旅游经济韧性发展的主要原因。2019 年的关键障碍因子与期初大致相同，仅第三产业增加值占 GDP 比重代替城镇登记失业率成为主要障碍因子，频数从 8 跃升至 27，增幅较大，表明市场结构对入境旅游经济韧性发展的阻碍作用显著加强；而城镇失业率频数从 21 跌至 0，不再是主要障碍因素，这归因于就业状况的提升和国家经济形势的走好。从变化趋势看，国内专利申请受理量障碍频数大幅减少，反映各省份的科技创新意识有所提高，区域自我优化、更新迭代能力进一步增强。

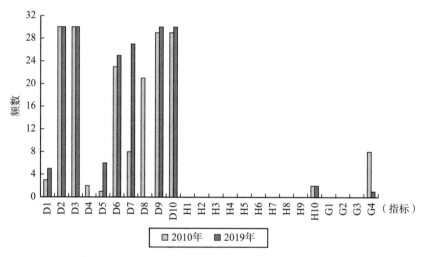

图 7.3　2010 年和 2019 年中国入境旅游经济韧性发展障碍指标的省份频数分布

第三节　入境旅游经济韧性对效率提升的影响

一、入境旅游经济效率测算与分析

为进一步研究入境旅游经济韧性对经济效率的影响程度，运用

DEAP2.1 软件测算我国 2010～2019 年入境旅游经济效率（见表7.5），分析发现：研究期内，整体而言，中国入境旅游经济效率保持低位稳定发展，表现为：2010～2011 年，入境旅游经济效率从 0.348 上升至 0.413，后因雾霾、国际环境、汇率变动等外部不确定因素的影响，2011～2014 年持续下降至0.339，2014～2019 年小幅波动上升至 0.352。从省域看，各省份入境旅游经济效率存在较大差异。广东和上海的综合效率在研究期内始终为1，入境旅游经济效率与规模报酬状态均达到最优。西北地区（除陕西）外，综合效率均处全国后列；河北、北京等省份虽规模效率在研究期内居于高位、较为稳定，但近十年纯技术效率降低致使入境旅游综合效率呈现下降态势；广西、四川、重庆、安徽、湖北、湖南、陕西、云南则在入境旅游经济综合效率水平上显著提升，年均增速均超过 5%。

表7.5　　　　2010～2019 年中国入境旅游经济效率发展变化

类型	2010 年	2011 年	2012 年	2013 年	2014 年	2015 年	2016 年	2017 年	2018 年	2019 年
综合效率	0.348	0.413	0.39	0.34	0.339	0.362	0.343	0.375	0.359	0.352
纯技术效率	0.561	0.567	0.561	0.552	0.498	0.559	0.566	0.586	0.584	0.608
规模效率	0.631	0.725	0.693	0.623	0.689	0.675	0.607	0.638	0.62	0.571

二、影响分析

借助 Stata 软件，对入境旅游经济效率进行 Tobit 回归分析（见表7.6）。研究发现，入境旅游经济韧性与入境旅游经济效率呈正相关，且通过 1% 的显著性水平检验。入境旅游经济韧性水平每提升 1%，经济效率提升 0.2432%。对外开放水平和生态环境在 1% 的水平上显著且系数为正，对入境旅游经济效率存在促进效应，对外开放水平和生态环境每提升 1%，入境旅游经济效率分别上升 0.1019% 和 0.0721%，其中生态环境水平的促进效应并不明显。交通发展水平与旅游服务水平分别通过 1% 和 5% 的显著性水平检验，系数为负，对入境旅游经济效率存在抑制效应。交通便利度每提升 1%，入境旅游经济效率下降 0.1285%，可能是因为改善地区可进入性会使得区位约束减小，加速客流流转，从而减少停留时间与旅游消费，导致效率降低。旅游服务水平每提升1%，入境旅游经济效率下降0.0621%。这主要是我国当下旅游业较多注重数量投入而忽视质量把控所导致的。

表7.6 入境旅游经济效率影响因素 Tobit 分析

变量	系数	标准误	T 统计量	P 值
R	0.2432	0.0550	4.42	0
T	−0.1285	0.0163	−7.9	0
O	0.1019	0.0157	6.48	0
E	0.0721	0.0173	4.17	0
S	−0.0621	0.0288	−2.15	0.032
_cons	0.3368	0.4427	0.76	0.447

第四节 入境旅游经济恢复性增长的作用路径

入境旅游经济恢复性增长过程是考验产业复苏动能与转型增长潜力的关键时期（见图7.4）。

一、韧性和效率的内驱作用

韧性和效率是影响入境旅游经济恢复性增长的内驱力量。首先，入境旅游经济韧性水平影响入境旅游经济恢复程度。高韧性经济系统，在面临灾害与风险时，因自身经济发展水平较好，应急抢险和救援疏散能力较佳，且科技创新意识较优，因而整体具有较强的抵御力、恢复力和更新力，经济活力足、弹性大，恢复速度较快。其次，入境旅游经济效率水平影响入境旅游经济增长速度和质量，效率越高，产出越多，增长越快。随着入境旅游经济愈加重视"效率红利"，入境旅游的纯技术效率和规模效

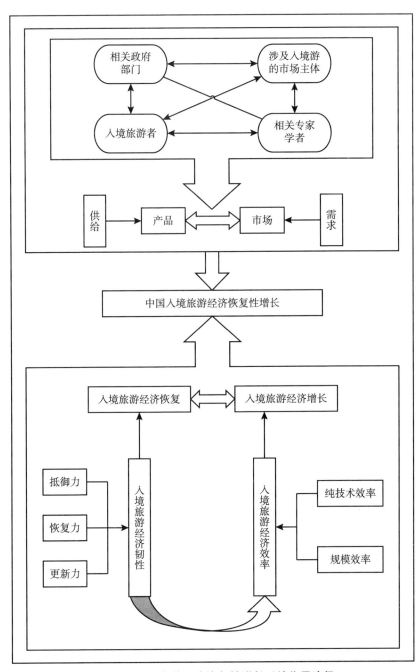

图 7.4　入境旅游经济恢复性增长系统作用路径

率的配置效率将得到提高，产业结构将持续优化，入境旅游经济会以更高质量增长。再者，入境旅游经济韧性是入境旅游经济效率提高的基础保障，二者共同助力入境旅游经济的恢复性增长。韧性越高，缓冲能力越强，在效率提升过程中，即使遭遇外界侵扰，也能较快返回原本发展路径，使得效率提升尽可能平稳有序。可以看到，韧性塑造与效率提升的有机结合，是促成入境旅游经济实现恢复性增长的有效方式。

二、市场供需的外推作用

旅游市场的供需状况及其动态均衡是入境旅游经济恢复性增长不可或缺的外推力量。积极推动入境旅游市场供需的对接与融合，加强实际市场需求侧的客观调查以及供给侧产品与服务的优化升级，也是推动入境旅游经济恢复性增长的必要举措。期间应联动政府管理部门、入境旅游者、入境旅游市场主体和专家学者等各利益相关者，发挥其对入境旅游恢复性增长的促进作用，使得系统运转更加智慧与高效，从而同韧性和效率一起作用于我国入境旅游经济恢复性增长的目标路径。

在日益复杂的外部环境面前，提高入境旅游经济效率是实现入境旅游高质量发展的重要动力源泉。韧性理念为高质量发展注入了更加广泛、丰富的含义，充分发挥入境旅游经济韧性在恢复性增长方面的作用，推动我国入境旅游提质增效，是入境旅游逐步复苏、提质增效的有效路径之一。基于此提出以下建议。

（1）加快入境旅游经济韧性建设。通过加速入境旅游市场培育，扩大旅游业有效供给和中高端供给、改善入境旅游消费环境、扩大对外开放程度等，形成立体开放、根基牢固的入境旅游产业体系，从而增强旅游业抵击外部侵害的抵御能力；同时提升旅游运输与接待能力，保证物资供应的稳定性，加强旅游应急抢险、游客疏散救援和旅途医疗保障能力，进一步助力产业调整恢复；增加科研投入、深化人才培养，为入境旅游业的转型升级提供强劲的更新迭代能力。其间，还需重视入境旅游经济抵御力、恢复力和更新力的协同整合，使其共同推动产业振兴。

（2）注重入境旅游经济效率提升。均衡的产业结构和优质的产品体系是入境旅游经济高质量复苏的关键因素。结合入境旅游市场需求变化，优化产业资源投入的结构与效率，改善升级入境旅游产品，尤其深耕产品种类、服务品质、旅游体验等内容，最终作用于入境旅游系统，提升入境旅游者消费水平、消费质量与停留时长，推动入境旅游经济高效增长。

（3）各相关利益主体协同互动，共同促进入境旅游经济恢复增长。入境旅游各利益主体要努力维护客群，积蓄保存力量，在条件允许的情况下，推广和预售入境旅游产品，保持与入境主要客源地区的紧密互动，增强旅游目的地长期可持续的印象，同时收集海外消费者的意见反馈，适当调整目标客群，提前储备优质客户。政府有关部门要持续推进入境旅游振兴，在保持政策稳定性和可持续性的情况下，着重塑造"安全""健康"的入境国旅游形象，追踪反馈营销效果，实现产品与市场的衔接；推动旅游目的地"数智化"管理体系的发展，提升疫情防控常态化之下旅游产业的安全防护效率；尽快建立与推进旅游热点防疫预报机制，探索并尝试使用"旅游气泡""国际旅行健康证明"等安全协议措施，逐步恢复跨境往来；同时重视涉外导游的重要中介作用并支持帮助其渡过难关等方面，也是目前应为入境旅游经济恢复而做的即时响应行为[181]。

第五节　本章小结

选用 2010～2019 年面板数据，基于熵权法计算入境旅游经济韧性水平，结合探索性空间数据分析得出入境旅游经济韧性空间依赖关系，运用 DEA-Tobit 分析入境旅游经济韧性对效率的影响，并构建入境旅游恢复性增长路径机制。结果表明：我国入境旅游经济韧性整体呈上升趋势，高韧性区域由东部沿海逐渐向中西部地区扩散。但全国均值仅 0.2467，提升空间较大；中国入境旅游经济韧性具有较强的空间集聚特征，但正向的空间集聚态势正在弱化。H-H 集聚区与 L-L 集聚区省份数量减少，H-L 集聚区与 L-H 集聚区数量增加，H-H 区辐射作用与 L-L 区扩散作用缩小，H－L区极化作用与L－H区空心作用增强；入境旅游经济规模、经济发展水平、产业结构水平、市场发育度和对外开放度是主要障碍因子；全国入境旅游经济效率保持低位稳定发展，各省效率存在较大差异。入境旅游经济韧性、对外开放水平和生态环境对入境旅游经济效率有促进效应，而交通发展水平与旅游服务水平则存在抑制效应。入境旅游经济韧性每提升1%，经济效率提升0.2432%。二者对入境旅游经济恢复性增长具有促进作用。在此基础上，提出了中国入境旅游经济实现恢复性增长的政策建议。

第八章 现阶段中国入境旅游经济恢复性增长的政策建议

改革开放 40 多年来，剔除一些突发政治、经济和公共卫生事件等因素的影响，中国入境旅游经济增长总体呈现徘徊波动、稳步上升的态势。2020 年以来，席卷全球的新冠疫情打断了中国入境旅游经济发展的稳步回升，使其增长相对"暂停"。现阶段，中国入境旅游发展面临前所未有的困难。如何清楚地认识疫情给中国入境旅游经济带来的负面影响？如何积蓄力量在后疫情时期实现快速恢复性增长？是现阶段我国入境旅游要深入思考的问题。

本章基于研究的前期成果，结合中国入境旅游发展的国内外环境，依据旅游系统理论模型[182]，从中国入境旅游目的地系统、入境客源市场系统和入境旅游支持系统三个角度出发，对后疫情时代中国入境旅游实现恢复性增长提供政策建议，以期为各级政府旅游管理部门、入境旅游的经营主体等提供理论借鉴和实践指导。

第一节 入境旅游目的地系统

一、旅游吸引物

（一）旅游资源开发与整合

中国旅游资源具有多样性、奇特性、自然和人文融合的特点，资源的空间分布皆存在显著差异。西部地区的南北自然旅游资源差异较大，南方高寒，有冰川、雪峰等；北方干旱，有戈壁、沙漠等。人文旅游资源主要是由于西部地区在风俗习惯、节日庆典、生产活动等各方面体现出来的浓厚的少数民族文化特色。在东部地区，秦岭淮河以南多为丘陵山地，水、热条件较好，旅游资源形成以"秀"为主的风景特色，秦岭淮河以北有雄伟、险峻的风景名山，还有广袤的森林、海洋和雪原，构成了中国南北旅游资源的景观格局。人文旅游资源也具有"南秀北雄"的特点，如北方宫殿、陵墓、长城等壮丽的文物古迹，而南方地区有以秀为特色的私家园林、田野风光、城市街景、民宅建筑等[183]。《2019 中国入境游游客行为与态度分析报告》显示，当入境游客将中国作为旅游目的地时，最先考虑的因素是文化、食物和多样化的人文体验。入境游客来中国旅游的原因也不同，亚洲游客最看重旅行过程中的安全和住宿便利；来自北美、欧洲和大洋洲的游客更关心旅游目的地带给他们的人文体验感受。此外，来自不同大陆的游客对中国文化体验也有不同层次的需求，亚洲游客往往向往中国现代城市的文化氛围，而欧洲游客对中国传统历史文化和京剧等特殊表演更感兴趣。根据当前我国旅游资源的特点与开发现状，并结合入境游客的需求，提出以下四点关于旅游资源开发与整合的建议。

1. 以经典带新兴，发挥北京等经典旅游目的地带动功能

经济实力雄厚、区位优势明显的北京、广东、上海一直拥有极大的认知优势，其中，北京作为首都拥有极高的知名度，旅游资源具有极高的吸引力。可选择将北京、上海、广州三座城市作为核心增长极，巩固中心地位，使境外游客认知的经典旅游目的地的集散和带动功能得到充分发挥，可以让游客从这些经典目的地的口岸入境后通过便捷的交通网络扩散至新兴旅游地。随着中国旅游资源在海外市场的不断传播，越来越多的城市被入境游客所了解。新兴入境旅游城市的旅游资源应该利用当地特色和优势进行开发和宣传，塑造鲜明的城市形象，提升这些城市的实力和竞争力。

2. 以一体化和协调化为原则，构建东南、西南和西北三大特色旅游片区

东南旅游片区主要包括福建、浙江、上海和江苏，形成休闲度假与商务会议相结合的旅游景区景点，凭借东南片区优越的区位条件与经济发达的优势，定期举办大型商贸会议，抓住会展会议入境旅游契机，适当增加旅游项目的娱乐活动种类，增加入境旅游效益。同时也对中部地区的省域产生更强的辐射效应，推动区域入境旅游经济趋于协调化发展。西南片区构成集宗教文化、湖泊河流、梯田景象等于一体的旅游区，积极地与东部核心省域建立入境旅游经济连接，实现旅游要素相互流通。西北片区拥有品质高的旅游资源，但却受交通不便、可进入性差的制约，可借助"一带一路"倡议机遇，打造西北旅游特色，构建集黄河文化、大漠风光、自然遗产等于一体的旅游片区。

3. 整合资源，打造成国际化和特色化的旅游经典品牌

面对入境游客多样化、主题化、标准化的旅游需求，深入发掘当地文化资源内涵，提升旅游资源开发的组合优势，对品牌形象提升方面进行标杆控制，有序推进旅游资源的品牌建设。此外，进一步推动国家 5A 级旅游景区的申报工作，从现有的 4A 级旅游景区中遴选出旅游资源、产品、营运、管理优秀的旅游景点。通过有效开展旅游措施，打造文化旅游产业集群和旅游服务贸易示范区[184]。

4. 文旅融合，凸显中国文化特色

来华入境游客比较注重文旅融合的旅行体验，因此只有凸显中国的民族文化特色才能更好地满足外来游客的需求。各省区市基于来华入境游客的市场需求，结合独具特色的地方文化元素，深度挖掘经典线路的特色，达到吸引境外游客重复到访的目标的同时，还要加大宣传新兴线路城市的力度，创造更丰富多样、更吸引人的入境旅游体验。同时，正确利用媒体价值，通过媒体将关键性信息传递给入境游客，如文化、美食和交通特色等。

（二）入境旅游产品优化与创新

近年来，尽管我国入境旅游产品在不断发展和完善，但仍存在一些问题，如内容缺乏创意、同质化现象严重，对入境游客缺乏吸引力。因此，入境旅游产品的创新优化尤为重要，关于入境旅游产品创新开发的思路主要有以下几点。

1. 优化入境旅游产品结构，促进产品转型升级

入境旅游产品的创新开发必须遵循以旅游者需求为中心的原则，要尽最大可能与目标旅游市场需求相匹配。具体来说，各区域内的省市可进行深度合作，打造一批特色鲜明的旅游产品，将全域旅游的观念融合到入境旅游产品的开发中，整合具有不同特色的旅游资源，凸显各地旅游资源的独特优势，使国内旅游资源和产品形成以点连线、以线连面的特征，进一步挖掘非传统性旅游资源产品。各地区还应注重人文体验感方面的旅游资源的传播和营销，加大国内现有的世界文化遗产、特色节日、民俗产品等的宣传力度。

2. 错位开发，形成完整的入境旅游产品体系

各地区可以建立有效的合作互补机制来挖掘入境旅游产品，合理开发各个地区具有本地特色的旅游资源，进行错位挖掘，形成旅游资源的有效互补。通过错位互补的入境旅游产品开发，实行差异化营销使各区域客源互通，让游客在各个区域感受不同的旅游体验，实现合作双赢。在各区域入境旅游产品的开发工作的分工合作中要注意权责明确，在旅游资源开发的各个步骤开展建立合作机制，优化入境旅游产品体系结构。

3. 创新开发，确定未来入境旅游产品方向

从我国未来入境旅游产品考虑，与中国文字和语言相关的教育和研学旅游、各地特色美食旅游、特色民俗节事节庆旅游、探亲访友旅游、寻根旅游、康养医疗旅游、体育旅游以及更加接近大自然的徒步旅游、自行车及自驾旅游和独具中国特色的"乡村旅游""红色旅游""社会旅游""公益旅游"等产品系列的创新开发都可以作为未来入境旅游产品的方向。

二、旅游设施

进一步建设和加强能源、水利等旅游基础设施网络，形成种类多、功能全的旅游服务设施体系，进一步提升旅游接待设施的档次，满足个性化、多元性的入境游客需求。

（一）入境旅游基础设施完善与发展

1. 构建入境旅游交通网络

一是优化升级重点旅游区周边机场结构，规划建设一批发挥关键作用的干线铁路和资源开发支线，实现"快进慢游"，提高交通网络与当地旅游景区景点的便利度和衔接度，推进旅游景区乡村旅游公路和客运索道建设。提升道路、服务区、邮轮码头等交通设施的价值功能，促进通用航空与旅游业有效融合。优化交通集散体系结构，鼓励发展针对不同入境游客的个性化旅游交通服务。二是缩短空间距离，首先，对于跨越大洋或空间距离较远的客源地，国际航空是入境旅游者优先选择的交通方式，必须加强安全高效的航空运输建设，增加国际航空航线，增加国家间的国际航班数，提升航空运输能力，缩短长距离航空飞行时数，增强较远客源地的外部可进入性。其次，针对边境国际口岸省市，例如云南、广西、新疆、黑龙江等省份，可充分利用自身地理位置优势，寻求与接壤国家间的交通建设合作，开通跨国交通线，打通与这些省市相邻的客源地的交通网络，完善航空、铁路建设，增加国际旅游航线，开通国际铁路线，减少游客在交通上的时间花费，减弱距离对入境旅游质量产生的不良影响，激发邻近客源地的入境旅游动机。

2. 加强入境旅游信息化建设

一是加强旅游地通信基础设施建设，拓宽无线网络覆盖面。积极加快互联网、云计算、VR、高速通信技术、AI 等现代信息技术在旅游服务方面的运用。二是建立安全便捷的支付系统，各地区旅游企业应借助区块链等技术进一步开展和加强与银联、支付宝、Paypal 等平台的有效合作，创建畅通无阻的网络支付环境。三是打造线上旅游信息服务平台，提升服务水平。各省市应考虑收集共享数据，建立数据共享机制，包括公安、交通、气象、航空等，实现有效融合，为游客提供完备的旅游信息服务功能。四是统筹区域内旅游景区、交通网络、旅游综合体，进一步统一规范设置旅游标识信息，根据所处区域接待的主要客源情况选择数种语言进行信息标识，实现旅游标识信息的标准化、专业化和国际化，大力提升旅游国际化水平。

3. 推进能源、水利等旅游基础设施科技创新

能源供应、供水排水等旅游基础设施是用于确保旅游活动顺利开展的公共服务系统。当前，对旅游基础设施的要求已提升到了国家战略的高度，尤其要从重视传统基础设施补齐短板转变到更加重视科技创新和新型基础设施发展。要始终把科技创新作为推动建设旅游基础设施体系的第一动力，加大关键核心技术研发力度，使新兴技术水平的带动作用得以充分发挥，实现基础设施领域的前瞻性和引领性，加强新型基础设施与传统基础设施跨界的有机融合，如将区块链、云计算、人工智能等先进科学技术应用到传统基础设施领域，建设智能化的基础设施体系，从而为入境旅游的良好持续发展打造坚实的基础。

（二）入境旅游配套设施提质升级

目前西部地区部分省域如甘肃、贵州、广西、青海、新疆等的现有旅游设施不能优质地满足入境游客的需求，可借鉴东部沿海地区城市的旅游发展模式，提升区域的服务功能与接待能力，进而提升区域旅游的可进入性。结合旅游城市、国家级旅游景区的建设，提质升级入境旅游餐饮、住宿、娱乐、购物等配套设施，提升入境旅游服务水平。

1. 住宿设施

打造多样化的接待体系，既包括高星级酒店和经济型酒店，也包括亲民的客栈和乡村旅舍。修建一批具有特色和主题化的住宿设施，不同风格的接待设施可以吸引到不同的游客，可以实现引导客流和游客分流的目标。打造一批功能多样化的主题酒店，如文化主题客栈、温泉度假酒店、郊野营地、商务会议型酒店、乡村特色酒店等，以满足入境游客日益增加的服务需求。同时，要提升住宿业的服务管理水平和从业人员素质，对相关企业进行管理和监督，并对员工进行定期培训。

2. 餐饮设施

为满足入境游客的不同需求应建设一些规模不同、类型各异的餐饮设施，打造个性化的地方餐饮品牌。积极引导并引进各类知名餐饮品牌入驻

加盟，包括国内外主要菜系，打造优质综合餐饮产品。此外，应该丰富各民族和地域特色的餐饮服务，实施不同民族特色餐饮产品多样化开发，提升来华入境游客在餐饮方面的体验感。

3. 娱乐设施

根据不同客源地的国际游客喜好，建造能够吸引他们的娱乐设施，提高对入境游客的吸引力，为其出行留下美好回忆，达到让游客下次继续来或者带动国外其他游客来到中国旅游的目的。值得一提的是，夜间旅游设施逐渐成为新兴旅游景点。尤其是城市旅游景点可以增强夜间设施的观赏和娱乐功能从而提升夜间旅游设施的商业价值。提升夜间娱乐设施可以通过打造独特的夜间旅游产品来吸引游客，刺激入境旅游消费、形成具有本地历史文化和特色的旅游品牌，实现商业化的夜间旅游聚集，如利用夜间灯光设施打造夜观光、夜景区、夜市等产品。

三、旅游服务

旅游服务质量是入境游客在旅游时可以直接感知到的因素，旅游地服务质量的高低会直接影响入境旅游规模和旅游竞争力。完善景区景点的服务内容和质量是大众旅游新时代加速旅游业转型优化、提质增效的必然选择和内在要求。自 2023 年以来，入境旅游方式逐渐从团队游和观光游转变为散客游和自驾游，这使入境游客在服务需求方面也发生了相应的转变，呈现出交叉性和多元性的特点。入境旅游者对旅游地的服务接待设施提出了更高的要求，这对于我国现行的旅游服务体制无疑是一种新的挑战。旅游业发展必须充分发挥旅游服务的基础支撑作用，升级优化旅游服务内容，提高入境旅游业可持续发展保障能力。

（一）健全完善旅游服务体制机制

建立健全旅游服务合作机制，加大政府和社会资本对旅游服务的投入，形成包括政府、市场、社会在内的多主体合作布局，实现旅游服务市场规范化。首先，完善旅游服务监管机制，明晰各部门的权力与责任，加大旅游部门执法力度。改进旅游投诉事件受理机制，创新旅游服务质量监督机制，完善旅游投诉处理方法和纠纷调解机制；增加社会监督板块，建立奖惩信息全景点公示公告制度，严厉打击欺客行为，严格诚信机制考核；提升旅游行业从业人员的职业素养，优化健全旅游企业和旅游者的信用体系结构，建设信用信息共享平台，正确引导旅游企业经营者诚信经营，来华入境游客文明旅游。其次，重点建设和完善旅游业监管体系和监管综合平台，如建立和完善国家导游服务监管平台、国家旅游团队服务管理体系、旅游住宿业标准化管理信息系统以及旅行社在线审批系统等。最后，树立全员旅游服务监督理念，积极引导入境游客通过便利的信息共享平台向企业提供不文明行为的照片和待改进地点的建议，针对游客提供的有关信息，建立快速处置机制，及时响应旅游地游客的诉求。同时，提升旅游场所的服务细节，引导旅游企业秉持平等服务理念，使所有接受服务的入境游客群能享受到、感受到便利、快捷、舒适、和谐、公平、公正的服务环境。

（二）不断优化旅游服务供给结构

打破政府单一供给结构，逐步形成旅游服务供给多元化格局，构建旅游服务全体系、多要素配置体系。以旅游地游客需求为中心，优化升级旅游服务内容，拓宽中高端旅游服务供给渠道。首先，政府及相关部门应对旅游服务企业进行服务内容优化，推动各区域开展有效合作，打破区位限制和机制合作壁垒，进行旅游服务资源的整合优化，实现旅游服务资源的有效配置。这样既可以提升旅游目的地的服务质量和运营管理水平，又可以增强旅游服务行业整体抵御外部风险的能力。其次，对旅游服务企业进行优胜劣汰，借鉴国内外旅游服务企业的成功经验，创建一批具有特色业务、精细管理的旅游服务公司，细化旅游接待的服务范围，可采取外联方式进行发展，为入境游客提供标准化、专业化、国际化的旅游服务，实现入境旅游服务行业的成功转型升级。最后，针对不同类型的入境游客市场需求，旅游服务相关零售业需对服务商品进行专业化和国际化的升级改造，不仅要提升服务质量，还要创新服务产品，提供达到国际化标准的旅游服务。

（三）合理配置旅游服务空间布局

有序推进旅游服务在各区域的科学布局，进行分类和分区引导以及重点突破，加大对旅游服务欠发达区域的资金、设施和资源的投入力度，优化旅游服务空间格局。首先，树立和引入全产业、立体化的全域旅游观念。全域旅游不仅可以延长旅游产业链，打破旅游服务发展不平衡现象，还能降低各区域开展合作时的区位和行业壁垒，发挥区域内发达地区的集散和带动作用，增强旅游服务行业的国际竞争力。其次，不能仅强调旅游行业和新型服务业的融合，还要提升二者的融合效率，打破传统的单一盈利模式，统筹产业结构、创新能力和空间格局等多方面，推进入境旅游服务的优化升级。将当地历史民俗文化特色与旅游服务产品有机结合起来，打造独一无二的旅游资源，有效延长旅游服务产业链，推动一二三产业联动发展，增强旅游目的地对游客的吸引力，促进入境旅游服务高质量发展。最后，从新兴服务业出发，积极举办有当地民俗风情的体育赛事、游学、文化娱乐活动，吸引大批境内境外游客，提高国际知名度。对接好入境旅游服务与跨境旅游、边境旅游、"一带一路"等共建国家线路，实现旅游空间布局整体优化。

第二节　入境旅游客源市场系统

一、客源市场分析

近年来，全国入境旅游市场在不断扩大，入境游客数量不断上升。本书借鉴《中国旅游统计年鉴》的分类，将入境旅游客源分为外国人和港澳台同胞。除华南地区主要为港澳台同胞游客，其余六大区域均以外国游客为主。港澳台同胞游客在华南地区人数多，主要因为距离相对较近、停留天数较短、多为当日游和旅游偏好度也更高。外国客源市场交通距离远、多为过夜游、旅游目的多样化和旅游偏好性也各不相同，因此对入境旅游外国客源市场进行细分十分必要。

（一）外国客源市场

根据游客的需求特征将入境游客市场划分为不同的类型，实行差异化的营销策略。通过研究数据分析中国入境游客主要是以东北亚、东南亚、南亚、西欧和北美为主要市场，中亚、西亚、东欧、非洲和南美等地作为未来重点发展市场。对客源市场进行划分不仅要考虑地理或经济因素，还要将初始水平和结构特征等方面所起的作用均考虑在内。报告数据显示，周边国家仍然是中国的主要客源市场，如日本、韩国、马来西亚、菲律宾、新加坡、泰国、美国、加拿大、英国、法国、德国、俄罗斯和澳大利亚，即中国入境旅游客源地表现出近距离衰减效应。入境游客市场可以根据市场基础与变化情况分为两种类型，且这两种市场类别并未表现出明显的地理邻近性或经济相似性。

第一类是主要的外国客源市场。有与中国距离较近的旅游市场，包括印度、印度尼西亚、日本、韩国、老挝、马来西亚、蒙古国、缅甸、菲律宾、新加坡、泰国和越南，以及澳大利亚、加拿大、法国、德国、俄罗斯、英国和美国等远程旅游市场。这类客源市场具有入境旅游人数多、市场份额高的特征，是维持中国入境旅游持续发展的根本动力。

第二类为潜力外国客源市场。有高收入国家，包括意大利、西班牙等，中高收入国家包括土耳其、墨西哥等，还包括尼泊尔等中低收入国家和苏丹等低收入国家；另外，还有如柬埔寨等距离中国较近的客源市场，欧洲的波兰、美洲的墨西哥和非洲的南非等远程客源市场。这类客源虽然市场基础较弱，但是市场结构在逐步优化，增长速度也比较快，具有很大的潜力。

（二）中国港澳台地区客源市场

从客源结构看，近年来中国入境旅游市场主要来自中国港澳台地区，是我国入境旅游的核心力量。2000～2019年，港澳同胞游客份额占比远高于台湾同胞游客。近十年来，港澳同胞游客市场及台湾同胞游客市场发展则相对缓慢。台湾同胞游客近年来有所下滑，港澳同胞游客波动起伏较平稳，基本保持在两个点之间。七大地理分区中，华南地区的入境旅游客源市场主要以港澳台地区为主，占60%以上，是华南地区入境旅游的基础和主要市场。

二、差异化客源市场营销策略

因港澳台同胞游客客源市场在入境旅游客源市场中可变动份额较小，且增速变化率稳定，相对而言并非当下入境旅游精准营销重点，主要分析两种外国客源市场类别。为此，应针对两种不同的客源市场类型建立定制化的营销策略，精准营销，方能有效促进入境旅游可持续健康发展。

（一）强化主要外国客源市场

虽然在研究入境旅游主要外国客源市场时，不仅考虑地理距离这个重要因素，还综合考虑初始水平和结构特征等多方面因素，但是研究证明地理距离对中国入境旅游主要外国客源依旧具有不可替代的影响，也就是说距离中国较近的周边国家客源普遍仍属于我国主要的入境旅游客源市场。针对这些具有地理优势的主要外国客源市场，可以在签证政策上下功夫，如降低一些国家的签证要求，简化签证流程，对于一些优质邻近客源地还可以实行相应的落地签或免签政策。政府和相关部门应重视这些主要的核心外国客源市场，进一步加强这些市场的调研力度以把握该市场入境游客的需求特征变化[185]。入境游客客源市场正由传统的观光游、团体游向更加个性化的散客游和自驾游转变，因此旅行服务商也应随机应变，将传统的观光团旅行社向定制化、差异化、精细化的旅游服务模式转变，并与游客建立直接的联系，实现从B2B到B2C的过渡。

对于主要客源市场，同时要创新市场营销方式，构建立体化的营销体系，推进精准营销具体化。对内要进一步加强主要外国客源市场与国际口岸城市如上海、广州等的有效合作，推进旅游资源的错位开发和优势互补。对外加大对国内旅游资源的海外宣传力度，通过充分利用各种传播渠道和媒介手段实现宣传活动的全方位、多层次、宽领域。如积极参加一些国际性的旅游展销会、交易会等；举办与旅游相关的国际性会议，如国际旅游节、民族文化节等。同时可以考虑将一部分资金用到国外媒体的宣传活动中，如在国外电视以及一些知名杂志上做文章。充分调动各方力量创建立体化、多元化的对外营销体系。例如，充分发挥世界华侨各地区同乡恳亲大会等世界性华侨华人社团的作用，凝聚世界华人力量，引导世界华人积极宣传我国地区旅游资源和产品。充分发挥现代信息技术与多媒体应用的功能，从依靠传统的线下推介、考察和交易宣传活动转变成线上线下相结合的方式，创建完善立体的线上线下宣传活动并存、主流新兴宣传类型同行的营销网络。举办一些国际性节庆赛事活动，与国际旅游网站积极开展合作，如 Expedia、Hotels 等，传播国内各地区旅游品牌。最后，引入全域旅游发展下的"旅游＋"观念，实现旅游与各行各业的有机融合，挖掘特色旅游产品，提升国内旅游资源对入境游客的体验感，延长入境游客在华旅行的停留时间，促使入境旅游经济快速增长和持续健康发展。

（二）拓展潜力外国客源市场

提高入境便利度，简化潜力外国客源地游客入境旅游手续。要大力开发这类客源市场，挖掘和激发这些外国客源市场来华的旅游潜力。应该加大这类客源的市场调研力度，因为此类客源市场呈现出基础弱、增长动力不足的特点。潜力发展市场客源地在入境旅游便利度方面还有不少需要提升的地方，如优化签证便利度，提高交通通达性。与此同时，除了考虑地理因素的重要影响外，还要综合考虑其他相关因素。例如，为了进一步扩大中国入境旅游规模，应该与人口众多、经济发展水平高、开放程度高的潜在外国旅游市场开展经贸合作和人文交流，进一步拓宽实施 72/144 小时过境免签证政策的国家覆盖面。

采取定制化、精准化的市场开拓措施，加大对外宣传力度，促进入境旅游潜力外国客源市场持续快速增长。对欧美国家等潜力客源市场重点宣传国内各地区气候差异化、景观等特色资源，而由于东南亚等一些国家拥有许多与国内相似的旅游资源，其宣传活动中应凸显我国文化魅力的多元性。扩大宣传范围，扩大国内各地区在这些潜在客源地的知名度，增强潜力客源地对国内各地区的了解，并树立鲜明不同的旅游形象使其选择自己喜爱的地区，作为来华旅游的目的地区域。充分利用现代信息技术手段，创新品牌宣传和营销策略；借助流量、意见领袖或明星效应、真人秀等综艺节目、影视剧和杂志拍摄制造爆款营销；要充分利用一些国际性社交软件如 Facebook、Google、推特等，进行海外宣传和营销，提升中国旅游资源和产品在这些潜在外国客源市场的知名度和曝光度。

三、旅游目的地形象优化

旅游目的地形象可以分为认知形象、情感形象和整体形象三个维度。针对不同的维度提出一些合理化建议。

（一）改善认知形象

长期以来，我国入境旅游缺乏活力性和专业性，延续普世宣传老路，往往以一种统一的口径和方式面对所有外国客源市场。尽管市场营销投入在不断增加，但旅游海外营销缺乏针对性和有效性，形式大于对策。国家整体旅游形象的标识和口号保持多年不变，使得外国游客认知形象仍然停留在过去传统的中国形象，难以有效提升我国认知形象。认知形象是旅游者对旅游目的地的已知的属性的衡量。已有研究表明，入境游客对我国旅游形象的认知水平会在来华前后发生一定程度的变化，即来华后的旅游形象认知水平高于来华前。主要影响入境游客对我国整体旅游形象认知水平的因素是社会发展水平和旅游吸引力，在这个结论的基础上提出一些改善和提升入境游客的旅游认知形象的建议[186]。

1. 开展民族文化活动

文化差异作为旅游者流动的重要影响因素，独特的民族文化对树立旅游目的地良好的形象有巨大的推动作用。因此利用我国多民族不同文化对入境旅游者来华强大的吸引力，开展民族文化活动能在短时间内呈现我国文化内涵的精髓。大量的民族文化活动包含了各民族不同的风俗习惯，通过举办具有文化差异的民族节庆活动，不仅能够让外国游客了解璀璨的中华民族文化，还能满足提升他们在旅行过程中的体验感。

2. 完善网络信息传递渠道

随着互联网在世界范围内的广泛传播和使用，越来越多的入境外国旅游者借助网络平台应用媒介在出行前了解旅游目的地的各种信息。因此网络信息传递对旅游目的认知形象建设的作用是不可小觑的。增强入境旅游宣传，健全各地方旅游特色信息搜集，消灭旅游点信息隔域，通过网络平台全方位展现入境旅游的现代性和新奇性。借助 VR 等网络虚拟手段，将国内各种旅游信息进行创新性呈现，满足入境游客在来华前的虚拟体验感，并提升入境游客心目中对中国旅游形象的初始认知水平。文化旅游认知形象的传播主要就是依托于诸多网络信息传播途径展开。在传播推广旅游认知形象的过程中，应将自然生态和历史文化特色作为重点。宣传方式上的选择，尽量采用"走出去，请进来"形式，借助于网络、平面等多媒体手段，凸显出中国旅游形象的魅力所在。

（二）丰富情感形象

情感维度是旅游者对旅游地的一种感觉情绪反应。如何将富有生机的良好旅游形象感觉，传递给广大的来华游客以及旅行商是成为旅游目的地国家、境外客源地市场竞争的关键难题所在。

1. 彰显地域情感特色

我国各省份历史悠久，文化传承千年，民俗民风具有一定的特殊性，拥有秀丽的自然景观特色，也成为旅游情感形象包装的主要内容。将旅游产品内容持续丰富，在此背景下，注重文化内涵方面的提升，推动旅游配套设施的构建与使用，表现出来华入境旅游所具有的特殊之处，发现旅游资源特色，将当地旅游资源在境外市场的竞争力优势全面地彰显出来，提高这一拓展能力。要积极引导旅游从业人员和当地居民自发地为当地做宣传和营销，注重提高旅游从业人员和当地居民的地方自豪感和认同感，这样才能潜移默化地影响入境游客沉浸到旅游活动中。对旅游从业人员进行定期培训，提高职业素养，为入境游客提供优质化服务。提高从业人员对目的地品牌的认同感，才能进一步影响入境游客去接受和喜爱目的地品牌，对来华入境游客情感形象优化具有重要作用。

2. 改善中国游客海外形象

塑造中国游客海外形象对来华入境游客情感形象优化具有重要作用。虽然我国政府一直努力对外树立良好形象，然而，关于中国游客海外旅游的各种负面新闻报道仍频繁出现。因此，我国应正确引导出境游的中国游客提高自己的道德素质，认真反思自己的言行举止，加强全民道德素质教育、文明行为教育，提升全民素养。不仅要在出境游过程中规范自己的行为，还要努力将我国的良好形象展示给外国人。为了便于国人提前对出境国家的风俗习惯和禁忌有一定的了解，相关政府和部门应制定并发布《海外旅游指南手册》，以促进国人在出境旅游前自觉了解其他国家的文化习俗。最后，应正确引导国人端正出国旅行的行为，树立他们的行为始终代表祖国形象的意识。在出国旅游时永远记住我们作为祖国旅游形象大使的角色，积极弘扬中华优秀传统文化。

（三）提高整体形象

如何改变入境游客总体形象，树立全新旅游目的地整体形象对旅游目的地形象优化起到重要作用。

1. 打造专属主题品牌

如果旅游目的地对游客具有潜在或现实的吸引力，就会使游客对目的地持有期望，在游览过程中这种期望会逐渐转变成游客对目的地认知和情感认识，进而形成对当地的整体印象。近年来，国内部分景区的旅游资源或产品出现了同质化现象的原因在于缺乏旅游目的地独特的本土文化，满足不了游客的差异化审美和情感体验。对旅游目的地和新开发的景区进行主题策划建设，找准定位和品牌。品牌是旅游目的地形象的重要象征，旅游地品牌的建设目的在于将当地最好的形象展示给游客。旅游景点中的众多旅游产品只是一部分有形旅游产品。还有诸如生态、环境、文化氛围等许多无形的旅游资源也可以通过包装手段打造成为旅游目的地形象品牌。因此，景区应选择适合自身的项目，并围绕主题进行组合。依靠着资源产品承载的丰厚文化内涵，整体旅游形象的品牌才能打造出来。

2. 国家整体形象塑造

建议从现在开始，用一到两年的时间，完成我国旅游及配套省区市整体形象口号、LOGO、精品线路的相关工作，编写《中国国家旅游整体形象战略大纲》，并付诸实际有效的行动。加大对中国国家旅游整体形象战略的宣传力度，提高人们实施中国国家旅游总体形象战略的意识，督促相关旅游企业、景区和风景名胜区要在交流和实践中总结经验并发现问题，自觉发扬和传播中国国家旅游的整体美好形象。

第三节　入境旅游支持系统

一、出台促进入境旅游恢复发展的政策

（一）构建恢复发展制度保障

推动入境旅游发展，首先，应意识到无论是文化遗产保护、生态环境保护，还是乡村振兴、区域经济等相关政策和入境旅游之间均存在一种互补性或共性。强化战略引领，加强入境旅游制度顶层设计。协调相关部门，引入具有战略稳定性和政策灵活性的综合入境旅游发展体系，积极推动改革落实。其次，建立入境旅游发展框架。将需求侧刺激与供给侧结构性改革双向稳步推进，实现打造具有本地特色的旅游目的地、提升入境旅游资源竞争力、改进旅游公共服务设施等相关发展目标，构建系统的入境旅游恢复与发展政策体系。

（二）成立国际旅游合作联盟

随着国际旅游业持续发展，合作联盟成为推动区域入境旅游优势互利、平等协作、共同发展的重要纽带。国际旅游合作联盟的成立有助于促进行业内部良性竞争、加强行业内部有效合作、提高入境旅游市场的开发效率。文旅部门应持续推动跨国旅游合作共同体的建设落实，虽然我国与一些国家组建文化旅游合作关系，然而合作关系还不够紧密，落实措施还有待加强。应从细则着手，建立跨部门工作机制，与不同国家旅游主管部门分别签署落实联合行动方案，成员单位有责任提升中国在联盟组织内的入境旅游市场形象，加强市场互换和客源互送，从而落实国家行为的实施方案，促使入境旅游经济高质量发展，进一步提高旅游业的国际化、开放性和旅游企业的经济社会效益。期间，应该注意政策的搭配和长期效果，在签证预订、金融支付、语言交流等方面制定详细措施，关注需求变化，坚持推进高质量供给侧结构性改革。可通过建立入境旅游恢复发展试点区域，赋予试点入境旅游政策先行先试自主权，探索入境旅游恢复发展的路径与成效。

（三）营造良好金融生态环境

新冠疫情不仅给入境旅游业带来了严重的经济损失，也严重影响和打击了资本市场对入境旅游业的投资信心。疫情期间入境旅游业面临诸多困难，稳方向、稳预期、稳信心非常重要。因此，在入境旅游恢复的初步储备过程中，国家金融管理部门亟须优化行业金融支持环境，健全银行、企业、政府间的金融政策的常态化联动和落实机制，依托各类金融机构和各种金融救援手段，共同努力，以最快速度充分发挥金融对入境旅游活力恢复的综合效应，稳固支持有序恢复。

1. 减税降负，补贴免租

应积极发挥行业协会作用，向商人提供适当的帮助。实施国有住房减免租金，积极鼓励和引导非国有住房租赁单位合理承担因疫情等突发事件造成的财产损失，例如采用降租、缓租及减少管理费用等方式主动让利，市政保障部门可适当减免旅游业服务运营费用，降低成本和运行压力，为入境旅游业复苏创造机会。

2. 拓宽融资渠道，增加信贷供给

入境旅游企业和相关从业者可通过银行贷款、市场融资、行业发展基金与业主自筹等方式，积极自救。加强成本管控和内部优化，增加收入，减少支出，保障现金；同时，与上下游企业进行有效协商，寻求与其他企业的互助，提高危机抵御能力和应对能力。尤其加大银企合作力度，在建立融资需求库的基础上，出台低息无息贷款等政策，对发展前景较好、业内影响力较大的优质旅游企业实施信贷投入，另外，拓宽信贷覆盖范围，向一些中小微旅游企业提供信贷方面的支持，加强对旅游企业的金融支持，尤其是一些初创期或发展困难的旅游企业。

3. 完善保险产品体系，落实失业保险退保政策

海外游客来华旅行不确定性和风险较高，入境者出行欲望受阻明显。疫情保险产品能够减轻入境游客和从业者的顾虑、担忧，减轻旅行社经营资金压力。首先，可以拓宽因疫情遭受损失的入境旅游企业的保险覆盖范围，提高理赔效率，积极鼓励和引导有条件的区域给予保费补贴。具体可以推出疫情保险，分别从行程取消和游客隔离两方面赔付，一旦入境旅游恢复重启，保险将对旅行社承接入境游客增加极大信心，可为旅行社和游客兜底出行风险，给予旅行社和游客安全感，能使旅行社专心拓展业务，避免损失、减少经营矛盾问题。一定程度上，能够提振旅游市场消费信心，激发市场活力。其次，应落实失业保险稳岗返还政策。疫情多点散发，旅游业发展受到极大冲击，政府有关部门要加大力度，保护企业免受财务困境，保障就业，稳定就业，通过失业保险稳定就业，将其用于职工缴纳社会保险、提升技能培训等，进一步稳定就业，确保就业。

（四）推动入境旅游便利化发展

1. 优化入境旅游免签服务

人员往来自由是促进入境旅游发展的重要吸引要素。便利的入境旅游政策，可以节省大量的时间和费用，能让我国的"世界能见度"不断提高，有利于入境旅游的恢复和发展。为创造有利于入境旅游发展的宏观环境，文旅部门需协同外交部门、金融机构等部门综合发力，促进入境旅游便利化[187]。应继续简化入境签证申领手续，为主要旅游客源地的旅游团队提供便利签证政策，政府部门还需加大过境免签政策的对外宣传力度；同时，通过延长免签入境停留时间和申请放宽免签人数限制，免签团体可扩展至个人旅行免签、家庭旅行免签和商务免签等，尽可能覆盖入境旅游者的各项来华旅游需求，不断为入境旅游市场的发展注入活力；还应进一步放宽入境免签政策适用的口岸范围，由部分区域逐渐扩展到全国。

2. 加强航线扩充

国际航线与航空市场、地区经济活力、航权、政府补贴政策等存在较大关系，受航线复飞、航班加密、航线扩展等有利因素驱动，我国入境旅游者将呈现恢复性增长趋势，有效带动入境旅游市场重现活力。第一，应鼓励航空公司市场进行有效开发，制定实施国际直航航线补贴。第二，妥善处理航线与航行权的关系，积极为具有过境免签证资格的国家发展航线，扩大过境免签证政策国家的覆盖面，提升国际通达度[188]。

3. 发展免退税经济

对境外旅游者实施购物退税制度，能够刺激入境游客在华消费。前文研究发现：入境旅游者的基本旅游消费，如食物、住宿和旅行约占60%，非基本旅游消费如购物、娱乐、邮电和电信所占的比例为40%左右，因此在入境旅游消费方面应加大采取对入境旅游购物实行退税的优惠政策，吸引境外购买力。扩大退税商店的数量、类型和地域覆盖面，在重点商业区、机场、涉外酒店、旅游景点、会展场馆等旅游相关场所开设退税商店，同时，加大免税和退税商店的促销力度。积极鼓励免税店设立国内商品专卖区，扩大境外游客购销出境"买还"政策实施范围，确保退税流程通畅。

二、加强入境旅游目的地环境支持保障

（一）营造正向亲旅环境

目的地居民对于入境旅游者的亲旅行为，一定程度上受到入境旅游经

济对于自身影响的感知，正面的入境旅游经济影响感受促使目的地居民对于入境旅游业的发展持积极乐观态度，从而能够热情友好、礼貌尊重游客，展示美好中国形象，促进入境旅游业发展，实现价值共创。

1. 健全入境旅游经济利益分配制度

通过公平科学的入境旅游经济利益分配制度[189]，将收益用之于民，让收益共享于民。可通过改善社区环境、优化生态景观；增添文娱设施、实施文化惠民工程、开展文化惠民活动；完善基础设施、加大老旧社区改造；降低入境旅游市场准入门槛，给予当地民众更多从业机会；动态监管主客关系感知、及时引导改善，等等，以此提升目的地居民生活品质，强化利益感知，振兴入境旅游业发展。

2. 关注居民诉求，建立预警机制

日常，需关注居民诉求，通过建立预警机制，来防范目的地居民消极排斥的情绪涌现。在恢复入境旅游前，提前召开听证会，积极采纳社会各方意见，在居民正常生活的基础上，科学合理地展开入境旅游恢复进度，以防抵触、抱怨等社会负面消极情绪[190]。同时，目的地社区可加强组织教育，引导本地居民降低对于外来者的戒备心态，礼貌对待，为其提供人文风俗、历史故事、交通景区等旅游信息，加强互相理解和尊重，推进居民、商户和入境旅游者间的良性交互，构建和谐友善的主客关系，以此从社会环境角度提升目的地居民对于入境旅游业恢复发展的支持力度和接受程度。

3. 重视本地居民文化认同培育工作

地区文化是旅游业生存发展的重要吸引物之一，应重视本地居民文化认同和文化自豪感的培育工作，自觉做好本地旅游业的宣传工作，讲好中国故事，提升国家旅游的多元化形象，促进入境旅游的持续健康发展。

（二）构建便利支付场景

外国人来华旅游支付不便是发展入境旅游过程中一大痛点。应完善入境旅游移动支付，打造便利的金融支付环境。入境旅游部门需联合外交、金融等相关部门，在保证国家安全的前提下，实行入境游客移动支付服务便利化项目，提供便捷式支付清算服务环境，升级人民币国际化的相关金融设施设备，探索降低境外用户使用第三方支付工具的壁垒。这有助于增加和提高来华游客的人数和频率，扩大开放，培养海外用户，提高国内旅游品牌在国外的知名度和曝光度。

（三）提升信息监管水平

做好入境旅游信息监管、强化数据引导作用，可以在突发事态未明朗之前，将入境旅游活动过程中的不稳定因素消除在萌芽之中。应加强入境旅游业大数据体系标准化建设，建立入境旅游数据库共享平台，强化数据引导作用。通过对入境旅游者、入境旅行社及领队、旅游目的地等数据的采集和管理，例如：游客承载量、地理气象灾害和设施设备等产业运行情况，加强对入境者旅游特征信息和行为信息的实时监测与管理，以便一旦发生紧急情况时能够有所判断、及时处理，提高市场预判和对策实施精准度，减少入境旅游活动过程中产生的负面影响；长期来看，还可为政府部门、入境旅游企业、相关研究单位提供主要客源市场的入境客流、市场偏好、消费结构等有关数据，对制定产业恢复发展政策、健全公共服务设施、加速产品创新创造等方面均产生推动作用。同时，还需落实和本地区疫情防控管理平台的衔接，加强信息互通，提升监管实效。对入境游客的流调溯源、确保目标隔离、疫苗接种、消毒灭菌、医疗等各类数据全面上报、及时更新、实时共享、细节准确，确保入境旅游活动安全开展。

三、重视入境旅游人才培育与专业建设

（一）注重人才规划发展

文旅人才培育是我国文化和旅游事业的重要工作。面对新冠疫情在全球的持续蔓延，国际旅游业遭受巨大冲击，我国出入境旅游企业面临业务停顿、人才流失等严峻考验，但入境旅游业作为我国加速对外开放的重要途径之一，后续潜能巨大。旅游局和旅游研究院作为培育教育旅游从业人员的供给方和指引者，应结合实际，加强人才规划，针对性提出相关政策

规划和行业指引，如制定入境游旅游人才建设指导意见、对入境游领域的人才建设做出明确规划等，通过政策引领，更好地推进入境旅游高质量恢复发展。

（二）加大人才培育力度

相关旅游企业应根据入境旅游市场需求，从入境旅游从业人员的员工保有、培训赋能、选拔考核等环节出发，在入境旅游领军人才、紧缺人才上加大资源投入和培育力度。首先，推动老员工保有工作。疫情致使很多外语导游转行，人才大量流失。特殊时期，更应加强入境旅游从业者奖励机制、等级评定、员工保有等制度的建设，对入境接待业务中业务较好、资质较深或有旅游特殊突出贡献等人员发放人才津贴，进行奖励，鼓舞士气，以此减少入境旅游人才断链情况的发生。其次，因材施教，针对入境旅游从业者，通过采用不同进度、不同方式，展开培训课程，培养专业且能引起共鸣的导游讲解，这样既可以提升入境旅游者的文化体验感，还可以确保文化传播的客观性和准确性[191]。最后，应开展联合培养，深化对外交流。入境旅游具有对外属性，需持续深化人才对外交流工作，选派专业学员前往国际旅游组织任职，输送专业教师和学生出国学习交流国际旅游活动的组织理念和行业建议，以此逐渐形成阶梯式、高素质入境旅游专家队伍，建设入境旅游人才库。

（三）优化专业人才培养体系

当下，旅游业"旅游＋"的发展模式对从业者的素质能力提出更高要求，对于入境旅游从业者来说，需要了解不同客源地游客的行为特征和偏好偏向，同时具备更宽广的知识储备与更恢宏的国际视角，才能更好地服务于入境旅游者。高校旅游专业应结合市场发展需求，加速课程体系改革，优化人才培育方案[192]，科学合理设置入境旅游服务的相关课程，满足入境旅游恢复发展的需要。尤其注意的是，入境旅游专业人才是服务外国游客的，故而语言能力至关重要，应加强入境旅游从业者的口语训练，使其凭借丰富的文化背景知识，生动描述旅游景观，提升互动交流能力。

四、强化入境旅游安全预警与防控意识

（一）健全公共卫生防控机制

安全卫生健康的目的地环境，是境外旅游者来华旅行首要考虑的因素。当前，入境旅游的恢复需要更加注重健康卫生环境的建设。首先，应加强旅游景区的卫生建设、整顿景区的旅游环境，建立整洁、有序、文明的环境。其次，需增强对入境旅游者的旅游公共卫生的宣传教育，在旅游客车、入住酒店等场所宣传安全防护指南，包括但不限于突发性事件、医疗卫生等内容。同时要对入境旅游从业者进行突发疾病和紧急救援培训[193]，提升其救护能力。再次，疫情背景下，应加快旅游系统的公共卫生监测机制，合理编制入境旅游疫情防控指南并付诸实施，加强跨国跨区联合防控，推动信息互通，协同治理。入境旅游牵连多主体，需加强跨区域联动，保证各地人员和区域安全信息实时互动，以便及时调整来华人员的入境旅游政策。加强重点人员和入境旅游接待地的防控，严格执行实名制订票制度；一旦发现疑似病例，及时预警，多方接入，高效排查。期间，可以推进跨境疫苗证明认证机制，通过国际旅游通行证建立入境旅游官方认可。最后，需进一步提升目的地医疗水准，完善全旅游活动过程中的公共卫生日常应急配套设施和保险机制，如在旅游景区配备 AED 自动体外除颤器、口罩、酒精、纱布等简易医疗器材资源。

（二）营造和谐旅游治安环境

安全文明的目的地环境是入境旅游业健康发展的保障。入境旅游者在进入陌生国度后，面临着语言交流、文化习俗等方面的困难，可能会遭遇不可避免的冲突误会及不安全事件，使得旅途安全权益受到侵害。首先，可以成立旅游联合执法工作组，加强景区巡逻监管和执法检查，需设立旅游警务与旅游巡回法庭，避免入境游客在景区遭受强行售卖、欺客宰客、破坏景区秩序等违法违规的不公情形，确保入境游客生命财产安全。还可

为入境游客提供必要旅游知识服务及应急情况处理等，增强入境游客安全感。其次，要加强旅游治安乱点整治，加大惩处力度。对于口碑较差的景区景点，深入调研走访，对违规拉客、消防隐患等不安全事故严肃查处，降低涉旅风险。最后，还应促进警民联动，广泛走访宣传，推进文明旅游宣传教育、规范约束和社会监督，从而整合基层群众力量，使得商户、居民等遵守规章制度、坚守旅游社区文明风尚，营造轻松和谐、安全文明的旅游氛围，树立国际旅游的良好形象。

（三）增强灾害预警机制建设

旅游安全是游客的基本诉求和目的地发展的必然要求。为防止入境旅游者的旅游安全受到威胁，首先需设立旅游灾害预警系统，一旦境内发生自然灾害、社会问题等影响入境游客安全的灾害性事件，能够及时采取相应措施。其次，要加强目的地居民的防灾意识和救灾能力，把防灾减灾工作落到日常，加大灾害宣传教育力度和防治技巧培训，增强自我保护意识。最后应健全入境旅游管理机制，发生事故时，如果伤亡人员中有入境游客，相关单位在做好确认工作后应在最短时间内报告给当地外事部门和旅游局，过程中要严格执行和遵守相关法律法规，冷静应对突发事件，做到管理有序到位。

（四）强化旅游环境安全保障

旅游环境安全涉及入境旅游者旅游活动的各个环节。食品安全方面，旅游餐饮场所内，既要尊重入境游客的饮食风俗，经营者与监管部门还应对食品安全严格把关，同时需配置设立摄像头与警告桌牌，以防入境游客钱财丢失等。住宿安全方面，酒店可定期检查消防设施，确保逃生通道、逃生路线图用英文标识。交通安全方面，需关注入境游客逆行、高速步行等情形出现，应加大基础设施多语言环境建设。购物安全方面，在旅游购物场所可通过墙面双语地图或双语咨询台等避免迷路事故发生。娱乐安全方面，针对国际赛事举办方需提前联系专业医疗团队，确保到场待命，事故发生后及时与入境客源地交流互通。

第九章 结论与展望

第一节 结 论

中国旅游经济发展选择的是一种非常规的模式，即政府主导下的、推进型的旅游经济发展模式。入境旅游作为中国旅游优先发展的部分，其在旅游业发展历史中的地位和作用不容忽视。改革开放40多年，中国入境旅游发展过程曲折、特征鲜明；现阶段文化和旅游融合发展成为中国入境旅游发展的时代新背景；2020年以来席卷全球的新冠疫情又使得全球国际旅游市场变得不可预测，中国入境旅游市场也是被迫"停滞徘徊"。研究旨在回顾中国入境旅游发展历史，探寻不同区域入境旅游在特定的历史阶段所呈现的时空演化特征和规律，深度探讨各个区域的入境旅游经济增长潜力、动力以及文旅融合背景下文化资本对于入境旅游产出绩效的影响问题。在此基础上，结合新形势下国内外市场环境提出了中国入境旅游经济恢复性增长的政策建议和思路。本书立足中国国情、结合入境旅游业发展的现实情况，以期从理论和实践意义两个层面为中国入境旅游经济的发展提供理论指导和现实借鉴。得出主要结论有以下几个方面。

（1）中国入境旅游发展可划分为三个阶段：稳步增长阶段（1978～2007年）、徘徊增长阶段（2008～2019年）和停滞解冻阶段（2020～2022年）。中国入境旅游客源结构呈现"二八"比例，外国游客占比20%左右，港澳台同胞游客占80%左右。入境旅游客源地则呈现出近邻效应与距离衰减效应，主要客源地主要分布在东南亚邻国和一些经济发达国家。全国入境游客人均天消费水平保持在 120～260 美元，且呈稳定增长趋势，但入境旅游消费结构有待进一步优化。

（2）从发展历史来看，中国入境旅游经济联系空间网络趋于紧密。2011～2015 年东部入境旅游经济联系强度远大于中西部，且高层级轴线集中于东部少数省域之间，核心节点的辐射作用较小，仅限于与周边省域产生短距离入境旅游经济联系；2015～2019 年入境旅游经济空间相互作用力增强，网络中联系轴线数量增多，东部核心省域对中西部的辐射作用增强，促进东部与中西部之间产生长距离入境旅游经济联系。从个体网络结构来看，中国入境旅游经济联系网络三大中心度指标和结构洞水平的空间分化显著。2011～2015 年北京、广东、上海、江苏、浙江处于中心地位，网络重心全部集中在东部区域，两极分化态势严峻。2015～2019 年网络节点中心性有所上升，陕西、湖北、湖南、安徽的中心性增强，与东部核心省域组成新的中心度高值区域。然而网络中节点的影响力格局并未发生结构性变化，广东和北京呈"双核"形态在网络中处于具有绝对竞争优势的地位。中国入境旅游经济联系网络存在明显的核心—边缘结构，核心区域向中西部扩大，且内部密度不断提升，但边缘区域始终处于孤立状态。网络结构中节点根据核心度的高低呈组团式发展，核心度高的省域主动抱团形成辐射作用相对较强的子群，而核心度低的省域被迫构成孤立的子群。

（3）在综合考虑国内外现有旅游经济发展潜力评价指标的基础上，本着全面、客观和可获取性原则，建立了中国入境旅游经济增长潜力评价体系，将入境旅游经济增长潜力分为潜力支持力和潜力保障力两种作用力，具体包括经济发展等 6 类一级指标，人均 GDP 等 22 个二级指标。运用MATLAB 软件和 ARCGIS 空间分析工具，分阶段对中国七大地理区域入境旅游经济增长潜力的空间演变和指标维度进行了分析。七大地理分区入境旅游经济增长综合潜力呈现增长趋势，但每个区域表现出的潜力特征有所不同。

（4）通过分析入境旅游经济增长的驱动机制，发现各驱动要素交互影响后的驱动作用强于单个驱动要素的驱动作用，其中交互作用强度较高的要素组合多为主要影响因素。且随着年份的变化，各要素及交互后的要素组合对入境旅游经济增长的影响程度也随之发生变化，即入境旅游经济增长驱动机制转变。具体表现为：2007 年技术要素对入境旅游经济增长的驱动作用最为显著，与其他各要素交互后的解释力更强，探测力值达到0.9946。制度要素是入境旅游发展的重要保障，其对入境旅游经济增长的促进作用次之。资本和资源要素对入境旅游经济增长的驱动作用相对较弱，但与其他要素进行交互后的解释力增强，即在其他要素的带动下资源与资本要素的重要性得以体现。2019 年技术驱动要素的解释力下降至第三位，制度要素成为核心驱动要素，对入境旅游经济增长的驱动作用最强，且结构要素对入境旅游经济增长的解释力从最弱升至第二位。而资源与资本要素的解释力依然较小。整体来看，入境旅游经济增长的驱动机制逐渐从技术创新驱动型转向制度结构驱动型。

（5）韧性与效率是影响入境旅游经济恢复性增长与高质量发展的重要因素。运用熵值法与 DEA – Tobit 模型测度 2010～2019 年中国入境旅游经济韧性水平，进行时空格局与障碍度分析，探究其对入境旅游经济效率的影响，最后构建入境旅游恢复性增长路径机制。结果显示：中国入境旅游经济韧性整体向好，高韧性区域由东部沿海逐渐向中西部地区扩散，但全国均值仅 0.2467，提升空间较大；入境旅游经济韧性的正向空间自相关性渐弱，H – H 区辐射作用与 L – L 区扩散作用缩小，H – L 区极化作用与L – H 区空心作用增强；入境旅游人数、入境旅游收入、经济发展水平、产业结构水平、市场发育度和对外开放度是影响入境旅游经济韧性的主要障碍因子；入境旅游经济韧性每提升 1%，效率提升 0.2432%，二者对入境旅游恢复性增长具有促进作用。

（6）基于中国入境旅游经济发展的现状和上述研究成果，结合中国入境旅游经济发展的国内外环境，依据旅游系统理论模型，从中国入境旅游目的地系统、入境客源市场系统和入境旅游支持系统三个角度出发，对后疫情时代中国入境旅游经济实现恢复性增长提供政策建议，以期为各级政府旅游管理部门、入境旅游的经营主体等提供理论借鉴和指导。

第二节　不足与展望

研究期间，受新冠疫情影响，遭遇中国入境旅游发展的"停滞徘徊"期。入境游客的大幅减少、各地疫情防控措施的影响使得本研究市场调研和数据的获取变得比较困难；加之中国的入境和签证政策，致使本书用到的很多数据只能截止到 2019 年，2020～2021 年的数据无法获取，也不具有代表性。此外，2018 年 3 月文化部和原国家旅游局合并成立中华人民共和国文化和旅游部以来，中国入境旅游经济的一些统计指标和统计口径有所调整，使得本书所涉及的少量数据采集受到影响。尽管如此，笔者通过努力，多渠道收集整理近 20 年全国各省区市入境旅游发展的相关数据，建立了数据库，为后续研究奠定了基础。

纵观中国入境旅游经济的发展历史，虽然具有明显的波动特征，但是其恢复性增长的潜力巨大。随着国内外疫情形势的好转和中国入境政策的改善，入境旅游经济的恢复性增长指日可待。后期研究会更多地关注中国入境旅游形象的修复、入境旅游市场需求预测、入境旅游主要客源地消费行为、入境旅游经济的韧性和效率提升等领域。中国入境旅游经济发展任重道远，入境旅游经济研究的广度和深度也将随之扩展。

参 考 文 献

[1] Myriam J V. A regional analysis of tourist flows within Europe [J]. Tourism Management, 1995, 16 (1): 73 – 82.

[2] Mitsutake M. Japanese tourists in transition countries of Central Europe: present behaviour and future trends [J]. Tourism Management, 1998, 19 (5): 433 – 443.

[3] Christine L, Michael M. Time series forecasts of international travel demand for Australian [J]. Tourism Management, 2002, 23 (4): 389 – 396.

[4] Kim J H, Mossa I A. Forecasting international tourist flows to Australia: A comparison between the direct and indirect methods [J]. Tourism Management, 2005, 26 (1): 69 – 78.

[5] Song H Y, Witt S F. Forecasting international tourist flows to Macau [J]. Tourism Management, 2006, 27 (2): 214 – 224.

[6] Ekanayake E M, Mihails H, Ledgerwood J R. Inbound International Tourism to the United States: A Panel Data Analysis [J]. International Journal of Management & Marketing Research, 2012, 5 (3): 15.

[7] Seymur Ağazade. Does tourism source market structure affect international tourism demand for Antalya? A panel generalized method of moments analysis [J]. Journal of Policy Research in Tourism, Leisure and Events, 2021, 8.

[8] Abbas Valadkhani, Barry O'Mahony. Identifying structural changes and regime switching in growing and declining inbound tourism markets in Aus-

tralia［J］. Current Issues in Tourism, 2018, 21 (3): 277 – 300.

［9］ Christin Lim, Lim C. The major determinants of Korean outbound travel to Australia［J］. Mathematics & Computers in Simulation, 2014, 64 (3 – 4): 477 – 485.

［10］ Saayman, Andrea, Melville. Determinants of inboud tourism to south Afica［J］. Tourism Economics, 2008, 14 (1): 81 – 91 (16).

［11］ Martin Oppermann. Intranational tourist flows in Malaysia［J］. Annals of Tourism Research, 1992, 19 (3): 482 – 500.

［12］ Nikolaos D. Cointegration analysis of German and British tourism demand for Greece［J］. Tourism Management, 2004 (2): 111 – 119.

［13］ Prideaux B. Factors affecting bilateral tourism flows［J］. Annals of Tourism Research, 2005.

［14］ Juan Gabriel Brida, Wiston Adrian Risso. A dynamic panel data study of the german demand for tourism in South Tyrol［J］. Tourism and Hospitality Research, 2009, 9 (4): 305 – 313.

［15］马耀峰, 李永军. 中国入境旅游流的空间分析［J］. 陕西师范大学学报 (自然科学版), 2000 (3): 121 – 124.

［16］张红, 李九全. 桂林境外游客结构特征及时空动态模式研究［J］. 地理科学, 2000 (4): 350 – 354.

［17］王永明, 马耀峰, 王美霞. 中国入境游客多城市旅游空间网络结构［J］. 地理科学进展, 2012, 31 (4): 518 – 526.

［18］刘法建, 张捷, 章锦河, 等. 中国入境旅游流网络省级旅游地角色研究［J］. 地理研究, 2010, 29 (6): 1141 – 1152.

［19］李振亭, 马耀峰, 李创新, 等. 近20年来中国入境旅游流流量与流质的变化分析［J］. 陕西师范大学学报 (自然科学版), 2012, 40 (1): 94 – 99.

［20］张岩君, 马耀峰, 胡巧娟. 基于流量与流质变化的我国东部地区入境旅游成长分析——以山东省为例［J］. 河南科学, 2012, 30 (12): 1806 – 1811.

［21］薛华菊，马耀峰，黄毅，等．区域入境旅游流质量时空演变及特征研究［J］．干旱区资源与环境，2014，28（6）：171－176.

［22］刘宏盈，马耀峰．入境旅游流空间转移与省域旅游经济联系强度耦合分析——以上海入境旅游流西向扩散为例［J］．资源科学，2008（8）：1162－1168.

［23］张丽峰．我国入境旅游和经济增长关系的统计检验［J］．统计与决策，2008（21）：103－105.

［24］黄伟力，安莉．入境旅游发展与我国经济增长动态关系的实证检验［J］．统计与决策，2010（2）：92－94.

［25］陈刚强，李映辉，胡湘菊．基于空间集聚的中国入境旅游区域经济效应分析［J］．地理研究，2014，33（1）：167－178.

［26］李秋雨，朱麟奇，刘继生．中国入境旅游的经济增长效应与空间差异性研究［J］．地理科学，2017，37（10）：1552－1559.

［27］马丽君，马曼曼．基于社会网络分析法的中国典型城市入境旅游经济增长空间关联性分析［J］．河南科学，2017，35（12）：2023－2030.

［28］李景宜，孙根年．旅游市场竞争态模型及其应用研究［J］．资源科学，2002（6）：91－96.

［29］汪德根．苏州国际旅游客源市场时空变化特征研究［J］．地理与地理信息科学，2006（2）：100－104.

［30］刘法建，陈冬冬，朱建华，等．中国省际入境旅游客源市场结构与互动格局——基于2－模网络分析［J］．地理科学进展，2016，35（8）：932－940.

［31］罗浩，张瑜璇．中国的入境旅游客源市场收敛吗？［J］．旅游学刊，2018，33（7）：28－39.

［32］查瑞波，伍世代，孙根年．城市型目的地入境旅游市场演化差异研究——基于中国香港和新加坡市内部结构与外部规模分时段辨析［J］．地理科学，2018，38（10）：1661－1669.

［33］林志慧，马耀峰，高楠，等．黑龙江省入境旅游客源市场结构

演变分析 [J]. 资源开发与市场, 2012, 28 (6): 547-548.

[34] 孙晓东, 倪荣鑫, 冯学钢. 城市入境旅游及客源市场的季节性特征研究——基于上海的实证分析 [J]. 旅游学刊, 2019, 34 (8): 25-39.

[35] 王纯阳, 黄福才. 中国入境旅游需求影响因素分析及预测——以外国客源市场为例 [J]. 商业经济与管理, 2009 (9): 88-96.

[36] 刘长生, 简玉峰. 中国入境旅游市场需求的影响因素研究 [J]. 产业经济研究, 2006 (4): 54-61.

[37] 罗富民. 汇率变动对我国入境旅游需求的影响研究——来自日本对华旅游的实证 [J]. 工业技术经济, 2007 (8): 86-88.

[38] 陆林, 余凤龙. 中国旅游经济差异的空间特征分析 [J]. 经济地理, 2005 (3): 406-410.

[39] 郭金海, 韩雪, 罗浩, 等. 省域入境旅游经济的区域差异及发展模式 [J]. 中国人口·资源与环境, 2009, 19 (5): 131-135.

[40] 沈惊宏, 孟德友, 陆玉麒, 等. 中国入境旅游经济地区差距演变及其结构分解 [J]. 人文地理, 2013, 28 (1): 80-86.

[41] 周玉翠. 我国入境旅游业的影响因素分析 [J]. 经济问题探索, 2010 (6): 150-154.

[42] 宣国富. 中国入境旅游规模结构的省际差异及影响因素 [J]. 经济地理, 2012, 32 (11): 156-161.

[43] 万绪才, 王厚廷, 傅朝霞, 等. 中国城市入境旅游发展差异及其影响因素——以重点旅游城市为例 [J]. 地理研究, 2013, 32 (2): 337-346.

[44] 刘佳, 张佳佳, 奚一丹. 中国入境旅游区域差异演化及影响因素空间计量分析 [J]. 经济与管理评论, 2015, 31 (6): 128-134.

[45] 吴良平, 胡健敏, 张健. 中国省域入境旅游发展的空间计量建模与影响因素效应研究 [J]. 旅游学刊, 2020, 35 (3): 14-27.

[46] Kim H J, Chen M H, Jang S C. Tourism expansion and economic development: The case of Taiwan [M]. Tourism Management, 2006, 27 (5):

925 – 933.

[47] Edward B, Jason B. Marketing destination niagara effectively through the tourism life cycle [J]. International Journal of Contemporary Hospitality Management, 2008, 20 (3): 278 – 292.

[48] Chen S. A Logistic tourism model: resort cycles, globalization, and chaos [J]. Annals of Tourism Research, 2009, 36 (4): 689 – 714.

[49] Eugenio-Martin J L, Campos-Soria J A. Economic crisis and tourism expenditure cutback decision [J]. Annals of Tourism Research, 2014, 44 (1): 53 – 73.

[50] Isabel Cortés-Jiménez. Which type of journal of tourism matters to the regional economic growth? The cases of Spain and Italy [J]. International Journal of Tourism Research, 2008, 10 (2).

[51] Juan Gabriel Brida, Wiston Adrián Risso. Tourism as a determinant of long – run economic growth [J]. Journal of Policy Research in Tourism, Leisure and Events, 2010, 2 (1): 14 – 28.

[52] Muhammad Shahbaz, Román Ferrer, Syed Jawad Hussain Shahzad. Is the tourism-economic growth nexus time-varying? Bootstrap rolling-window causality analysis for the top 10 tourist destinations [J]. Applied Economics, 2018, 50 (24): 2677 – 2697.

[53] Younesse EI Menyari. Effect of tourism FDI and international tourism to the economic growth in Morocco: Evidence from ARDL bound testing approach [J]. Journal of Policy Research in Tourism, Leisure and Events, 2021, 13 (2): 222 – 242.

[54] Ndivo, R. M. Perspectives of hotel investors on kenya's competitiveness as a tourism investment destination [J]. Tourism Hospitality Planning and Development, 2013 (1): 79 – 94.

[55] Chor Foon Tang, Salah Abosedra. Does tourism expansion effectively spur economic growth in Morocco and Tunisia? Evidence from time series and panel data [J]. Journal of Policy Research in Tourism, Leisure and Events,

2016, 8（2）：127 - 145.

［56］Chung-ki Min, Taek-seon Roh, Sangmee Bak. Growth effects of leisure tourism and the level of economic development ［J］. Applied Economics, 2016, 48（1）：7 - 17.

［57］Cevat Tosun, D J. Tourism growth, national development and regional inequality in Turkey ［J］. Journal of Sustainable Tourism, 2003（11）：2 - 3.

［58］李正欢. 论中国旅游经济增长的特征与政策选择 ［J］. 经济与管理, 2003（7）：7 - 8.

［59］张信东, 宋鹏, 秦旭艳. 旅游经济增长点分析——基于"黄金周"效应的实证 ［J］. 旅游学刊, 2008（10）：16 - 22.

［60］张鹏杨. 旅游经济增长的低效锁定与路径依赖研究 ［D］. 昆明：云南大学, 2017.

［61］隋建利, 刘金全, 闫超. 中国旅游经济增长动态路径的阶段性变迁识别——基于马尔科夫区制转移模型的实证分析 ［J］. 旅游学刊, 2013, 28（7）：22 - 32.

［62］王晶, 杨宝仁, 何超. 20 年来新疆入境旅游经济增长周期与趋势预测 ［J］. 干旱区资源与环境, 2014, 28（9）：197 - 202.

［63］林文凯. 江西省旅游经济增长的区制状态划分及变迁分析 ［J］. 华东经济管理, 2020, 34（1）：9 - 17.

［64］刘佳, 王娟, 奚一丹. 中国旅游经济增长质量的空间格局演化 ［J］. 经济管理, 2016, 38（8）：160 - 173.

［65］刘英基, 韩元军. 要素结构变动、制度环境与旅游经济高质量发展 ［J］. 旅游学刊, 2020, 35（3）：28 - 38.

［66］何勋, 全华. 旅游产业结构变动对旅游经济增长和波动的作用机理 ［J］. 经济管理, 2013, 35（8）：104 - 115.

［67］刘春济, 冯学钢, 高静. 中国旅游产业结构变迁对旅游经济增长的影响 ［J］. 旅游学刊, 2014, 29（8）：37 - 49.

［68］韩国秀. 甘肃旅游产业集聚对旅游经济增长的影响研究 ［D］.

兰州：兰州交通大学，2020.

[69] 马国强. 中国旅游产业集聚、要素积累与旅游经济增长关系的实证研究 [D]. 兰州：兰州大学，2019.

[70] 白洋，瓦哈甫·哈力克，艾麦提江·阿布都哈力克，等. 交通基础设施对区域旅游经济增长的空间效应——基于丝绸之路经济带 2001 - 2014 年省际面板数据的分析 [J]. 陕西师范大学学报（自然科学版），2017，45（6）：108 - 114.

[71] 侯志强. 交通基础设施对区域旅游经济增长效应的实证分析——基于中国省域面板数据的空间计量模型 [J]. 宏观经济研究，2018（6）：118 - 132.

[72] 李宗明，刘敏，高兴民. 高速铁路网对城市圈旅游经济增长的空间效应分析 [J]. 经济问题探索，2019（10）：82 - 89.

[73] 郭伟，曾祥静，张鑫. 高铁网络、空间溢出与区域旅游经济增长 [J]. 统计与决策，2020，36（7）：103 - 107.

[74] 易平，方世明，马春艳. 地质公园旅游经济增长与生态环境压力脱钩评价——以嵩山世界地质公园为例 [J]. 自然资源学报，2014，29（8）：1282 - 1296.

[75] 陈林娜. 资源禀赋与区域旅游经济增长研究 [J]. 中国集体经济，2017（1）：119 - 121.

[76] 查建平，贺腊梅，舒皓羽. 中国旅游经济增长源泉分解及其时空演化特征 [J]. 长江流域资源与环境，2017，26（12）：1981 - 1990.

[77] 粟娟. 规模递增、技术进步与西部民族地区旅游经济增长 [J]. 华东经济管理，2011，25（9）：45 - 49.

[78] 胡庆龙. 人力资本积累与黄山市旅游经济增长的关系研究——一个基于新古典理论的分析框架 [J]. 黄山学院学报，2009，11（1）：53 - 56.

[79] 刘佳，杜亚楠，李莹莹. 旅游人才结构演化及其对区域旅游经济增长的作用研究——以中国东部沿海地区为例 [J]. 青岛科技大学学报（社会科学版），2017，33（1）：36 - 41.

［80］李开宇，张艳芳．中国入境旅游受突发性事件影响的时空分析及其对策［J］．世界地理研究，2003，12（4）：101-109.

［81］杜宇．新常态下山西省农业旅游经济增长新动力研究［J］．农业经济，2017（10）：24-26.

［82］孙梦阳，刘志华，季少军．我国入境旅游内生增长要素的探索性研究［J］．资源开放与市场，2018，34（10）：1470-1474.

［83］吕雁琴，赵斌．旅游经济增长新旧动能转换评价研究——基于对西北五省区旅游业数据的分析［J］．价格理论与实践，2019（5）：130-133.

［84］王冠孝，张佑印，晋迪．资源型地区旅游经济增长的驱动机制——以山西省为例［J］．陕西师范大学学报（自然科学版），2020，48（4）：71-78.

［85］王京传，李天元．包容性旅游增长的概念内涵、实现机制和政策建议［J］．旅游科学，2011，25（5）：10-22.

［86］姬宸宇，张含宇．旅游业、民航业和经济增长之间的动态关系——基于中国主要旅游城市的面板数据分析［J］．旅游学刊，2021，36（12）：40-53.

［87］朱海艳．城市规模门槛下的旅游发展与经济增长关系［J］．旅游科学，2021，35（2）：17-29.

［88］王思秀，赵宇安，朱义鑫，等．新疆入境旅游与经济增长的实证研究［J］．喀什大学学报，2021，42（5）：16-21.

［89］罗丹丹．重庆市旅游收入与区域经济增长的实证分析［J］．重庆文理学院学报（社会科学版），2020，39（4）：76-84，123.

［90］刘宏妍，晏富恒．山地旅游产业发展潜力评测体系构建与发展路径研究［J］．税务与经济，2021（2）：89-97.

［91］苏愈．河北省旅游产业发展潜力评价研究［D］．石家庄：河北科技大学，2020.

［92］马勇，董观志．区域旅游持续发展潜力模型研究［J］．旅游学刊，1997（4）：37-40.

［93］杨敏. 青海旅游产业的发展潜力评估［J］. 统计与决策，2006（14）：42 – 44.

［94］于秋阳. 旅游产业发展潜力的结构模型及其测度研究［J］. 华东师范大学学报（哲学社会科学版），2009（5）.

［95］丁建军，朱群惠. 我国区域旅游产业发展潜力的时空差异研究［J］. 旅游学刊，2012.

［96］宋咏梅. 区域旅游产业发展潜力测评及显化机制研究：以陕西为例［D］. 西安：陕西师范大学，2013.

［97］Leiper N. Tourist attraction systems［J］. Annals of Tourism Research，1990，17（3）：367 – 384.

［98］Gunn C A. Tourism Planning［M］. 2nd ed. New York：Tayor and Francis，1988.

［99］彭华. 旅游发展驱动机制及动力模型探析［J］. 旅游学刊，1999（6）：39 – 44.

［100］张广海，高俊. 供给侧改革背景下旅游经济动力系统构建研究［J］. 青岛职业技术学院学报，2016，29（6）：74 – 79.

［101］缪莹莹. 新常态、新方位下旅游经济增长潜力与发展动力研究［J］. 山东农业工程学院学报，2019，36（2）：56 – 57.

［102］李莉，陈雪钧. 康养旅游产业创新发展的动力因素研究——基于共享经济视角［J］. 技术经济与管理研究，2021（4）：36 – 40.

［103］王雪芳. 基于系统理论的区域旅游合作研究——以环北部湾为例［J］. 商业研究，2008（6）：45 – 49.

［104］Leiper，Neil. The framework of tourism：towards definitions of tourism，tourists and the tourism industry［J］. Annals of Tourism Research，1979，6（6）：390 – 407.

［105］Mathieson，A.，G. Wall. Tourism：economic，social and physical impacts［M］. London：Longman，1982.

［106］R. C. Mill，A. M. Morrison. The tourism system：an introductory text［M］. Englewood Cliffs，New Jersey：Prentice-Hall Inc，1985.

［107］ Gets, Donald. Models in tourism planning ［J］. Tourism Management, 1986, 7 (2): 21 – 32.

［108］ Alberto Sessa. The science of systems for tourism development ［J］. Annals of Tourism Research, 1988, 15 (2): 219 – 235.

［109］ Gunn C A, Var T. Tourism planning: basics, concepts, cases ［M］. New York: Routledge, 2002.

［110］ 杨新军，刘加明. 论旅游功能系统——市场导向下旅游规划的目标分析 ［J］. 地理学与国土研究，1998，14 (1): 59 – 62.

［111］ 吴必虎. 旅游系统：对旅游活动与旅游科学的一种解释 ［J］. 旅游学刊，1998，14 (1): 21 – 25.

［112］ Leiper N. The framework of tourism: towards a definition of tourism, tourist, and the tourist industry ［J］. Annals of Tourism Research, 1979, 6 (1): 390 – 407.

［113］ 刘峰. 旅游系统规划———一种旅游规划新思路 ［J］. 地理与地理信息科学，1999 (1): 56 – 60.

［114］ 王家骏. 旅游系统模型：整体理解旅游的钥匙 ［J］. 无锡教育学院学报，1999，13 (1): 66 – 69.

［115］ 王迪云. 旅游耗散结构系统开发理论与实践 ［M］. 北京：中国市场出版社，2006: 34 – 37.

［116］ 李文亮，翁瑾，杨开忠. 旅游系统模型比较研究 ［J］. 旅游学刊，2005 (2): 20 – 24.

［117］ 林南枝. 旅游经济学（第三版）［M］. 天津：南开大学出版社，2011.

［118］ 宋海岩，吴凯，李仲广. 旅游经济学 ［M］. 北京：中国人民大学出版社，2010.

［119］ 林南枝，陶汉军. 旅游经济学 ［M］. 天津：南开大学出版社，2000.

［120］ 厉以宁. 西方经济学 ［M］. 北京：高等教育出版社，2000.

［121］ 郑明贵，黄学良. 地区科学技术发展能力的评价指标体系

［J］. 统计与决策，2007（6）：62 - 63.

［122］谢彦君. 基础旅游学（第二版）［M］. 北京：中国旅游出版社，2004：171 - 173.

［123］Adrian Bull. The economics of travel and tourism（Second Edition）［M］. London：Pearson Education Limited，1995.

［124］崔晓文. 旅游经济学［M］. 北京：清华大学出版社，2009.

［125］Lancaster，Kelvin J. A New Approach to Consumer Theory［J］. Journal of Political Economy，1996，74（2）：132 - 157.

［126］欧阳润平，胡晓琴. 国内外旅游需求研究综述［J］. 南京财经大学学报，2007（3）：80 - 83.

［127］亚当·斯密. 国民财富的性质和原因的研究［M］. 北京：商务印书馆，1974：1 - 16.

［128］叶飞文. 要素投入与中国经济增长［M］. 北京：北京大学出版社，2004：24.

［129］张旭昆. 从亚当·斯密到凯恩斯：西方经济思想史论［M］. 杭州：浙江大学出版社，2016：82.

［130］梁中堂，翟胜明. 经济增长理论史研究（上）［J］. 经济问题，2004（3）：2 - 7.

［131］Cass D. Optimum growth in an aggregative model of capital accumulation［J］. Review of Economic Studies，1965，32（3）：233 - 240.

［132］Koopmans T. Objectives，constraints and outcomes in optimal growth model［J］. Econometrica，1967，35（1）：1 - 15.

［133］Arrow K. The economic implications of learning by doing［J］. Review of Economic Studies，1962，29（6）：3 - 42.

［134］Sheshinki E. Optimal Accuulation with Learning by Doing［M］// Shell，K. ed. Essays on the Theory of Optimal Economic Growth. Cambridge MA，MIT Press，1967.

［135］张建华，刘仁军. 保罗·罗默对新增长理论的贡献［J］. 经济学动态，2004（2）：77 - 81.

[136] Romer P. Increasing returns and long-run growth [J]. Journal of Political Economy, 1986, 94 (5): 1002 – 1037.

[137] Romer, P. M. Endogenous Technological Change [J]. Journal of Political Economy, 1990 (98): 71 – 102.

[138] Lucas R. On the mechanics of economic development [J]. Journal of Monetary Economics, 1988 (22): 3 – 42.

[139] Ullman E. L. American Commodity Flow [M]. Seattle: University of Washington Press, 1957.

[140] 汪宇明. 核心—边缘理论在区域旅游规划中的运用 [J]. 经济地理, 2002, 22 (3): 372 – 375.

[141] 史春云, 张捷, 尤海梅, 等. 四川省旅游区域核心—边缘空间格局演变 [J]. 地理学报, 2007 (6): 631 – 639.

[142] 迈克尔·波特. 国家竞争优势 [M]. 北京: 华夏出版社, 2002: 86 – 88.

[143] Boudeville J R. Problems of regional development [M]. Edinburg: Edinburg University Press, 1966.

[144] 曾珍香, 顾培亮, 张闽. 可持续发展的概念及内涵的研究 [J]. 管理世界, 1998 (2): 209 – 210, 214.

[145] Dann G. Anomie. Ego-enhancement and tourism [J]. Annals of Tourism Research, 1977, 4 (4): 184 – 194.

[146] J. L. Crompton. Motivations for pleasure vacation [J]. Annals of Tourism Research, 1979, 6 (4): 408 – 424.

[147] Uysal, M., Hagan, L. A. R. Motivations of pleasure travel and tourism [C]//M. Khan, M. Olsen, T. Var (Eds.). Encyclopaedia of hospitality and tourism. New York: Uan Nostrand Reinhold, 1993: 798 – 810.

[148] Uysal, M., Gahan, L., Martin, B. An examination of event motivations: A case study [J]. Festival Management and Event Tourism, 1993, 1 (1): 5 – 10.

[149] ISO – Ahola, S E. Toward a social psychological theory of tourism

motivation：a rejoinder ［J］. Annals of Tourism Research，1982，9（2）：256 - 262.

　　［150］Hudman，Lloyd E. Tourim：A Shrinking World ［M］. Columbus，Ohio：Grid Inc，1980.

　　［151］李创新. 中国入境旅游发展研究报告——从旅游大国迈向旅游强国 ［R］. 北京：中国旅游研究院，2018 - 5 - 22.

　　［152］钟慧聪. 入境旅游对海南经济增长影响的研究 ［D］. 三亚：海南热带海洋学院，2019.

　　［153］刘祥艳. 中国入境旅游发展报告 2020——疫情影响背景下旅游目的地形象的重塑 ［R］. 北京：中国旅游研究院，2020 - 11 - 10.

　　［154］钟业喜，冯兴华，文玉钊. 长江经济带经济网络结构演变及其驱动机制研究 ［J］. 地理科学，2016，36（1）：10 - 19.

　　［155］宋咏梅. 区域旅游产业发展潜力测评及显化机制研究：以陕西为例 ［D］. 西安：陕西师范大学，2013.

　　［156］马勇，董观志. 区域旅游持续发展潜力模型研究 ［J］. 旅游学刊，1997（4）：36 - 40，62.

　　［157］张智荣. 山西省旅游产业发展潜力研究 ［D］. 太原：山西财经大学，2010.

　　［158］曹新向. 中国省域旅游业发展潜力的比较研究 ［J］. 人文地理，2007（1）：18 - 22.

　　［159］杨敏. 青海旅游产业的发展潜力评估 ［J］. 统计与决策，2006（14）：102 - 104.

　　［160］杨立勋，石一博. 西北五省区旅游产业发展潜力测度及评价研究 ［J］. 生态经济，2017，33（10）：145 - 148，184.

　　［161］王霄，黄震方，袁林旺，等. 生态旅游资源潜力评价——以江苏盐城海滨湿地为例 ［J］. 经济地理，2007（5）：830 - 834.

　　［162］丁建军，朱群惠. 我国区域旅游产业发展潜力的时空差异研究 ［J］. 旅游学刊，2012，27（2）：52 - 61.

　　［163］王兆峰. 区域旅游产业发展潜力评价指标体系构建研究 ［J］.

华东经济管理，2008（10）：31－35.

[164] 赵玉萍．丝绸之路经济带入境旅游经济增长潜力研究 [D].
西安：长安大学，2019.

[165] 中国旅游研究院．中国出境旅游发展年度报告 2019 [R].
2019.

[166] Cracolici，M F M. Cuffaro，et al. Tourism sustainability and eco-
nomic efficiency：A statistical analysis of Italian provinces [J]. Cultural
Tourism and Sustainable Local Development，Ashgate，Surrey，2009：167－
180.

[167] 孙瑞杰，李双建．海洋经济领域投入要素贡献率的测算 [J].
海洋开发与管理，2011，28（7）：95－99.

[168] 吕彦京．山东省旅游产业驱动力转换研究 [D]. 曲阜：曲阜
师范大学，2020.

[169] 戴学锋．改革开放 40 年：旅游业的市场化探索 [J]. 旅游学
刊，2019，34（2）：8－10.

[170] 刘春济．我国旅游产业结构优化研究 [D]. 上海：华东师范
大学，2014.

[171] Zou Z. H，Yi Y，Sun J N. Entropy method for determination of
weight of eval ting indicators in fuzzy synthetic evaluation for water quality as-
sessment [J]. Journal of Enviroment Sciences，2006，18（5）：1020－1023.

[172] Liu H. L. Willems P，Bao A M，et al. Effect of climate change on
the vulnerability of a socio-ecological system in an arid area [J]. Global and
Planetary Change，2016（137）：1－9.

[173] 苏美蓉，杨志峰，王宏瑞，等．一种城市生态系统健康评价方
法及其应用 [J]. 环境科学学报，2006，26（12）：2072－2080.

[174] 陈晶，王文圣，陈媛．基于集对分析的全国生态环境质量评价
研究 [J]. 水电能源科学，2009，27（2）：40－43.

[175] 王明全，王金达，刘景双．基于集对分析和主成分分析的吉林
西部生态承载力演变研究 [J]. 中国生态农业学报，2009，17（4）：795－

799.

[176] 刘凤朝，潘雄锋，施定国. 基于集对分析法的区域自主创新能力评价研究 [J]. 中国软科学，2005（11）：83-91+106.

[177] Wang J F, Li X H, Christakos G, et al. Geographical detectors-based health risk assessment and its application in the neural tube defects study of the Heshun Region, China [J]. International Journal of Geographical Information Science, 2010, 24（1）：107-127.

[178] 湛东升，张文忠，余建辉，等. 基于地理探测器的北京市居民宜居满意度影响机理 [J]. 地理科学进展，2015, 34（8）：966-975.

[179] 丁悦，蔡建明，任周鹏，等. 基于地理探测器的国家级经济技术开发区经济增长率空间分异及影响因素 [J]. 地理科学进展，2014, 33（5）：657-666.

[180] 游诗咏. 广东城市旅游效率的时空特征及驱动机制研究 [D]. 广州：暨南大学，2018.

[181] 董亚娟，张一荻. 中国入境旅游经济韧性、效率提升与恢复性增长 [J]. 陕西师范大学学报（自然科学版），2023, 51（2）：1-11.

[182] 郭长江，崔晓奇，宋绿叶，等. 国内外旅游系统模型研究综述 [J]. 中国人口·资源与环境，2007（4）：101-106.

[183] 李永文. 中国旅游资源地域分异规律及其开发研究 [J]. 旅游学刊，1995（2）：45-48, 60.

[184] 刘长英. "一带一路"倡议下广西入境旅游开发的困境与路径 [J]. 创新，2017, 11（3）：72-80.

[185] 刘倩倩，宋瑞，周功梅. 旅华外国客源市场的俱乐部收敛研究——识别方法与影响因素 [J]. 旅游学刊，2021, 36（6）：88-102.

[186] 白凯，马耀峰，李天顺. 旅游目的地游客体验质量评价性研究——以北京入境游客为例 [J]. 北京社会科学，2006（5）：54-57.

[187] 宋昌耀，贾然，厉新建. 过境免签政策与入境旅游增长——基于 PSM-DID 方法的分析 [J]. 旅游导刊，2018, 2（6）：33-46.

[188] 李金玉，李艺，曹世武. 桂林市入境免签政策对入境旅游影响

研究［J］.黑龙江生态工程职业学院学报，2021，34（6）：49 –51.

［189］唐静，许雅晗，涂精华.旅游目的地居民的旅游影响感知与价值共创行为研究—基于主观幸福感的中介作用［J］.福建农林大学学报（哲学社会科学版），2021，24（5）：52 –59.

［190］马宁.乡村旅游目的地主客间情感凝聚对旅游者公民行为的影响研究［D］.沈阳：辽宁大学，2021.

［191］张蕴睿.基于入境旅游者需求塑造高素质旅游人才［J］.淡阳职业技术学院学报，2013，26（1）：149 –152.

［192］杨美霞.新时代旅游人才培养供给侧改革路径［J］.社会科学家，2022（1）：52 –56.

［193］石培华，陆明明.疫情常态化防控与旅游业健康保障能力建设研究——新冠肺炎疫情对旅游业影响与对策研究的健康新视角与新变革［J］.新疆师范大学学报（哲学社会科学版），2020，41（6）：55 –67.